全体史の誕生

若き日の日記と書簡

J・ミシュレ

大野一道◉編訳

藤原書店

〈序〉全体史の誕生——ミシュレの青春

大野一道

若き日のミシュレ

パスカルは人間の偉大さを、宇宙に包含されながらも宇宙を理解できるところにあるとした。「空間によって、宇宙は私を包み、一つの点として私を呑む。思考によって、私は宇宙を含む」(松浪信三郎訳)。「含む」というフランス語 comprendre は、「理解する」という意味でもある。パスカルは一種の洒落を言っているのかもしれない。この言葉が出てくるのは、「人間は自然のうちでもっとも弱い一茎の葦にすぎない。しかしそれは考える葦である」という、『パンセ』の中でも最も知られた言葉の直後である。

ここには、空間的に無限に広がる宇宙といったイメージが先行している。ところで人間は、この宇宙なる無限の空間に包含された存在であると同時に、果てしない無限の時間の中に、言い換えれば歴史の中に包含された存在でもある。長じたのち大歴史家と呼ばれるジュール・ミシュレに、もしもパスカル流の言い方を迫れば、「人間の偉大さは、歴史に包含されながらも、歴史を包含（＝理解）できるところにある」とでも答えるのではないだろうか。

本書はミシュレの最も初期の、青春時代、二十歳代に書かれた文章を集めたものである。この時代、ミシュレはまだ何者にもなっていない。学生であり、新米の教師である。時代のさまざまな動きの中、多くの人々と出会い、別れ、悲しんだり喜んだり、将来を模索しながら、感激したり絶望したりしている。どこにでもいるような青年、まさしく「歴史に包含されている」万人の中の一人でしかない。だが、周囲の環境との交わり、とりわけ友人との交流の中で、そして日々の研鑽によって、彼はしだいに何者かになってゆくだろう。けっして歴史だけが彼の関心のすべてを占めていたわけではない。文学が、哲学が、その他、自然科学を含めた諸々の学問が、すべて彼の興味を呼び起こすだろう。のちにミシュレは全体史なるものを唱えることとなろうが、あらゆるものが歴史の中に含まれ、すべてがすべてと関連しているという視点は、この若き時代から培われていたと言える。歴史を全体として捉えない限り、「歴史を包含できる」ことにはならないことに、当時から気付いていた節が見えるのだ。この点でも、ミシュレは思いのほかパスカルと通じるだろう。パスカルが、やはり『パンセ』で言っているではないか、「世界の諸部分はすべて相互に関係と繋がりをもっているので、他の部分や、全体をさしおいて、一つの部分だけを知ることは、不可能である」と、また「全体を知らずに諸部分を知ることは不可能であるし、諸部分を詳しく知ることなしには全体を知ることも不可能である」（同じく松浪訳）と。

本書は、こうしたミシュレの若き日々の、日常を記録し、歴史家の出発点となっただろう学びの跡を証言する作品である。これはまた、一人の青年がとりわけ友情の中で人間的に成長し、やがて民衆史家と言われるような存在へと育ってゆく過程を、いくつもの章を通して一つの物語として紡ぎあげるような作品ともなっている。今なぜこれを読むのかと問われれば、今日のわれわれもまた模索の中から、歴史を包含することを目指さなければならないからだと私は答えよう。歴史が理解できず、ただ目の前に起きることどもに、その時々の自己および自己の属する集団の利益のみを考え、それに執着して生きている限り、私たちには何の展望も開けないだろう。ミシュレにならって、私たちもまた今日、新たに「歴史を包含できる」よう努力すべきではないだろうか。

だがさしあたっては、ミシュレが本書に収められた文書を書いた時代、彼が「包含されていた」現実について知っておこう。

「青春日記」等が書かれた時代

本書のもととなったフランス語原書は一八二〇年五月四日の「日記」（本書「青春日記」）から始まっている。ミシュレは一七九八年八月二十一日に生まれているから、二十一歳九カ月の時であった。彼が生まれた当時、フランス革命はまだ完全には終息しておらず、総裁政府下、ナポレオンが着々と戦果をあげているところだった。その後ナポレオンは一八〇二年に終身執政、一八〇四年には皇帝となり、ここに第一帝政が始まる。この帝政下、ミシュレの父は、経営していた小さな印刷所をナポレオンの命により閉鎖させられるが（一八一二年）、その時のいきさつは、「覚え書」（本書では「少年時代の思い出」）に詳しく語られている。ナポレオンは対仏同盟軍に破れ（一八一四年）、一時エルバ島に流され、ブルボン王朝のルイ十八世が即位、第一復古王政となるが、翌一八一五年ナポレオンがパリに帰還、百日天下のあとワーテルローで最終的に敗北、ルイ十八世が復位し、第二復古王政として本格的な王政復古時代となった。このように目まぐるしく変転する時代の中で、ミシュレらの世代は翻弄されていたのである。

この「日記」が書き始められる直前（二月十三日）にも、王位継承者のベリー公が暗殺されるという事件が起きる。その反動として、国民の自由が制限される方向へと世は大きく動いていた。こうした流れを巡っては、この「日記」にも折々に記述があり、ミシュレが民衆の子として、反動化に抗するバンジャマン・コンスタンらの自由派に、共感を寄せているさまが窺える。

ところでミシュレが生まれてから、この「日記」を書くまでの間、彼の周辺でおきた主な出来事を年代順に記しておこう。

一八〇八―九年　ミシュレの父、借金を返済できず投獄される。その前後、パリの中で、何度も引っ越しを繰り返す。（ミシュレ十―十一歳）

一〇年五月　母方の祖母ジャンヌ＝エリザベト・ミレ死去。母にある程度の遺産入る。（十一歳）

一〇年十月　ミシュレ、メロ先生の学習塾に通い出し、勉強を始める。そこで同級生としてポール・ポワンソと知り合う。（十二歳）

一二年十月　コレージュ・シャルルマーニュ第三学年に入学。アンドリュー・ダルバ先生に教わる。（十四歳）

一三年十月　自ら希望して留年、その新しいクラスでアンリ・ポレと知り合う。（十五歳）

一四年三月　ミシュレの父がデュシュマン博士の療養院に勤めるようになる。
　このころ父方の祖父が亡くなったらしい。
一五年二月　ミシュレの母、貧困の中で死す。その直後、ミシュレ父子、父の職場の診療所に住み込む。（十六歳）
　十月　ミシュレ、コレージュ・シャルルマーニュの最終学年（修辞学級）に進み、ヴィルマン先生とルクレール先生に教わる。（十七歳）
一六年　診療所の管理責任者フルシー夫人が母代わりとしてミシュレを世話してくれる。
一六年六月　サン＝メダール教会でミシュレ、フルシー夫人を代母、ポワンソを代父として、洗礼を受ける。
一七年　ポーリーヌ・ルソー（当時二十五歳）が、療養院入居者の付き添いとしてやってきて、診療所で暮らすようになる。（十八歳）
一七年五月　ミシュレ、文学でバカロレア（大学入学資格）を取得。
　十月　ブリアン塾で、復習教師として働き始める。（十九歳）
一八年六月　診療所が閉鎖されたため、ミシュレ父子、フルシー夫人、ポワンソ、ポーリーヌ・ルソー、その他何人かの療養院入居者が、ロケット街の家にいっしょに住み始める。
　七月　ミシュレ、文学士号取得。この夏、ポーリーヌ・ルソーと恋人関係になる。
一九年七月　ソルボンヌで博士号取得。（二十歳）
二〇年五月四日　ポワンソ、病院のインターン生選抜試験に受かり、パリ郊外のビセートルへと赴

くため、ロケット街の家を去る。(二十一歳)

ポワンソが去ったまさにこの五月四日に、ミシュレの「日記」は書き始められる。「日記」はポワンソとの(一時的なものであれ)別れを契機に生まれたものなのだ。本書が、たんなる「日記」にとどまらず、親友との心の交流のもと、その何らかの影響下で、他のいくつかの章も書きあげられただろうと推察できるような事実である。なおここまで見たミシュレおよびその周辺の出来事の大半は、必ずしも年代順ではなく、思い出されるままの順序で、「覚え書」で言及されている。

本書は、ミシュレが二十歳代に書いたもののうち、生前に活字として発表されていなかったものを集めているゆえ、彼の一八二〇年五月以降の、二十代全体のおもな出来事をも記しておこう。

一八二〇年六月四日　ミシュレ「覚え書」を書き始める。
二一年二月十四日　ポワンソ、結核により死去。(ミシュレ二十二歳)
九月二十一日　ミシュレ、文学のアグレガシオン(大学教授資格)試験に第三位で合格。第一位はポレ。(二十三歳)
十月　コレージュ・シャルルマーニュの代用教員に採用される。
二二年十月　コレージュ・サント=バルブの正教授(歴史担当)となる。(二十四歳)
二三年十二月　フルシー夫人死去。(二十五歳)
二四年四月　ポレによりヴィクトール・クーザンを紹介される。

五月二十日　ポーリーヌと結婚。
八月二十八日　長女アデール誕生（ミシュレは二十六歳になったばかりだった）。
九月十六日　ルイ十八世死去。シャルル十世即位。
二五年四月七日『近代史年表』刊行。
五月　クーザンのところで、ドイツから戻ったばかりのエドガール・キネと知り合う。
八月十七日「学問の統一性についてのスピーチ」（本書所収「学問とは何か」）。
二六年五月『近代史対照』刊行。（二十七歳）
二七年一月　エコール・ノルマル（当時はエコール・プレパラトワールと呼ばれていた）の哲学・歴史担当助教授に任命される。（二十八歳）
三月八日　ヴィーコの『歴史哲学の原理』（『新しい学』のミシュレによる自由訳）刊行。
十一月『近代史概要』第一部刊行。（二十九歳）
十二月　エコール・ノルマルで中世史の講義を始める。
二八年五月『近代史概要』第二部刊行。
八月―九月　ドイツ旅行。（三十歳）
九月　シャルル十世の孫娘、ルイーズ＝マリ＝テレーズ（九歳）の歴史担当家庭教師となる。

ミシュレの二十代はこのようにして終了するが、見てお分かりのように、彼の学者としての基礎は、この時にすでに固まっていたと言えよう。ただし本書は、彼の学問的成果を示すものではない。本書に収録した「学問とは何か」も、学問へ向き合う姿勢ないし心得を説いたものであり、学問的成果そのものではあるまい。本書は、あくまでも若きミシュレの人間的成長の記録に他ならないものであり、ごく普通の庶民の子が、激動する時代の中で青少年期をいかに過ごしていたか、とりわけポワンソやポレといった親友と、いかに切磋琢磨して自らを磨き上げていったか、そういったことの自己証言として読まれるべきものであろう。

友情の記念碑

一八二〇年五月四日、ポワンソがビセートルへと旅立った日、ミシュレは日記に「別離は友情においても愛におけると同様の効果をもたらす。それは鍛冶屋の鞴（ふいご）だ」と書いた。別れることによって互いへの想いがつのり、これまで以上に互いを意識し、自らにおける相手の意義を感じ取ることができる、つまり友情を鍛え、強化することに通じるということなのだろう。この別離の結果、彼らの間で手紙が交換され（本書「ミシュレ―親友ポワンソ往復書簡」）、今となっては貴重なポワンソ自身の言葉も残されることとなった。

「日記」は二人の友情のまたとない記念碑となっている。ポワンソは翌二一年二月十四日に病死するから、わずか一年足らずの交流を記録したものだが、もちろんそれ以前の、知り合った当初の記憶等も、おりにふれミシュレは思い出しており、それらの記載（「少年時代の思い出」他参照）も本書の随所に見受けられる。

ポワンソとの友情は、どうしてこれほどまでに深いものとなっていたのか。「心がこんなにも似通っている二つの魂が、かつてあったとは思えない。もしも同一の状況におかれたとすれば、我々は同一の人間となるであろうにと思う」（『日記』一八二〇年五月十八日。以下日付はすべて日記のそれ）くらい、ポワンソとの一体性を感じていたからだろう。魂の共感という点で、ポワンソ以上の友人はミシュレには存在しなかったのだ。これは青春時代にのみ可能な出会いかもしれない。それ以前も、それ以降も、お互いを魂としてのみ見て接するなどということは、到底できないこととなろう。こうした深いつながり意識のもとで、「再会するという喜びよりも、別れるというつらさにはるかに感じやすくなってしまい、ぼくには人生は一連の別れでしかないように思える」（五月七日）といった言葉も出てくる。ポワンソと会って別れるたびに、ミシュレは人生における別れを感じたのだ。それは人生自体との別れをも意識させることとなったかもしれない。「先日遺言書を作ろうという考えが浮かんだ。いつなんどきでも死ぬということはありうる」（十月十九日）と、わずか二十二歳の青年が書いている。

翌年二月、永遠の別れが実際にやってくる。ポワンソが死んだその日、ミシュレは書くだろう。「かつてお互いを別のものと考えたことのなかった二つの魂が、こんなふうに残酷に引き離されるなんて、どうしてなのだ？」（一八二一年二月十四日）。それからは死せるポワンソとの美しい思い出にミシュレは生きることになる。彼は幼いころから自然が好きだった。一八二〇年五月二十二日には、「人の気持ちはずいぶん変わるのに、変わらない美しい自然と再会して感動する。人がどんなに変わろうとも、愛と無垢の思い出は甘美だ」と記しているが、死んだ友は、もはや変わることない自然の一部となってしまったのかもしれない。

「少年時代の思い出――覚え書」にある次の一節は、永遠の友情を美しい自然とともに描いた、印象深い一節であろう。「春や夏の美しい朝、飛ぶように会いにいって〔…〕何時間もの会話をはじめようとしていたとき、ぼくらが感じたあの生き生きとした喜び〔…〕。ぼくらはあんなにも若く、あんなにも生命と希望にみなぎっていると感じていた。あのとき空はあんなにも澄んで、ぼくらはあんなにも一緒にいると感じていた」。

この一節はのちに『民衆』（一八四六年）の中で、「朝の四時に、あるいは五時に、私は歩き、叩き、戸を開かせて友人を起こしたものだ。すべてのものが輝き閃いていたあれらの朝の、あの生き生きとした軽やかな光をどうやって言葉でもって描写できよう。まだその印象を持ち続けているのだが、あの時の私の存在は、朝と春とにまじって翼を持っているようだった。暁の中で私は感じ取り生きていた」という形で語られている。また別の一節、ポワンソがミシュレに言ったという言葉、「もし君が〔戦争に〕出かけるなら、ぼくは薬剤師としては出かけたくない。兵士として君についていくだろう」は、ナポレオン戦争下、若者が次々と戦場に駆り出されるなか、すこしでも危険の少ない薬剤師として出むくことを両親からも期待されていたポワンソが、文科系のミシュレと行動を共にし、一兵卒として戦場に行って危険をともに分かつという決意を述べたところだが、これはポワンソの友情を示すとともに、当時の庶民の生活実感を何よりも知らしめてくれるものとなっていよう。

学問への愛

かけがえのない魂の友ポワンソをミシュレは失った。その衝撃はいかばかりだったろうか。「ああいった語らいをしたものが、無に帰してしまうなんてありえないし、ぼくらが二度と会い見ることがないなんてありえない」（一八二一年九月十八日）という言葉からも、その大きさが伝わってくる。しかしミシュレには、もう一つの友情があった。

ポワンソとの思い出をたいせつに集めておこうと計画しながら、同じ日にミシュレは書く、「ぼくのもっている二人の友人」（同九月二十七日）と。「覚え書」にも、「ポレとの友情がぼくを鍛えなおしてくれた」という言葉がある。

魂の友ポワンソに対し、ポレはミシュレにとって学びの友、学問の友であった。ポレとともにさまざまなことを学び考えた記録が、本書の随所に見られる。ポワンソを失った傷をいやすためにも、ポレと一緒に、がむしゃらに学ぶことが必要だったのだろう。彼らがどんな勉強をしていたか、「日記」でも語られているが、本書所収「アイデア日記」でも種々の言及がある。またミシュレ自身の勉強の記録としては、同じく本書「わが読書日記」が何よりも貴重な証言となるだろう。これを見ると、なんと多くの古典を読んでいたかと驚いてしまう。ギリシア・ラテンの古典は、初めフランス語訳で読んでいただろうが、しだいに原文で、次々と読破し始めるのだ。その数の半端でないことは驚愕に値する。さらにはフランスの古典はもとより、英語、ドイツ語、イタリア語でも、文学、哲学、歴史等々の書物を原文で読んでゆくのだ。

とはいえミシュレ二十代前半の学びが、ギリシア・ラテンの古典中心に行われたのは間違いない。これが彼の学者としての基礎を築いたのみならず、人間形成にも大きな役割を果したことは、「読書日記」の最後に、専門的な勉強のため専門に特化した書物しか読めないことが多くなったので、この読書日記は止めるといった趣旨を書いているところからも推察できる。つまりミシュレは二十代前半、関心をもったものはどんなものでも読んでいたのであり、あらゆることに関心を持っていたのである。こうしてリベラル・アーツと呼ばれるような勉強を、特にそのように意識することなく実行していたのだ。その中心がギリシア・ラテンの古典研究であったことは、この時代の趨勢からすれば当然すぎることだったのだろう。

古典から人は何を学ぶのだろうか。はるか昔の人々の考え、感情、世界観、価値観等々を、と答えられるだろうが、しかしそうしたすべてを通して、人間が千年、二千年の隔たりを超えて、ほとんど変わっていないこと、同じように喜んだり、悲しんだり、絶望したり、希望を抱いたりして生きている存在だと気付くことではないだろうか。はるかなる他者を知って、今日の自分たちを振り返り、人間としてともに語り合うということにこそ、古典研究の醍醐味はあろう。

本書「学問とは何か」の中でも、他者に寄り添いながら自己を確立してゆく重要性を説き、翻訳作業に(ミシュレがこういう時、ギリシア・ラテン語の翻訳を考えていたことは間違いない)そうした効用があることを強調しているのも、こうした読書体験を踏まえてのことだろう。このスピーチでミシュレはさらに言っている、「教育は今日の人間に、先人たちの経験を伝達すべきものとなります」と、また「全体を理解できるようになるためにだけ、細部を研究するのです」とも。

古代の人々は、人類史全体のなかでは今日の我々よりも「若い」人間なのだとも彼は言う。人類が余りにも老けてしまわないためにも、昔の人々、人類の青春時代の人々と語り合うことが必要なのだ。本書はミシュレの青春を今に伝えてくれるだけでなく、人類の若かりし時代への想いをも、ひそかに伝えてくれるものとなっている。もう一つだけ、例をあげよう。

本書に出てくる多くの思い出は、ミシュレののちの作品でたびたび再出現するものとなっている。たとえば「覚え書」に記されている『キリストに倣いて』を読んだときの感動は、『民衆』でも語られているし、それのみならず、主著『フランス史』の「ジャンヌ・ダルクとシャルル七世」を扱う巻でも、『キリストに倣いて』のその時代への影響が、歴史的事象として、自身の体験と重ね合わせるようにして言及されている。おそらくここに、ミシュレが「歴史を包含（＝理解）」した一つの例が見いだせよう。

自己を通して歴史を見ること、その自己が独りよがりの小さな自己でないようにするには、膨大な時間の流れの中で、過去の人々と心を通い合わせていること、それが現在の他者をも理解する手だてとなるような、幅広い人間理解への道筋を開いてくれるはずだ、ということなのだ。混迷の現在（とはいえ、ミシュレの時代も同じように混迷していたのではないか）、未来の歴史全体を見通すためにも、過去と、過去の人間たちと語り合う意義、そのことを若き日のミシュレの生き方は教えてくれているように思える。

歴史全体とは人類の歴史全体を意味するだけではあるまい。この宇宙の生きとし生けるものすべてへと広がる時の流れ全体を含むものだろう。大いなる自然、そうしたものへの暖かい眼差しをミシュレはもっていたが（『海』『山』等参照）、その視線が、この若き時代からすでに感じられることも最後に指摘しておく。

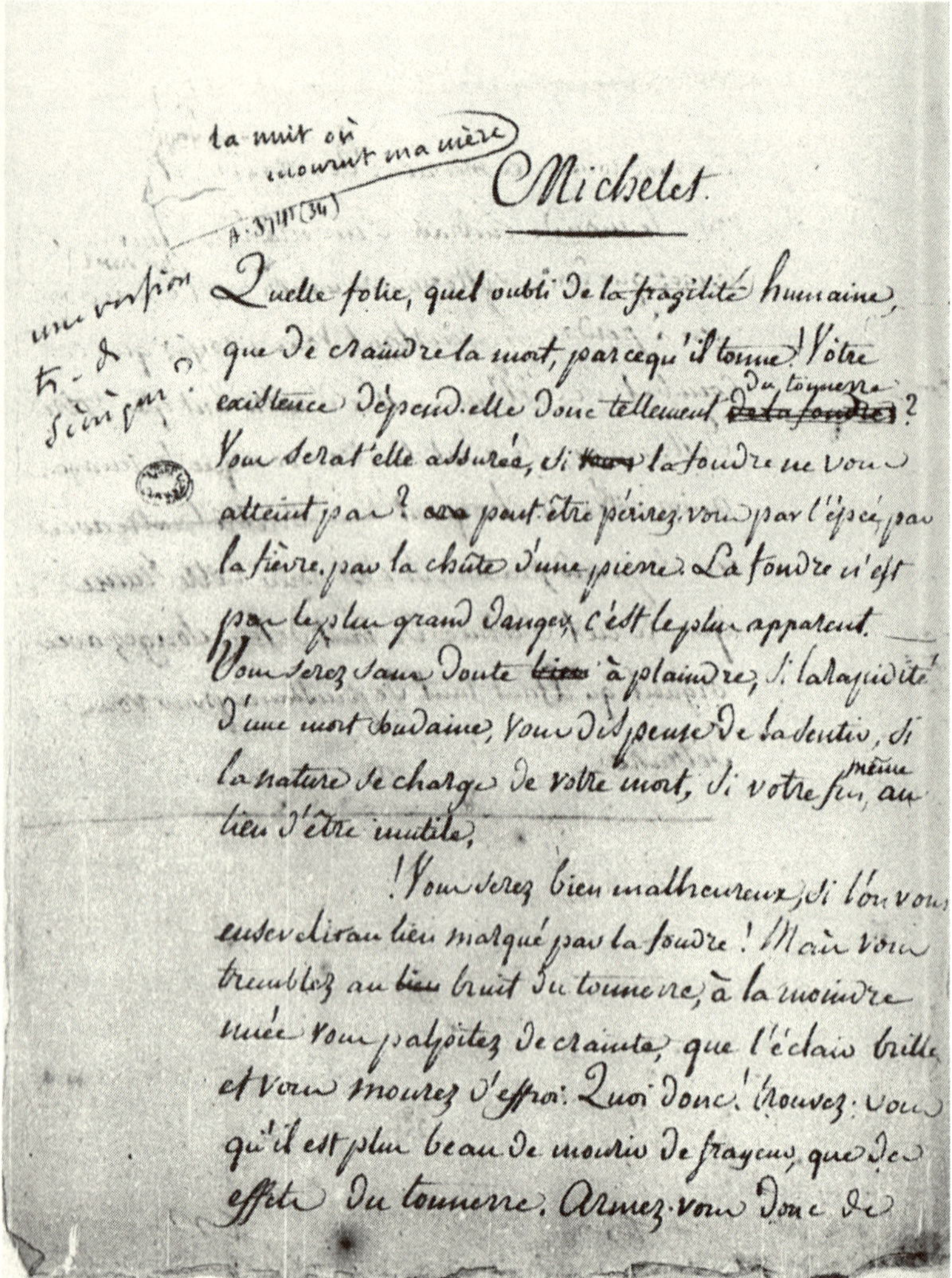

la nuit où mourut ma mère

Michelet.

A. 3741 (34)

une version

Quelle folie, quel oubli de la fragilité humaine,
que de craindre la mort, parce qu'il tonne! Votre
existence dépend-elle donc tellement ~~de la foudre~~ du tonnerre?
Vous sera-t-elle assurée, si ~~vous~~ la foudre ne vous
atteint pas? ~~vous~~ peut-être périrez-vous par l'épée, par
la fièvre, par la chute d'une pierre. La foudre n'est
pas le plus grand danger, c'est le plus apparent.
Vous serez sans doute ~~bien~~ à plaindre, si la rapidité
d'une mort soudaine vous dispense de la sentir, si
la nature se charge de votre mort, si votre fin, même au
lieu d'être inutile,

!Vous serez bien malheureux, si l'on vous
ensevelira au lieu marqué par la foudre! Mais vous
tremblez au ~~bien~~ bruit du tonnerre, à la moindre
nuée vous palpitez de crainte, que l'éclair brille
et vous mourez d'effroi. Quoi donc! trouvez-vous
qu'il est plus beau de mourir de frayeur, que des
effets du tonnerre. Armez-vous donc de

母が死んだ日に書かれた、16歳のミシュレの筆跡
（1815年2月8日、本書125頁を参照）

全体史の誕生

目次

全体史の誕生

若き日の日記と書簡

凡例

一　本書は Jules Michelet, *Ecrits de Jeunesse*, (Gallimard, 1959) を参考に、目次に掲げたとおりの作品を全訳あるいは抄訳し、編集したものである。各章のどれを全訳し、どれを抄訳したかは、目次および「編訳者あとがき」に記した。

一　訳注は（1）、（2）……で示し、各段落の後ろに挿入した（前掲書の編者ポール・ヴィアラネの注釈によるものは、主要な場合は明示した。が、それ以外にも参考にしたものがある）。ただし短い訳注は本文中に〔　〕で挿入した。

一　原文中のイタリックには傍点を付した。

一　書名は『　』で囲んだ。雑誌・新聞名や、論文、エッセイや詩編名は「　」で囲んだ。

一　引用文は「　」で囲んだ。

一　通常小文字で始まる語が大文字になっているときも「　」で囲んだ。

一　編訳者による省略箇所は〔…〕で示した。「覚え書」原文にある省略（草稿の欠如を示す）は（…）で示した。

一　原文におけるラテン語、ギリシア語はカタカナ表記とした（ただし、「わが読書日記」については、この章の冒頭を参照のこと）。ただしその中に、通常カタカナ表記とすべき固有名詞が入っている場合は、ひらがな表記にした。

一　「少年時代の思い出——覚え書」と「学問とは何か」における小見出しは、編訳者による。

学問とは何か

〔一八二五年八月十七日、コレージュ・サント＝バルブでの賞与授与式にて〕

ダヴィッド・ダンジェによるミシュレの肖像、1834 年

生徒諸君

皆さんがこれまでも今日も華々しい成果を収めて、この学び舎(や)の古い名称を栄えあるものとして支えたことを、私たちが称賛できるよう、皆さん、一時のご辛抱をお願いします。あの勇敢なローマ人のように、皆さんは自らすすんで退歩したりはせず、困難を克服するのだと誓うでしょう。皆さんはさらにいっそう困難を克服してゆくだろうと、私たちは期待しています。

父親のような配慮で皆さんの勉強を指導する者は、勉強の新たな手だてを皆さんに与えることで、皆さんの成功に、ほどなく報いるでしょう。その手だてとは数学と物理学です。それらが、これからは特別に教えられることによって、皆さんに高貴な栄誉を提供するのです。それらの学に、「雄弁」と「詩」を結びつけるような者は幸いです。諸科学の最高に素晴らしい栄光は、それらの結合に存します。この真実を確立するため、私は、皆さんがほとんど渇望していないそれらの学習のほうへと、皆さんの注目をあえて引き戻すでしょう。まことにさいわいにも目的地に達したとき、試合場の大きさを図るというのは楽しいことです。

互いに相通じ合う学問

皆さんの年齢に応じてにせよ、また研究者の道のりのどの段階にいるかという研究の進み具合に応じてにせよ、試合場を一目で見渡すのは難しいことです。皆さんの目は細かなことに結びつき、全体を把握できないのです。皆さんには教育の対象すべてが、それぞれ別々の関係ないものと、当然のごとく見えるに違いありません。しかしながら学問は、さまざまな部門をその間において無関係なものと見なすときには、そしてそれぞれの研究が他の研究を解明し豊かにするのを知らないときには、そのもっとも生き生きとした魅力と、その主要な有効性とを失ってしまいます。利発な古代の言うところでは、ムーサたち[1]は姉妹なのです。自分たちになされるべき礼拝が分割されることに、彼女たちは耐えられません。彼女たちの中のたった一人をなおざりにする者は、彼女たち全員から、自らのささげる香が退けられ、奉納物がはねつけられるのを見るでしょう。

（1）ムーサとは、ギリシア神話に出てくる、種々の芸術をつかさどる女神たちのこと。ゼウスとムネモシュネの娘で九人いた。カリオペ（叙事詩）、クレイオ（歴史）、メルポメネ（悲劇）、エウテルペ（音楽）、テルプシコレ（抒情詩、舞踊）、エトラ（竪琴、賛歌）、タリア（喜劇）、ポリュムニア（賛歌、所作事）、ウラニア（天文学）の九人である。

皆さん、学問は確かに一なるものです。言語学、文学、歴史学、物理学、数学、哲学、すべてが、です。一見もっとも離れていると見える知識も、ほんとうは互いに相通じあっています。というよりむしろ、それらは全体で一つの体系を形成しています。私たちの知力が乏しいため、それらのさまざまな部分を順序立てて考察することになるのです。いつか皆さんは、人間科学のこのすばらしいハーモニーを捉えようと努められるでしょう。今日は、皆さんに、自分たちのしている学習がそれぞれ緊密に結びついているものだと感じとっていただければ、そして皆さんに古典教育[2]の全体性と統一性を示すことができれば、私たちはなんと幸せでしょうか。

（2）古典教育とは、この当時ヨーロッパで行われていたギリシア語、ラテン語を中心とした基礎教育のこと。

人類のアイデンティティを示す学、それを伝える教育

パスカルの言葉に耳傾けましょう。

「何世紀にも及ぶ人間たちの連なり全体が、常に継続し、絶えず学んでいる同じ一人の人として、見なされるべきなのである[3]」。

（3）パスカル『真空論断片』（一六五一年作成）の一節。

単純かつ崇高な考えです！　……なんと強烈な光によって、この考えは人間の本性を照らし出してくれることでしょう！　人間はもはや一つの孤立した全体ではなく、人類と呼ばれるこの集団的存在の一部です。私たちのそれぞれが、全体的経験という宝を観察し、発見するという努めをなすのです。この宝は、常に手から手へと受け渡されつつ増大してゆく貴重な遺産です。個人は一瞬現れ、共通の思いに結びつき、その思いを修正し、そして死んでゆきます。しかし種としての人間は死にません。自らのつかの間の生から、永遠の果実を得ます。こうして発見と善行との巨大な連鎖が、あらゆる時代を結びつけます。さまざまな世代は消失しうるし、諸々の人種は滅びうるのですが、共通の思いは存続しうるのです。つねに同じもので、つねにより広大なものとなり、千もの多様な形態のもとで、つねに一つであるこの思いは、人類のアイデンティティを作るものなのです。記憶と意識が個人のアイデンティティを作るように。

人間の本質的性格がこのように表明されると、本物の教育の目的と展開は、一つの問題といったものではもはやなくなります。教育は今日の人間に、先人たちの経験を伝達すべきものとなります。今日の人間に続いて明日やってくるだろう人々に、新たに増えたものとともに、教育が伝わってゆくためです。教育は現在を過去に結びつけ、未来を準備しなければなりません。歴史、言語、文学を学習し、人間たちが考えたことを学んだあと、教育は哲学において、いかにして人間は考えるかを教え、そして私たち自身で考えることを教えるのです。

私たちが過去の知識を受け取りうるのは、歴史と文学の中においてです。言語活動は歴史に劣らず、巨大な貯蔵庫と考えられねばなりません。そこに人々が自分たちの労働の成果を代々（だいだい）もたらしに来る貯蔵庫であり、消失した種族が、そこに彼らの性格を残すという、消え去ることのない痕跡の中で生き永らえている貯蔵庫なのです。歴史は私たちの父祖の活動的生を保存してくれます。言語の系列や一連の文学的記念碑は、私たちに彼らの知的生を、その生がもっとも民衆的なものとして持っていたものの中で、そしてもっとも特徴的に人類に属していたものの中で、表してくれます。さらにそのあとで生徒は、物理学の不変の事実を観察できるでしょうし、数学と哲学との不易の真理を凝視することもできるでしょう。しかし人間たちを作ろうとする教育は、まず言語と歴史の研究によって始まるのです。

歴史が私たちに語ってくれる諸行為、言語活動がそれによってできあがっている諸記号、それらは同じ一つのもの、思想なるもののさまざまな表現でしかありません。こうして時を計測する巧みな機械は、耳と目に、自らの内懐（うちぶところ）に隠された動きの進展を示すのです。じっさい、どんなに忠実に、習俗の変化や政治の変転が、言語活動のたえまない流動性の中で表現されているかを観察してください。ラテン語を、キケロの素晴らしい演説と、セネカの輝かしい作品と、最後に小プリニウス[4]がひどく苦労して書いたあれらの短信の中で、ラテン語自体で比較してごらんなさい。政体の変化や公的習俗の変化を、文体の変化の中で発見することでしょう。あなた方にはわかるでしょう、言葉が物事の流れのあとをたどっていることが、そして、いうなれば、言語活動の歴史によって政治史が語られるということが。もし政治史を消してみれば、キケロが語りかけているのは、大いなる公衆、自由な民にたいしてだったということが、そしてセネカは暴政にたいし渾身の力をふるって戦ったのだということが、つねに感じられるでしょう。最後に、もっと穏やかな統治のもとで、トラヤヌス[5]の友人は幸せな余暇をいくらでも享受し、二度と戻らぬ失われた自由への哀惜によっても、それを乱されることはなかったと感じられるでしょう。

(4) 小プリニウス(六一頃―一一四)。トラヤヌス帝のもとで執政官をつとめ、『書簡集』を著す。

(5) トラヤヌス(五三―一一七)。ローマ皇帝(九八―一一七)。各地を征服、この帝のときローマ帝国は最大版図を誇った。内政でも道路、橋梁、運河等の整備に力をふるった。

文学と歴史の一体性

文学的記念碑は別の意味において、歴史的記念碑とも呼ばれうるものです。いわゆる歴史家たちは民衆の外的生、戦争とか条約とか、つまり彼らの歴史の中でもっとも役立たない部分しか描き出しません。だが民衆の内的生のほう、哲学者にとってもっとも貴重な、民衆の信仰だとか習慣だとかは、雄弁家たちや哲学者たち、とりわけ詩人たちの中に、それらを特別に示すものが散在しており、それを集めてこなければなりません。民衆の思いを素朴に明かすこれらのものは、大いなる出来事の中で最良のものなのです。あなた方はトゥキュディデスの物語の全真実を感じられるでしょうか、もしもアリストファネスがアテナイの広場であなた方を熱狂させず、あなた方をアルキビアデス(6)の軽薄さやクレオン(7)の傲慢な言動の観客にしないとしたら。

(6) アルキビアデス(前四五〇頃―前四〇四)。アテナイの将軍、政治家。
(7) クレオン(?―前四二二)。アテナイのもっとも著名な扇動政治家。民衆におもねり虚栄心に富む政治家の典型で、喜劇作家アリストファネスの諸作品の中で攻撃された。

だから歴史と諸言語および文学との、この二重の学習を厳密には分けないようにしましょう。思想は一なるものです。行動と言葉も分離しないようにしましょう。言葉は行動に対応する記号なのですから。それらは自然の中で結びついています。教育の中でもそれらの学習を一体化しましょう。それらは相互に手助けをしあうでしょう。お互いを絶えず明かしあうでしょう。私たちの生徒に、二つの形態で同時に人間精神が発展することを示すでしょう。その形態のもと、精神は自らの内的活動を外部に表明しているのです。

生き続ける古代文明

私たちが歴史と言語のこの学習においてたどるだろう歩みは、まさに自由意志に基づくものです。それは必然的に年代的順序に従わされます。ギリシア文明からローマ文明は由来するということであり、両者とも私たちの文明の本源のようなものだということです。もしも私たちが、近代の天分が古代の天分に負っているものについて無知であり、先人たちから伝えられたすべてを彼らにお返しすることができないとなれば、私たちには、近代の天分の独創性は把握できないことでしょう。かの名高い民たちの、あのすばらしい時代から二千年が経ってしまいましたが、彼らはまるで私たちを今も支配しているようなのです。われわれの芸術家たちは古代の趣味を、神聖な規則のように学んでいます。ローマの知恵はわれわれの法律学の中に息づいています。われわれの科学はその学術用語を、ギリシア人の柔軟な言語から借りています。ラテン人の言語は、永遠の言語という名に値するように見えないでしょうか。われらが近代固有語すべての中に、それは混入しているのではないでしょうか。そのことに気付かぬまま、私たちはラテン語を絶えず話しているのではないでしょうか。あの言語に負っているものを私が称えている、まさにこの瞬間にも、私の発している語の大多数において、みなさんはラテン語を再発見しないでしょうか。古代世界の子供である私たちは、父祖たちの遺産を拒絶しようとしても、それはできないのです。彼らの数知れぬ思い出が、あまりにも私たちの存在に混じりこんでいます。いうなれば彼らは私たちを取り囲み、私たちの中に入り込んでいます。私たちは四方八方から彼らを受け入れているのです。私たち自身に溶け込んでしまったそれらの要素から、引き離されようと望むことは、空想的企てとなります。もしも不幸にも、首尾よくそうすることができたとすると、私たちは自らを近代世界の不可解な謎としてしまうことのみに成功した、ということになるでしょう。近代世界は古代によってのみ、解き明かせるものなのですから。

古代は人類の幼年期

若い人々が、ギリシア人やローマ人のような若い民の研究をするのは、自然なことではないでしょうか。あれらの民は古い民と呼ばれていますが、じつは逆に、あらゆることにおいて新しい民であり、人類の幼年期を本当に形成したのです。ギリシアの天分は、幸せだったあの時代のすべての性格を、とりわけ私たちに提示してくれます。生き生きとした想像力、超自然的なものへの愛、やすやすと高揚する心といったものです。人類はローマ人とともに成長してゆくように見えます。人類はすべてのことにおいて有用なもの、適用可能なものを探し求めて、芸術への熱狂から、法とか政治といった厳格な仕事の方へ移っていきます。だがこうした活動期に長いこと留まってはいません。人類はすでに大層生き、大層苦しんだのです。最初の幻想から覚め、それに続く興味をひかれる情熱にも疲れ、人類は理屈っぽく観想的になり、キリスト教によって支えられ、あの中世の長い試練に耐えることになります。その中世が人類を近代の成熟へと導くに違いありません。こうして個人のそれぞれの年齢に、またそれぞれの進歩に、人類の一つの時代が、一つの進歩が呼応します。こうして、私たちによって歴史と文学の領域を広く見渡させてもらう生徒は、何年かのうちに世界のこの長期の生を再び生きることとなり、そして人類が神そのものから受けた教育を私たちから受けることになります。皆さん、よくは分かりませんが、過つことなきかの師が、より好んだものに似通った形態の教育を私たちもやっているという考えは、深い敬意をもって私の心に染み込んでいます。これは人々の世論の上にのった、それなりに異議申し立てされうるような空虚な理論ではなく、神がはるか昔から、それによって人類を涵養してきた教育の要約です。

古きを学び自らを作る——そのための勉強について

したがって私たちは、こうした過去の学問を敬虔な気持ちで受け取ります。しかし私たちの学習は、そうした学問を空虚に瞑想するというだけに限りません。若者は、墓碑の上で永遠にひざまずいているあれらの人物像のように、静止した古代の遺骸を讃美しながら年を取ってはなりません。若者には、自らの存在を告げるための一瞬が与えられています。まもなく新しい世代が、彼に生の説明を求めにやってくるでしょう。私たちは、この唯一の瞬間を捉えることに心を配り、若者の能力が花開くのを見るにつれて、その能力を鍛えてゆくことでしょう。そして私たちは、若者にその先祖に関して残されている記念碑的なものを知らせてゆく間、彼の中に一つの創造的能力を成長させます。それによって彼自身が地上に一つの足跡をのこすにちがいないのです。

三つの時期をこの成長の中に印しづけることができます。この時期には三種類の勉強が適合します。翻訳作業、作文の多様な訓練、最後に哲学的瞑想です。

そういうことが人間精神の条件なのです。自らのもっとも高貴な能力を鍛錬することにおいてすら、自らの弱さに屈従する人間精神は、長いこと模倣したあとでのみ新たに考えだします。こうした模倣がないと、精神は不毛なものとして留まりますが、またこの模倣により自らの独創性が減じられるかもしれません。私たちは翻訳の訓練の中では、こうした危険を見出しません。それは、その中で創出するという模倣なのです。あるいはその中で模倣をする創出です。他の模倣作業においては、モデルが優秀なものであると、直ちに、欠陥があることでしかモデルと異なるものになりえません。翻訳では、似ていて同時に異なるというコピーの中で、モデルに比肩しうるものがありえます。いかなる模倣もこれほど機械的でないものはなく、思考の働きをこれ以上要求するものもありません。どんな創意も、その容易さにより、若い精神にこれ以上適したものはありません。若い精神は全体なるものを心に描けないのですが、細部を見出すことはすでに可能だからです。最高に見事に書き考えた人々と、いうなれば同一化するように若者を強制する訓練とは、何とすばらしい訓練でしょうか。イソクラテス[8]とともに優雅を、デモステネス[9]とともに激情を、タキトゥス[10]ないしプラトンとともに崇高さを、代わる代わる身につけてゆくのです。一連のこうした変貌の中で、彼らのそれぞれから、若者はなんらかの新しい性質の萌芽を受け取り、自らであることを止めないまま、彼らのさまざまな長所をわがものとしてゆきます。

(8) イソクラテス（前四三六—前三三八）。アテナイの修辞家。学校を設け、弁論術を教授し、プラトン等の哲学者の学校と対抗した。
(9) デモステネス（前三八四—前三二二）。ギリシアの雄弁家、政治家。マケドニアのフィリッポス二世にたいする弾劾演説で知られる。
(10) タキトゥス（五五頃—一一五以降）。ローマの歴史家。『年代記』、『歴史』ほかがある。

この作業の中で知性と趣味が、確かな感知しうる進歩によって形成されてゆく間、もう一つの能力、想像力がおのずと目覚めることとなったのです。力強いが危険な能力です！　それは思考を広げるのに適していますが、同時に情熱を燃え立たせるのにも向いています。急いでこの能力を制御しながら使うようにしましょう。新しい感動には新しい言語活動が必要です。若者には、熱狂を押さえつける節度ある調和が熱狂をさらに新たにする、という秘密を明かしておきましょう。ハーモニーに飢えている若者の耳に、ホラティウスとウェルギリウスの不滅の歌を提供しましょう。彼はそれらを繰り返し、それらの模倣をあえてするでしょう。そして情熱は、詩の無垢な魅力に惑わされて、豊かな熱気に満ちた才能を活気づけることだけをするでしょう。

文体が人間そのものであるとするなら、文体を作ることは知的人間を作るということです。じっさい弁論の学習においては、今日まで別々に培ってきた能力を、私たちは同時に育ててゆくことになります。つまり記憶、趣味、想像力といった能力です。生徒は、言語と文学の学習の中で集めた材料すべてを、そのとき用いることになります。彼が翻訳した偉大な雄弁家たちは、自分たちの技術の秘密を彼に明かしてくれます。彼が模倣した詩人たちは、自分たちの想像力の飛翔を、しばしば彼に貸し与えます。ここでは、さきほど私たちが指摘した文学と歴史とのあの結合が、とくに姿を現すのです。歴史は雄弁術にたいし、絵画的生彩を作り出す絶妙な細部描写や、場面の劇的効果を提供します。歴史は雄弁術に真実の息吹を与えます。そして言葉に現実味と生命を伝達します。客観的事実についての認識を奪い去ってごらんなさい、文学はもはや美辞麗句に関する空虚な研究でしかなく、虚言の訓練でしかありません。子供じみた仕事であり、背徳的な習慣となります！　良心は趣味と同様、芸術の第一原則、「真実以上に美しきものなし」を、私たちに忘れさせてはならないのです。

いかに感じ、考えるかを学ぶ――哲学の意義

哲学が古典教育の最後を飾りますが[11]、それは、私たちが特別に教えているこの学習の最終時期に限定されるものではありません。哲学は自らに固有の名で若者に語りかけるときには、もうすでに長いこと、歴史、言語、文学の名で彼に語りかけていたのです。学習生活のあらゆる地点で、皆さんは、それと知ることなく哲学と出会い、尻込みさせられるその幻影を、しばしば喜んで目にしているのです。先生方が皆さんとともに、ウェルギリウスの中に情熱の真実や、感情の深さを注視するとき、皆さんは哲学を学んでいるのです。さらにはさまざまな動きや文飾をわきに置いて、教師が皆さんにデモステネスの推論の糸をたどらせ、その脈絡と演繹を示すにせよ、言葉を分析してその起源を探り、皆さんに思想を表す記号の発生の中で、思想の発生を示すにせよ、その時にも皆さんは哲学を学んでいたのです。皆さんのなしている言語の学習は、前もってなされる論理学です。

(11) フランスの中等教育最終学年には、伝統的に「哲学級」と呼ばれるクラスがあった。そこでは、哲学中心の授業がおこなわれていた。

とはいえ、詩、雄弁、歴史は三者とも、細部によって生彩を放つもので、生徒の注意をしばしば個別的対象に向けさせることを認めなければなりません。哲学は、生徒の中で、一般化するという気高い能力を

育てます。この能力によって生徒は、数多くのものを一つの単純な表現のもとで結びつけられるようになり、もたらされた影響からもたらす原理のほうへ、つまり結果から原因へと上がってゆくことが可能となります。そして、ついには一つの体系を一目で見渡せるようになるのです。哲学はすべての学習を、人間を学ぶことへと関連づけます。そして人間の持つ諸能力を分析します。哲学は、学問のあらゆる領域をそれが到達する中心部で示し、私たちのために無限なるものを、一つの点の中にまとめ上げてくれます。

人間は自らの知的な力に酔いしれ、知力に自らの偉大さのすべてを置きうるかもしれません。しかし哲学は人間に教えます、自らの本性の尊厳を、いっそう本質的に自らに属しているものの中に、つまり自らの意志の良き行使の中に求めるようにと。感覚、知識、才能そのものといった、きわめて個人的なものに見えるこの高度の独創性は、大部分が偶然に依存しています。私たちが自由なのは、そして真に私たちであるのは、自らの意志においてです。ですから若者は、専門研究に先立つすべての学習を、私たちのこの至高の能力を導き改善する方へと、向かわせねばなりません。

他との関係における自己

だが若者は、もしも自らと他の存在との関係を知らなかったとしたら、つねに不完全にしか自分を知らないことになるでしょう。自らを取り巻いているすべてのものと、自分を比較してみなければなりません。そして自らに指定された位置を認識しようと努めなければなりません。そのとき哲学は、最後のヴェールを持ち上げ、驚嘆している彼の眼に、宇宙の光景を明かしてくれます。絶え間なく存在を横切ってゆく無限の数の人間の中から、彼は、時代や国も離れており意見や興味も対立しながら、しかし仕事や努力の共同体にあって、抗（あらが）いがたいほど結びつき同じ目的に向かっている、自らに似通ったものを見分けるでしょう。この社会を超えて、その意思がすべての存在の関係を形成している「御方（おんかた）」を、彼は認めるのです。その方こそ、時と場所の中ですべてを一つとし、その全能の行為でもって物理的世界を結びつけ、善行と感謝のきずなによって精神的世界を一体化しているのです。若者はこの大いなる光景を見て、愛と熱狂の何という動きで、心揺さぶられないことがあるでしょうか。最初彼は、この光景の圧倒的壮大さに耐えられないでしょう。しかしほどなく、この素晴らしい秩序に心を結びつけ、崇高な熱狂状態にとらえられて、マルクス・アウレリウスとともに叫ぶでしょう、「あいさつします、神のおごそかなる国よ」と。

学問の統一性

今後彼には、すべての知識を束ねるにちがいない原理を、もはや探求する必要はありません。神の意図の統一性の中で、彼は、世界の統一性と同様、学問の統一性を見出したのです。彼が不変の物理的法則を観察し、そして人間的事柄が、見かけ上の移ろいやすさの中で縛りつけられているやはり規則的な法則を観察すると、彼は同じ構想、同じ意志を認めることになります。彼にとって学問は、そのとき聖なる体系のように見えてきます。学問のさまざまな部門を別々にするのを恐れねばなりません。分割するのは、ただ再構成するためにだけです。全体を理解できるようになるためにだけ、細部を研究するのです。能力がないということで、彼は自分の研究を、知識の一分野に、よりいっそう特別な形で捧げなければなりません。しかし彼がその一分野を、残余のすべてから切り離してしまおうと試みたら、禍あれ！　です。彼には、事実は注視できるとしても、そうした事実に生命を吹き込む精神は把握できないでしょう。彼はおそらく物知りにはなるでしょうが、けっして見識ある人にはならないでしょう。学問の誇りや道徳性は、彼とは無縁のままであり続けるでしょう。

若い生徒の皆さん、そうした死んでいる不毛の学問から離れてください！　古典的学習によって生を学習する準備をしていれば、精神の偏向や偏狭な関心が見られるゆえに、皆さんにそれから遠ざかるよう私たちが働きかけているような姿勢を、皆さんはご自分の研究に持ちこむことでしょう。こうした偏狭な関心は、他のすべてのものに背を向けるよう精神を仕込むのに利するから、遠ざけねばならないのです。皆さんは「諸科学」と言わずに「学問」と言うでしょう。他のものと切り離された事実に関する知識は、不毛であり、しばしば有害であるということを忘れないでください。真の関連のもと結びつけられた諸事実に関する知識は、この上ない光であり、道徳であり、宗教です。私たちにとっては、こうした教えに忠実な皆さんが、私たちがまだごくゆっくりと歩んでいるこの道を、駆け抜けてゆくのを見られるというのが、そして皆さんが勉強によって人類の遺産を豊かにし、何か発見するごとに、人間の尊厳を構成する諸真理と地上における人間の慰めを、新しい証明の上に据え付けるのを見られるというのが、何と願わしいことでしょうか。そのとき私たちは、人類のこの素晴らしい歩みを導く「御方」に感謝し、そしてその方が、私たちに取って代わらせようと、私たちよりももっと価値ある人々を与えてくださったことに対し、感謝の気持ちを捧げるでしょう。

少年時代の思い出——覚え書

ミシュレがたびたび訪れたパリ植物園
（1840年頃、リトグラフィー）

ここに収めている原稿は、一八二〇年と一八二二年に、わが初めての友ポワンソのために書いたもので、出版されるべきものではなく、抜粋されうるものだ。わが子供たちは二十歳以前にこれを読んではならない。

幼いころ

これらの資料を収集しながら、ぼくはいくつもの理由から決意を固めている。ぼくにとってはすでに過ぎてしまったあんなにも短い生涯に関することを、しっかりと記憶に留めたいし、ぼくがこうむった良いこと悪いことの思い出を楽しんでみたい。ぼくは過去によって未来をより良いものにしていきたい。愛した人々より先にぼくが死ぬとしたら、彼らの傍らで生きてみたい。最後に、もしこれらの思い出を、いつかぼくの「日記」に結びつければ、そして思い出に一つの形を与えながらそれらを世に出すならば、ルソーが『告白録』で、そういったことをしたとして〕みなに知られた唯一の人、ということではなくなるだろう。

わが行動には大したものはなかったから、ぼくはそれについて語るよりも、自分の感じたこと、考えたことを語ろう。大いに秩序立てて語ろうとは願わない。起ったことがぼくの記憶に浮かんでくるままに書いてゆくだろう。

覚えている最も古い時期は、ベビー服を脱いだ時のことだ。この作業をしてくれたイヤサント叔母[1]の、顔つきというより身のこなしかたを、かなりはっきりと覚えている。ぼくはグレーの縞模様の南京木綿〔中国南京地方で産出する太糸で厚地に織った綿布〕の上着とズボンを着せられ、（モンマルトル通り[2]の）店のテーブルの上に寝かされたのだ。緑の壁紙の貼ってあったその部屋を、ぼくはかなり好きだった。記憶が正しければ、その部屋は印刷所[3]に隣り合い、中庭かあるいはかなり広い庭に面していた。ある日おばあちゃんが、その部屋にぼくを抱いてきて何かを見せてくれたとき、窓の枠がぼくの小さな手の上におちてきた。傷はつかなかったが、二人とも、ただただ怖かった。

(1) マリ=イヤサント・ミレは、ミシュレの母アンジェリック=コンスタンツ・ミレの四人姉妹のうちの、一番下の妹。一七七四年生まれで生涯独身だった。一番上の姉は一七五四年生まれのジャンヌ、次いでアンジェリック(一七六一年生まれ)、そしてマリ=アレクシス(一七六四年生まれ)と続いた。

(2) ミシュレは一七九八年八月二十一日、パリのトラシー通り(現在パリ二区)で生まれた。二年後の一八〇〇年、ミシュレ一家はモンマルトル通り(パリ二区から三区にかけての通り)の二二四番地に引っ越した。

(3) ミシュレの父ジャン・フルシー・ミシュレ(一七七〇—一八四六)は、当時印刷業を営んでいた。彼は生まれ故郷ランからパリに出て、一七九二年、ヴァンドーム広場にあったアッシニア紙幣の印刷所に入り、印刷術を学んだ。

ぼくはまた、椅子や肘掛け椅子が三列に取り囲んでいたユエ夫人[4]の客間のことも覚えている。それから夫人が飼っていた大きな猫のことも。その猫は、夫人がまず食べてみせてやらなかったものは、何一つ食べなかったものだ。

(4) ユエ夫人は、オペラ=コミック座の会計係ユエ氏の夫人。ユエ氏はミシュレ一家の知人で、一七九二年、ミシュレの父にアッシニア紙幣印刷所を紹介してくれた人である。

だがモンマルトル通りのことで、一番はっきりと覚えているのは、叔父のミレ(5)が我が家で食事をしていて、かわいそうなクラリスにぼくにキャンディーを分けるよう命じた日のことだ。幼い女の子は、あまりそうしたくなかった。彼女の父はちょっとばかり厳しい人で、その言いつけにはすべて従わなくてはならなかった。そのときは、彼女に鞭を加え、罰として外に追い出してしまった。少ししてから、ぼくが迎えに送り出された。壁の前に立ってずっと泣いているあの子の姿が、まだ見えるような気がする。ぼくはひどく幼かったけれど心打たれてしまったらしい。ともかくそうでなければならない。というのも、あれから一八年経ったいま、あれらすべて、そんなには判然としないことなのだから。クラリスは背が高く、褐色の髪で、母親似の美しい目をしていた。虚弱な体質で、アメリカに旅行したあと亡くなってしまった。あの一家はアメリカで恐るべき嵐に遭ったのだ。母親は、その悲しみからけっして立ち直ることはありえまいと思い込み、ほどなく彼女の死をもう考えないようになった。

(5) ミシュレの母の二人の兄弟の内の一人で、ジャン＝ニコラ・ミレのこと。パリ南東の町プロヴァンに住んでいた。

ぼくにとってさらに個人的な出来事は、ある日、父が自分の靴ひもを結わえていたとき、その頭上にぼくが無意識的に棒の一撃をくらわせてしまったことだ。みんなはぼくがそのとき何かに怒っていたのだと言うが、自分では覚えていない。ぼくの怒りっぽい激しい性格が、すでに現れ出ていた最悪の兆候だったように見えた。四歳のときだった。

ぼくは甘やかされて育てられたので、生まれながらの激しさがあまりに増長していたのだ。どこへ行ってもぼくは祝福され感心された。あるときは、これこれの偉大な人間になるに違いないとされ、またあるときは別の者になるはずだとされた。ぼくの頭が大きいのも、大いなることを予測させたのだ。母はもっと道理をわきまえていた。が、ぼくは、自分を取り囲むすべてのこうした賞賛から、自分の力がすごいのだと思い込まされていた。年齢以上に多くの（したがって誤った）考えをもっていたので、最高に奇妙で滑稽な子供になっていた。最初に読んだ本はションプレ[6]の『寓話辞典』で、ぼくはイエス・キリストよりはるか前にジュピターの名を知った。それで、頭の中がくだらないことどもでいっぱいになっていたので、数々の偏見〔キリスト教にまつわるものを言っているのだろう〕でだめにされるような時間はなかった。そうした偏見に子供が早くから染まるよう、人々は気を配るものなのだが。ぼくはあまりに不器用で他の子供たちと遊べなかった。その連中はぼくのことを馬鹿にしたろうし、ぼくは、母といっしょに家にこもりがちの生活をせざるを得なかったから、本を読み、うまく学べなくても、一人で学んでいた。

（6）ピエール・ションプレ（一六九八―一七六〇）は有名な私立学校を経営し、いくつもの教育書も出版していた。中でも『寓話辞典』（一七二七）は、数多くのコレージュ（＝高等中学校）で使われていた。一八〇二年ミリンによって大幅に増訂されたが、ミシュレはたぶんこの新版を持っていたのだろう。

ジュール通り[7]〔の家〕で、ぼくは悲劇の構想を思いついた。ブルータスの死であった。ぼくが思いついたことを提供し、父がそれを詩句にすることになっていた。ブルータスをめぐる五つの出来事があった。よく覚えているが、場面は宮殿の門番の言葉から始まっていた。第一行の詩は次のようなものだった。

（7）モンマルトル通りからジュール通り（パリ一区にあり、モンマルトル通りから横に入った通り）へ転居したのは、一八〇二年以前のことと思われる。

「なんだと、わしは王の中で最も正しい方が、非業の死を遂げるのを見るのか？」

その余のことは察してほしい。ぼくはある朝早く起きて、自分の赤い靴下から古代風の履物を作ろうとした。というのも、この芝居で自分も演じよう、それも主役をやろうと考えていたからだ。こうした気まぐれはいっときで終わった。だが何年か続いたのは空中楼閣のようなもので、それについてはおばあちゃん(8)と話したものだ。つまりある野生の人々を文明化するという問題だった。ぼくはすべてを見通していた。この新しい社会に住むことを許した人々の数、土地の分割、町の大きさ、その他いろいろ。おばあちゃんはすばらしい忍耐力を見せて、そうした話を全部聞いてくれた。ときおりぼくのほうが、おばあちゃんの忍耐力にいらついてしまった。いつでも「そうだね」と言ってもらうより、ときに何か反対してもらった方がよかったのだ。とはいえ、ほかに話を聞いてくれる人がいなかったから、ぼくはおばあちゃんと二人きりでいるのが大好きだった。おばあちゃんの家にぼくを連れてきた父がいることさえ、大いなる計画をおしゃべりするのに邪魔だったのだ。ときにそうしたことが気付かれてしまったが。

(8) ミシュレの父方の祖母、旧姓マリ＝バレット・レカールのこと。

よく覚えているのは、入市税取立所の外へ、たいていはモンマルトルの方向だったが、おばあちゃんと二人でゆっくりと歩きながら、何時間もぼくの計画を話したあの散歩のことだ。おじいちゃん[9]は、半ば頭がおかしくなり、半ば怒っているような様子で、しょっちゅう小声でしゃべりながら、ぼくらの数歩前を足早に歩いていた。またどうしてだかはわからないが、ビヤンヴニュ〔英語の「ウェルカム」と同義〕と名付けられたかなり変わった徒弟のひとりに、ぼくの計画を話すこともあった。〔…〕

（9）ミシュレの父方の祖父、フェリックス・ミシュレのこと。一七四七年シャンパーニュ地方の町ランに生まれ、一七六八年そこの大聖堂参事会付音楽家に選ばれたが、大革命でその職を奪われ、パリに出ていた息子と合流、息子の印刷業を手伝っていた。この「覚え書」にあるように一八一四年に死んだ。

こうしたぼくの気質を進展させるのに役立ったのは、おそらく、我が家の労働者たちと交わしたちょっぴりきわどい話だったろう。当時の年齢以上にぼくは、彼らと対等におしゃべりするのに必要な会話力を、どうにかこうにか持っていたのだ。とはいえぼくが思い出せる限りの人々（叔父[10]以外）には、次のような人々がいる。わが一家がちょっとした借金をしたゆえに、それ以来われわれを大いに苦しめた、かつて軍人だったレジャン。またほどほどの背丈だった印刷工のエロー。最後にデュクロという名の若い植字工。彼についてはもっと後で話す機会があるだろう。あれらの悪癖はぼくが極端に憶病となった原因の一つだ。しかしぼくを、もっとずっと憶病にさせたのは、高利貸のヴァタールが我が家にやってきたときの恐ろしい光景だった。たけだけしい顔つきで嗄（しゃが）れ声のこの男は（…）

（10）ミシュレの父方の弟、ナルシス・ミシュレ（一七七六―一八六七）のこと。

サン＝ペール通りの家

父が、口のうまいルイイェを知ったのはその頃（フランセーズ通りで）だった。この男はかつてサン＝タントワーヌ通りにあったそこそこの陶器店の主人であり、三人の娘さんがいて、そのうちの一人は、古文書館のま向かいにいる室内装飾業者と結婚していると思う。この男はわが一家に多くのことを約束してくれたので、父は彼のために何通かの小切手を裏書し、さらにサン＝ペール通り[11]に移り住もうと決意したのだった。そこは古いガラス店で、ルイイェの友人たちがほどなくそこをガラスでいっぱいにし、その勘定台はぼくらによって維持経営されることになった。貧弱なぼくらの家具類が、あの広々とした部屋に着いたときの情景が、まだ目に浮かぶ。ぼくらはあそこで途方に暮れたような状態になった。あそこは暖をとるのも不可能で、すべてが荒れ果て、扉一つ閉められなかった。あれ以上悲しかった場所はない。その後あの輝かしい界隈で、貧困はさらに耐え難いものとなった。まさにあそこで、人間の味わうすべての悲惨にみまわれたのだ。ぼくらが一番苦しんだのは、異論の余地なく寒さだった。薄い衣服しかなく、しかもあのだだっぴろい部屋に行火（あんか）が一つあっただけ。幸いなことに、ぼくの記憶が正しければ、あそこで過ごした幾冬かはかなり穏やかだった。食べ物と言えば、すっかり粗食に慣れてしまったので、しばらくの間、ほんの少し味付けしただけのインゲンを食べれば、快感を覚えるくらいになってしまっていた。

(11) ミシュレ一家は一八〇八年、七区にあるこの通りの、ヴェルヌイユ通りとの角にある家に転居した。なお彼らは一八〇二年、ジュール通りから、すぐ近くのフランセーズ通りに引っ越していた。

当時ぼくらの状況を悪化させていたのは、母のいらいらした性格だった。母はたくさんの心配事や不如意でいらだちをつのらせ、それらすべてを父がなまけているからだとした。胸が張り裂けそうなけんかがあった。父としては、エピクテトス[12]にも似合うような善意と忍耐力で母の言い分を聞いていた。ぼくは黙っているべきだったろう。ところが激しやすい性格だったから、一方か他方に味方するようになり、言い争いをさらに刺激してしまった。かわいそうな母は、確かにぼくに、ほとんど慰めとなるものを見出していなかったのだ。甘やかされ、ほんのわずかに反論されても気が荒立ち、奇妙な繊細さで誤った考え方をする、手におえない子供の性格を想い描いてほしい。一つ例を挙げるべきだろうが、書きながら顔が赤らんでくる。ぼくは従順でないための口実を探していた。そこで母に、どこかで聞いたヴォルテールの二行詩を言った。

(12) エピクテトス(五〇頃—一三〇頃)。古代ギリシアのストア派の哲学者。奴隷だったが解放されたのち、多くの人々に、神の摂理や現世の苦痛に対する無関心を、また兄弟愛を説いたといわれる。

「死すべきもの人間は、平等、生まれや家柄ではない。[13]」

(13) ヴォルテールの悲劇『エリピューレ』の抜粋からの引用だという。

こうしてぼくは、すでにほかの不幸ですっかり打ちひしがれている母を、かわいそうに、ひどく泣かせてしまっていた。そのことにほどなく衝撃を受けたが、ぼくは誇りが高すぎて誤ちを正せなかった。これは気にかかることだが、母にたいするぼくの誤ち、最高に悲痛な後悔の念をいつまでも残す誤ちについては、もっと後で言うことにする。

こうしたありとあらゆる苦しみの中で、ぼくらは、止め(とど)の一撃のようなものを受けてしまった。家族を解体してしまうに違いないような一撃だった。父が逮捕されたのだ。[14] 頼みの綱をすべて奪ってしまうこの離別は、恐るべきことであった。この時期、生きるためにどんなことをしていたのか、ぼくにはさっぱり思い出せない。

(14) 一八〇八年逮捕され、借金返済ができないことで投獄された。

この知らせを受けたとたん、母はすべてを閉め、ぼくらはよその方に移った。そしてそれほど苦労せずにあのおぞましい家を見つけた。[15] 身を低くしなければ入れなかった通路、柵、金具のついた扉、絶えず聞こえる鍵の音、そうしたものが若い想像力に生み出した効果を判断してほしい。幸いなことに、ぼくらの経済状態は、ほどなく少しは改善した。

(15) パリ五区キャトルファージュ通りにあったサント＝ペラジー牢獄のこと。その後一八九五年にこの牢獄は解体された。

これがサン＝ペール通りで感じた最高に不快なことだが、すべて言うは易しで、じつは長いこと苦しんでいたのだ。

とはいえ二つだけ付け加えておこう。一つは、ある日雷がぼくのいる窓のまえに落ちたのを見たこと。ぼくはひっくり返ってしまった。揺れや恐怖についてはわからない。ただルイイェといっしょだったと思う。もう一つは、ラテン語を始めさせようと、ぼくを高等中学校（コレージュ）に送るという話がなされたこと。ぼくは毎朝起きる前にとめどなく涙を流した。いつかそこで苦しまなければならないことを予見していたみたいだった。母にはそれがこたえたらしく、その時はコレージュ送りを免れた。

　思うにぼくはほとんど勉強せず、それによって大いに利益を得ていた。あの時代に立ち戻ると、当時のぼくは、まるごと現在のぼくと同じだったように思われる。ほんの少し読書をしては大いに想像していた。肉体的にも精神的にも奇妙な活力で悩まされていた。当時はほとんど四六時中、まだ周りが仕分け箱で取り囲まれている大きなガラス店の中にいて、店の中央部に置かれたテーブルの周辺を、しょっちゅう何時間も走り回っていた。たいていは疲れ切ってしまってから、やっと止まるのだった。こうやって走っている間、ぼくの肉体の動きがぼくの精神の動きをさらに早めるように思えたが、ぼくは自分の敵を追跡し、美しい愛人たちで自分を取り囲ませていたのだ。というのも、そういうとき、いつもぼくの城には女たちがいたからだ。それゆえぼくには、もう心を打ち明ける親友がいなかった。

　当時ぼくは、メランコリーと呼ばれるある種の漠とした快楽を味わうほどに、十分ませていたに違いない。建物の背面のほうに、住居部分から完全に切り離された小部屋があったが、ぼくはその小部屋に一人で上がってゆくのが好きだった。階段は暗かったから、いつも震えながら上がって行った。そこにある簞（たん）笥（す）が大きかったので、ひと一人簡単に隠れられたのだ。で、いったんそこに落ち着くと、喜んで夢想にふけった。自分の思考に一貫性を与えるには程遠かったから、ぼくは夢想に浸ることになった。

　ぼくらの暮らしていた窮乏状態そのものから、ぼくはいくつかの楽しみを引き出してもいた。父が長時間用立てをしに行くのに、ぼくがついていったとき、しばしば父はありとあらゆる大通りや河岸を通り抜けたから、少しばかりの金をもって家に戻ってきたときの喜びは、同様の困難に陥っていたことのあるような人々にしか、分かってもらえないだろう。哲学者たちが粗食の喜びについて言っていることすべてを、つらい仕事によって獲得され、はたしてもてるかどうかも定かでない貧しい食事ということを、ぼくは感じていた。子供にとっては現在がすべてだ。食べるために必要なものを売ったときなど、ぼくは永久に豊かなものとなっていた。

あのころから早くも、ぼくは秋が好きだった。自然な本能だったに違いない。というのも小説によって堕落させられた精神を、ぼくはもっていなかったからだ。父と川辺を、ロワイヤル橋からポン・ヌフへ、ヴォルテール河岸の下をときおり歩いたあの小散歩は、思い出してもうれしくなるものだ。

生き生きとした思い出を残すには、ささいなことでも必要なのだ。ある日、冬の終わりの頃、霧が出ていたとき、ぼくは門のところにいて扉の木材をガラスで削りながら、すこぶる無邪気に遊んでいた。湿った生暖かい空気にごくゆっくりと染まってゆきながら、ただいま現在の不安から解放されていた。考えることなく、ただ生きていた。そしてそれを感じていた。それはぼくの人生における幸福な瞬間のひとつだった。[16]

(16) ヴィアラネはこの箇所に「ルソーの『孤独な散歩者の夢想』の読書が、どれほどミシュレの感性に影響を与えたかが分かる」と注記している。

ぼくにはラトンという名のあわれな猫しか友達がいなかった。ラトンの食事は、主人たちと同様ほんとに貧しいものだった。察していただけるだろう。ある日ぼくが肉を食べ終わって、指を肉の脂で汚していたら、この猫がぼくの指に飛びついてきて、ちょっとばかり痛い思いをさせられてしまった。ぼくは、最初思わずかっとなった。それから、この猫をそんなにも悲しい境遇にしているぼくらの状況を顧みて、涙が両眼にあふれてきた。

ぼくが無情なつれない子供だと思われたなら、じっさい思い違いということになるだろう。モンマルトル通りにいたとき、当時飼っていためす猫が仔を産んだが、その仔たちを下水道に捨ててきたということを知り、ぼくは誰にも慰められないくらい悲しんだ。そしてずっと後になってからも、その話を聞くと長いこと泣いていたものだ。ぼくが小さかった時、父と母は、朝しばしば彼らのベッドにぼくを連れて行って、二人の間に置き、父は次のような歌を面白がって歌ったものだ。

「父たることは何たる幸せ！
息子が私を慰めてくれる。
私の死期がやってくるまで
いとしい息子が私の喜び」

この歌とメロディーの効果だけは絶対に確実だった。ぼくはいつも涙にくれてしまっていた。

ぼくには友人がなかったと言ったのは間違いではない。ときおり角の食料品店の小さな男の子（ココ）が、妹のティティヌといっしょにぼくに会いに来ていた。でもその男の子とはあまり遊ばなかった。ぼくは思うに比較的大人びていて、何かそうしたところがあったのだ。ココは一度ぼくに鉛製の小さなキリスト像を見せて、「小っちゃい神様」と呼んだ。ぼくはそれをけしからんと思い、こうしたひどい偶像崇拝を哲学的観点で笑いものにしてしまった。

彼の妹はひどく汚く、ある日店のすみでおしっこをした。ぼくが激しく怒ると、その子は失礼にもぼくのことを笑った。

ぼくは少しは読書をしていた。なかんずく『ロビンソン・クルーソー』[17]、詩で書かれたフランス史概略、いくつかの悲劇、そしてとりわけボワロー[18]で、ぼくはボワローに熱狂していたと思うし、特に（なぜだか知らないが）女性に対するボワローの風刺が好きだった。この作家に対するぼくの好みから、ぼくは大風刺詩人を気取るのではと皆から直ちに判断された。

(17) ダニエル・デフォー（一六六三―一七三一）の『ロビンソン・クルーソー』は一七一九年に刊行され、何度となく仏訳されているが、ミシュレが一八一八年に読んだのは、一八〇〇年にパンクーテ版で出された『デフォー傑作集』だっただろうと、ヴィアラネは注記している。
(18) ニコラ・ボワロー（一六三六―一七一一）の『風刺詩』中の「女性に抗して」（一六九四）。

サン＝ペール通りでぼくが異論の余地なく抱いた最もすばらしいことは、いくつかの宗教的衝動だった。父はそのことにはまことに無関心だった。母は信心深くはなかったが、自分が育てられてきた宗教を尊重していた。祖父母は宗教のことをひどく悪く言っていた。彼らが長いこと住んでいたのは、司祭たちが最高に金持ちで、貧民たちの嫉（ねた）みを買っていた土地だったからだ。ぼくらが陥っていたあの極端な窮状の中、なんだか知らない本能からか、ぼくはいくつかの宗教書を開いてみようという気になった。宗教教育を受けたことは一度もなかった。教会に連れて行ってもらったことも全くなかった。それ以降だって同様だ。

長い黒衣をはおった司祭たちは、ぼくを怖がらせさえした。それはぼくにとっては人間とは全然違うものだったのだ。日々差し迫った必要事をこなすのにあまりにも気を取られ、両親は無頓着だったから、ぼくに洗礼を受けさせることさえ思いつかなかった。おそらくこうして偏見から遠ざけられていたからこそ、ぼくはある日、分別をもって宗教的人間になるということになっていたのだろう。話をもとにもどそう。ぼくの手にたまたま入った本は『キリストに倣いて』で、ミサ聖祭通常文が付録として巻頭に置いてあった。ぼくの魂のような病んだ魂と神との対話は、ぼくの心を大いに感動させた。ぼくは現在時をわけなく忘れてしまっていた。現在時はあっという間に過ぎ去ることになっているのだ。ぼくは宗教が約束してくれるあの未来しか、もう考えなかった。あのころのぼくのように憶病だと、人からなされた悪いことによってしか人間のことを知らないから、あの本に満ち溢れている孤独への賛辞を大いに味わったのだ。すでにぼくには、あの本は自分と同じ孤独な人によって作られたように思えた（その後それが正しかったことが分かったが）。一つの金言が記憶の中にとどまっているが、それがどうしても本の中で発見できず、腹が立ったりした。それはほぼ次のような意味の言葉だ。「私はたった一人でいたことを、そして沈黙してしまったことを決して悔いなかった。人間たちの中にまじっていたことをしばしば悔いた」。

こうした宗教的衝動は、ぼくを現在時から脱出させる必要を感じさせていた悲嘆と同様、長続きはしなかった。それに、こうした衝動が続くことがよいのかどうかも分からない。というのもぼくは、宗教をカトリック的に、また愚かしく見てしまっただろうから。そして他の者と同様、ほどなく口を塞がれたようになってしまっただろうから。

サン＝ペール通りからはあまりにも早く離れてしまう。が、ぼくにはあそこで一世紀が流れたように思える。だが起きたことどもが、必要なとき、ぼくの記憶に現れるということもない。おそらくここの事項には、数多くの付け足しがなされねばならないだろう。

生活が困難だったから、わが一家はなにか事業を起こさざるを得なくなった。そこでサン＝マルタン大通り（ミシェル美容師の近く）に一軒の店を買い、読書室と小さな文房具店をもそこに併設しようとした。本と紙類だけが欠けていた。ほんのわずかしか、不十分にしか買えなかった。印刷に関しては町の仕事が大いに増えるだろうと期待していた。つまりポスターの類が客を呼び寄せるだろうと。仕事場は、ボンディ通り(19)と同じ高さにある地下室のようなところに置かれ、ひどく陰気でじめじめしていた。ぼくが活字を組むのを習ったのはそこだった。かわいそうな祖父が、印刷機に向かってどうにかこうにか仕事をし、ぼくに譜面が読めるようにさせようとしたのもそこだった。だがぼくは祖父とあまりに慣れすぎていて、機会を活かすことができなかった。そのレッスンを馬鹿にしたのだ。祖父にとってもひどくつらいレッスンだったろう。厳しく教えてくれていたゆえに、ぼくには二重の悔いが残る。ぼくには音楽家の資質がなかったのだ。自分の中に情熱が完璧に目覚めたときにしか、耳を魅了するあの心地よさを感じなかった。ヴァイオリンも一～二年やったが、ほとんど何も学ばなかった。

(19) 現在のブーランジェ通り（パリ十区）。

こんな風に印刷所で働いていて、思い出せるのは、ぼくはいつもエプロンを前にかけて、サン＝マルタン市門からタンプル通りのほうにいつも走っていく、かなり奇妙な子供だったということだ。同じ年頃の他の悪童連中と混じることはほとんどなかったのだけれど。とはいえぼくの生活は、完璧に一人きりというのではもはやなかった。隣人に磁器を売っている人々がいて、ぼくらと同じくらい金に困っていて、夕方商売をしている人がたいていいやるように、いつも戸口の敷居のところに出てきていた。ぼくらのほうも同じように出ていって、お互いよく知るようになって、その関係が完全になくなるということはなかった。それは太っちょのアルマンさんの一家で、アルマンさんときたら、いつもタバコをすっていた。この人の奥さんは、とても人柄のよい小柄な女性で、二人の子供を残して前の夫が死んだため、家族を支えるためにアルマンさんと再婚したのだった。でも彼のことはあまり好きではなく、亡くなった前の夫プラトー氏の名前を誰かが言うと、きまって涙を流すのだった。彼女の息子はココという名で、札付きの悪童だったが、皆の言うところ、いまでもそうだそうだ。彼女の娘は、ココの姉で、さらにぼくの心をひき付けた、ぼくより一つ年上のソフィー・プラトーさんだ。あの人より色白の人はいなかった。でも髪の毛と目は黒く、すごく端正な顔立ちをしていた。あまり若々しい雰囲気ではなかった。まじめで、あまりにも冷たくて、優しい感じはしなかった。でもぼくの想像力が最初に激しく高まったのは、この人に、なのだ。そのときまで好きな女の子を何人も作っていたぼくだったのに、あんな気分になったことはなかったからだ。彼女はぼくにあんまり返事もしてくれなかったから、無我夢中になるというほどでもなかったが、それでもぼくはやきもちをやいたりした。近所の若い労働者が彼女の家に遊びに来て、うちの戸が閉まっていたとき、ぼくは死にそうな思いになっていた。あれらの恐ろしい夜のひとつに照っていた美しい月が、まだ目に浮かぶ。あの晩ぼくは『オシアン』[20]の詩を読みながら、嫉妬心をはぐくんでいた。それにぼくの幸運は、ジャン＝ジャックのそれのように、手に接吻するだけに限られていたのだ。[21]ソフィーへのぼくの愛をしめす思い出がもう一つある。ある日彼女が何かを買いに出かけたとき、ぼくは彼女のはるか先に走っていって、一つの石柱のうしろに身を隠した。その場所から彼女に声をかけよう、そしてその美しい目を一瞬こちらに向かせようとしたのだ。こうしたことすべて、まことに馬鹿げたことだが、でもすべて言っておく。二人の若い女の子がときおりぼくの気持ちをうきうきさせた。ただ彼女らが女だという以外に理由もなかった。一人は美容師の娘で、背が高く、色あせたさえない金髪だった。もう一人はその家のとても小さな女の子で、エステルという名前だった。このエステルのほうがとくに、ぼくの想像力を官能的に染め上げてくれた。ぼくはしょっちゅうおばあちゃんのところへ行って、叔母[22]と遊んでいた。その遊びは初めのうち、いつも無邪気だったが、ぼくを大いに活気づけずにはおかなかったのだ。

(20) マックファーソン(一七三八―一七九六)によって刊行された『オシアンの詩』は、ルトルヌールによってフランス語に訳され、さらにバルネ＝ロルミアが詩の形にして刊行した。ミシュレはそれを読んだのだろう。

(21) ルソー『告白録』第二巻の末尾にある、ルソーとバジル夫人との純愛場面を思い出しているのだろうとヴィアラネは注記している。

(22) ミシュレの父の妹で、ヴァネスティエ氏と結婚し、パリで、その後はリュエルで小売店をやっていた。

ぼくの感覚をさらに燃え立たせたのは、ひそかにしていたいくつかの読書だった。なかんずく『ヴィクトール・マルティーグ[23]』には長く心を引き付けられた。

(23) ド・コルヴィル夫人(一七六二―一八二三)が一八〇四年に出した四巻本の小説。

まじめな読書は一つもなかった。あまりにも子供だった。ひどく子供だったから、何日間もパンの上にパンをくっつけて大きな固形糊のようなものを作って、うちの店を損なったこともあった。読書の話をしていたのだ。そういえばモンテーニュもちらっと覗いた。しかし何一つ分からなかった。

ぼくが時間を無駄にしていたことは皆よく分かっていた。しかしぼくの教育に専念する時間はなかった。我が家の困窮はたえず増していった。出費は倹約に努めて奇跡的にまかなわれていた。とはいえ、かろうじて間に合うかどうかだった。事業を始めてもうまくいかなかった。どういうことからかは知らないが、ボナパルト通りに住んでいたマス[24]という名の著者と父は知り合った。この人は『ジェフテ』という歴史小説で知られていたが、その作はぼくの見るところ、シャトーブリアン[25]の文体のかなり味気ない模倣だった。彼は『ジネッタ・バルディニ』という小説を書き終えようとしていた。それを売り出すことを申し出てくれたのだ。部数に応じて支払いすることで話がついた。どうしてそういうことになったのか分からないが、しかし万事うまくいかなかった。紙の商人は、現金払いでなかったものだから、二種類の色調の紙を供給してきた。モサ氏の版画もひどくお粗末なもので、しかもずいぶん遅れ気味に造られた。この企画で、うちは大損したのだ。そのうえ著者は、すでに言ったように部数に応じて支払われることになっていたから、当然かもしれないが、ぼくらに恐ろしいケンカを売りにやってきた。以上、ぼくらにとってなんと成功した企画だったかということだ。

(24) エティエンヌ＝ミシェル・マス（一七七八年生まれ）は、一八〇八年『ジェフテの犠牲』という小説を出版していたが、一八〇九年ミシュレの父に『ジネッタ・バルディニあるいは二人の修道僧』という小説の印刷を頼んだのである。

(25) フランソワ・ルネ・シャトーブリアン（一七六八―一八四八）は、フランス・ロマン主義の創始者ともいわれる作家。政治家としても活躍した。個人の感情の吐露、詩的憂愁等を表す美しい文体で書かれた『キリスト教精髄』ほかがある。

ぼくらは製本を担当していた。でも金はほとんど払ってもらえなかった。こうしてぼくらは、当時コレージュ・シャルルマーニュの第二学級だった若者に、もはや会うことがなかった。彼はステロ版で印刷されたホラティウスだけを残していったが、それをぼくはまだ所持している。その下の方の余白には、ぼくが当時熱心に学んでいたしるしが、いまも残されている。ぼくらにはまたデュムセというなじみ客がいた。二十五歳の若者で土地台帳課に勤めていて、未発表の数学講義の著者で、自称とても律儀でとても浪費家だということだった。彼がやってきたとき、ぼくらは大層うれしかった。愉快な人でいろいろの話をしてくれたからだ。だが、めったに金を払ってくれなかった。ある日彼の姉が、彼の保証人になりにやってきた。ぼくは彼の姿を再び見ることはもうないだろうと思う。

わりと順調にいっていたこうした中で、ぼくにラテン語を始めさせるのがよいだろうということになった。いままでの状態だと、ぼくは家で何一つ勉強しないことが分かっていた。そこで通学生として通える、あまり学費の高くない寄宿学校を探すことになった。[26]

(26) ミシュレは一八一〇年十月から、キャプシーヌ大通りにあったメロ寄宿学校に通い出した。

メロ先生の学習塾

おそらくこれが、ぼくの人生において最高に重要な時期だったのだ。ぼくは勉強を始めた。ほどなく一人孤立していることは、もはやなくなるだろう。ほぼつねに二人の出演者によって舞台は占められるだろう。

父はサン＝トマ・デュ・ルーヴル通りに、かなり変わった男の人を知っていた。その人は長いこと田舎の寄宿学校の先生をしていた。大革命のあいだパリで書店を開いたが、棚に並べた本は場所を動くことなく、彼は生徒を取らざるを得なくなった。どこで勉強したのかは知らないが、生まれた町、ブザンソンでだと思う。ラテン語はよく知っていた、というかきわめてよく知っていた。しかしフランス語のほうはそうでもなかった。彼の勉強はすべて文法に向けられていた。文法しか知らないというときは、よく知らないということになるのだが。彼はあらゆる文法家を知っていたし、あらゆる規則をわきまえていた。そしてそれを簡潔なやり方で述べていた（というのも、手書きのラテン語文法とフランス語文法を作っていたからだ）。しかしその述べ方の中に哲学的な見解は一つもなく、不正確で不明確な多くの点があった。田舎の学校の先生のような粗野なそっけない丁寧さで、大げさなお世辞を言って皆をうんざりさせ、同じことを滑稽なまでに繰りかえし、格言を集め、半ダースもの気の利かぬ言い方をつねに引用していた。そこには自分の会話に酔う男がいた。そのうえ、哀れみを知らぬ武骨な美徳と、体面でしかないものへの軽視が、彼の最初の習性である野卑さにまじって、しばしば臆面もない様子が生じていた。いつも美徳について奇妙な話し方をし、つねにそれを実践していたが、ぼくはかつてあれほどの無邪気さを見たことがなかった。それはクラテス[27]かディオゲネス[28]の荒々しさと嫌な感じの無頓着さであり、子供の単純さと大カトー[29]の誠実さである。しばしば神の話をしていたが、宗教の話は決してしなかった。熱狂的にヴォルテールを、とりわけルソーをたたえていた。しばしば神の話をしていたが、それは大革命期になされていたままで、彼らを読んではいなかったのだ。要するに〔一七〕九二年の世論、物腰、服装に賛同したままでいた。見たところ、あの大革命を熱狂的に抱擁していたのだ。赤い縁なし帽とクラブ[30]のことで彼は非難されていた。しかし命の危険を冒してサン＝ルイの四人の騎士を守り救ったことがあった。それらの騎士は彼がいなければ、翌日ギロチンにかけられるはずだったのだ。ぼくがゆだねられた人はこういう人だった。

(27) ディオゲネスの弟子として知られるギリシアの哲学者、テバイのクラテス（前三六五頃―二八五）のことであろう。

(28) ディオゲネス（?―前三二三）。ギリシアの哲学者。黒海沿岸のシノペで生まれたと言われる。諧謔と機知に富む哲人で〈樽の中のディオゲネス〉として知られる。

(29) ケンソリウス・カトー（前二三四―一四九）。ローマの政治家。東はマケドニア、西はスペインまで多くの戦いで成果を上げた。ギリシア文化の侵入を排除し、古いローマの素朴、簡素への復帰を説き、保守派の代表的存在となる。著作に『農業論』ほかがある。曾孫のウティカのカトー（前九五―四六）と区別して、大カトーと呼ばれる。

(30) 赤い縁なし帽はフリジア帽とも呼ばれ、フランス革命期に革命を推進した平民たち（サン＝キュロット）がかぶっていた。またクラブとは、ジャコバン・クラブをはじめ革命期に数多くできた政治結社のことである。

ぼくは午前中だけ通って、正午まで過ごした。長い道すがら（サン＝マルタン通りからキャプシーヌ大通りまで）、気晴らしになるものをたくさん見つけた。いたる所に版画売りがいた。ちょっとした冒険がしばしば起きた。そのことを家に帰って話したものだ。ある日、年取った一人の男が、ぼくの歩いているところに斜めにステッキを突出し、ぼくを止めた。まるでソクラテスがクセノフォンを止めたみたいに。[31]ぼくは相手に向かって何を言ったかはよく覚えていないが、彼はそのまま行かせてくれた。また別のとき、塾から戻る途中で、中国風の公衆浴場[32]のまん前でぬかるみに転んでしまい、ケープのついた小さな外套を泥だらけにしてしまった。ちょっと先の方にいた版画売りが父の知り合いだったので、ぼくは泥を落とすのを手助けしてほしいと頼んだ。彼は不承不承半分ほどやってくれた。人から見られるのを恐れてどんなにぼくが走ったか、きっと見ものだったに違いない。

（31）三世紀初期のギリシアの伝記作家ディオゲネス＝ラエルティオスが『哲人伝』の中で語っているところによると、ソクラテスはある日、若いクセノフォンに出会ったとき、棒で相手の行く手をさえぎり、生きるのに必要なものはどこで買えるのかと問うたところ、若者は「市場で」と答えたという。そこで、「ではまっとうな人間になるためには、どこに行くべきか」と尋ねると、若者は答えられなかった。そこでソクラテスは自分についてくるよう促したという。

（32）現在のイタリアン大通り二九番地のところに、一七九二年から一八五三年まで中国寺院の形をした公衆浴場があり、風呂のほかにカフェが併設され、怪しげな場所といううわさがあったという。バブーフが一七九五年、「平等派の陰謀」の仲間を集めたのもそこだった。

メロ先生の塾に着くと、動詞活用のなぐり書きをさせられた（というのもぼくは書くのが遅く、下手だったからだ）。それから『セレクタエ』[33]を翻訳させられた。初めのころの思い出は、これがすべてだ。同級生のほうがもっとよく思い出せる。まず最初はメロ先生の甥のアド君。時々やってきては、いくつかの文法上の誤りをしでかしていた。また遮光眼鏡をかけていて、ぼくには一人前のたくましい男と見えた。陸軍省に勤めている背の高い若者のほかに、建築家の息子パンや、サントノレ通りのストッキング屋の息子ミレもいた。彼は少しあと胸の病気で死んでしまった。さらにはバイユール、パイエ、ラリがいた。バイユールは背の高い陰気な若者で、メロ先生からその怠け癖と勝手気ままさをいつも怒られていた。パイエは十五歳くらいの子供だったが、ぼくは彼を一人前の男のように見なしていた。彼もぼくに、いつも自分の好きな女の子の話をしてくれた。彼と同じくモリアンさんの館に住んでいる、かなり可愛い少女の話だ。ある日彼はナポレオン通りで、白いヴェールをかぶった彼女をぼくに見せてくれた。彼女は最初の聖体拝領をしてきたばかりだったのだ。ラリというのは、かつて会った子の中で一番なまけもので、一番汚くて、一番悪いやつだった。心も両肩も一番こり固まったやつだった。フランコーニ[34]の馬に乗って、鞭を手に、彼をクラスにまで連れてきた彼のお姉さんの姿がまだ目に浮かぶ。メロ先生はこの悪童の話をするときほど、力をこめた言葉づかいをすることはなかった。

（33）ジャン・ウーゼ（一六六〇—一七二八）が編んだラテン語作文選集で、一七二七年に出版されたものだが、一〇〇年近くのちの帝政下でも中等教育用に使用されていた。

（34）名騎手アントワーヌ・フランコーニ（一七三八—一八三六）は、一八〇一年現在のペ通り（パリ二区、現在のオペラ座近く）に馬場を開いたが、一八〇八年に引退、二人の息子に馬と馬術指導権を譲った。この息子たちがサン＝トノレ通りとモンタボール通り（ともにパリ一区）の間に、「フランコーニ兄弟オリンピック・サーカス」を開設、そこにミシュレの友人の姉が出演していたのである。

あのむかつくようなブリュズランを忘れていた。本性から、また不注意から汚いやつで、そんなに甘っちょろくなかったぼくらの先生が、げんこつだまりと呼んでいたやつだった。

大勢の怠け者の中で、ぼくがメロ先生の評価において第一位を占めてしまうのに、苦労はなかった。友達はいなかったから、家でやるのは宿題以外何もなかった。与えられた宿題はとても短いもので、ひまに任せて正確にやってしまった。そもそもぼくは憶病過ぎて、宿題をやらずに済ますことなどできなかったのだ。（…）

孤独好きだったぼくは、人間を前にして憶病だっただけではない。物にも恐れていたことがあって、それは影に、とりわけ三種の影に、いつでもあまりにも拘（こだわ）ってしまったためだ。外に出たときは雨に不安になった。どうしてだかよく分からないのだが、雨が通り過ぎるまで待とうと決意することが、一度としてできなかった。またどこであれ、切り立った場所を下りようとしたことがなかった。最後に、犬にちょっとでも吠えられると体が震えてしまうのだった。これはかつて体験した恐怖からきていることで、いつのことだったかとてもよく覚えている体験だ。四歳のとき、おばあちゃんとマンダール通り(35)を通っていて、ある店の前に座っていた黒いバーベット犬をなでようとしたことがあった。とその犬は腹をたて、ぼくの顔めがけて飛びかかってきた。そしてぼくの鼻と、小さな頭の一部だったと思うが、犬の口にくわえられてしまったのだ。ぼくは気分が悪くなった。でも、けがなど何もなかった。ただその印象が忘れがたく残っている。（…）

(35) パリ二区、現在のフォーラム・デ・アルの北側にある。

ポワンソとの出会い

感動をこめて、またペンを取り直して書く(36)。ぼくの生涯で最も重要なできごとを話そう。どんな風にしてポワンソを知ったかを。あの時以来、ぼくはもう一人ではなかった。

(36) この「覚え書」の原稿では、ここから二五ページ目になるが、ヴィアラネによるとミシュレの書簡から判断して、しばらく中断していたものを、一八二〇年七月十三日の数日前に再び書き始めたものだろうという。

一八一一年だったと思う。ぼくはラテン語がどうにかできるようになり始めていた。本を読み、そのころまで目標のなかったぼくの感性がどこに向かうべきか分かったとき、あらゆる方向に力がついていったのだ。ある朝メロ先生のところで新入生を発見した。他の誰もきていなかったから、心ならずも知り合うことに、少なくとも互いを観察することになってしまった。その子はぼくより少しばかり大きかった。あるいは少なくともはるかにほっそりとしていた。ぼくの記憶に間違いなければ、グレーの縞模様の上着を着ていた。ややドギマギしていたが、ひどく腕白な様子もあった。ずっと笑っていて、それがぼくを緊張させた。ぼくは笑う人がつねに怖かったのだ。しかし彼の笑いには悪気がなく、その顔つきも、早くもそのときから、とても穏やかなものだった。

ぼくは少し話した。しかし彼はほとんど聞いておらず、ぼくの両手の周りでずっとナイフをもてあそんでいた。それでぼくは、かなりいらいらした。これがぼくらの最初の出会いだった。

それに続く時期のことはよく思い出せない。どんなふうに親密な関係になったのか、よく分からない。あっという間に仲良くなり打ち解けたと思う。当時はお互いを確認するといった様子だったに違いない。

ぼくらがお互いにどんなに似通っているかを知る前に、おそらく互いに引き付けられたのだが、それは彼の方では話を聞くのが喜びだったし、ぼくのほうでは話をするのが喜びだったということによる。ぼくは教えるという点ではなんとなく彼より上で、そういうことにならざるを得なかったのだ。同じ年頃の子供の中に一度も友人をもったことがなかったから、ぼくは読書を少しはせずにはいられなかったのだ。そこでぼくは自分の学んだすべてを、読書によって判断したすべてを、彼に詳しく述べていた。古代の歴史についてもいっしょに話をした。二人とも古代世界の大いなる徳性より、おおいなる戦いのほうに感服していた。ある日、歩きながらぼくは彼にユスティヌス[37]の最初の二、三巻の梗概を示した。それから十二歳の子供にはないような情熱をこめて、話に話した。ぼくはわが友相手に滑稽になるのを恐れていなかった。ひどく憶病だったのに、このことでは大いに彼と一体化してしまっていた。

(37) マルクス・ユニアヌス・ユスティヌスは三世紀のローマの歴史家。トログス『フィリッポス弾劾演説集のいきさつ』を要約して、『世界史』を著した。

ぼくらはほどなく、もっと定期的に会話するようになった。うちの両親が、大通りからノートル＝ダム・ド・ナザレット通りに引っ越したのだ。ポワンソはそこから程遠からぬところに住んでいた[38]。ぼくは彼を迎えに行ったものだ。どんなに眠くても彼を呼び起こしに行くために、何という熱意でぼくが起きていたか、分かってもらわなければならない。ほとんどいつも走って行った。そしてそこに行くと、たいてい間違いなく、巣の中で眠っている彼を見出したのだ。かの少年は目覚めるまでに時間がかかり、着替えるにも時間がかかり、ぼくらはたいてい七時になったときにやっと出かけることになった。さらにその前に例のバスケットを手に取り、それを一杯にする必要があったが、ポワンソのお父さんと少々競争する必要もあった。ついにぼくらは歩き始めた。ぼくらが通りを通ってゆく様子を見るために、ちょっと立ち止まっておく。

(38) ポワンソ一家は、ミシュレたちの住んでいたパリ三区ノートル＝ダム・ド・ナザレット通りから程遠からぬ、アングレーム通り（現在のジャン＝ピエール・タンボール通り）に住んでいた。

ポワンソはほとんどいつもジャケットを着、丸い帽子をかぶり、ときどき大きなブーツの中に太ももまで脚をつっこんでいた。その姿で、取っ手がついていて、上に開けられて物を出し入れする口が二つあるバスケットをかかえていた。バスケットからは、ほとんどいつも瓶が少しはみ出していた。ぼくは緑の庇(ひさし)つき帽をかぶり、たいていケープのついた小さな外套をはおり、わきの下に大きな紙ばさみをかかえていた。わが友といっしょにいるときは、自信まんまんになっていた。というのは、そのときは通行人がぼくのことを滑稽だと思うのではないかという、奇妙な怖れをもたなくてすんだからだ。

ぼくがこんなにも早起きになったのを見て、家では皆が心配した。でもぼくを束縛することなく、父は善意にみちた用心深さで、ぼくらの後を追うか、あるいは遠くからぼくらの先回りをするかしていた。しかしぼくらは話に夢中になって、下町のほうの通りを急いで通り過ぎていたから、父と出っくわすことはなかった。父のああした用心深さは、ぼくらの散歩が悪さすることのまったくないもの、愛にみちた想像力が高く飛翔していたものであったゆえ、完全に無益だったし、少なくとも効果のないものであった。わが友はぼくより官能的感覚は目覚めていなかったが、とはいえ女性のことを考えてはいた。彼女たちに対するぼくらの子供っぽい熱狂、美女たちに関する長々としたおしゃべり、そしてそのすべてにぼくは気の利いた引用を押し込もうと努めていたが、それらは見るも楽しいことだった。

とはいえ、真に心打つ甘美なものごとを愚弄するのはやめよう。あれらの中には、つねにいくらかのロマンがあった。下劣な放蕩、娘たちとのそれは、ぼくらにはほとんど似合わなかっただろうと思う。ぼくらは徳性あふれた小僧っ子だった。

あれらの散歩の思い出は、ぼくの中でいつまでも、最高に心地よい、最高に甘美な思い出としてあるだろう。その後に知ったいかなるものも、あの印象を弱めたものはない。春や夏の美しい朝、飛ぶように会いにいって、アングレーム通りからついに抜けだし、何時間もの会話を始めようとしていたとき、ぼくらが感じたあの生き生きとした喜び以上のものを、感じられることなどほとんどない。ぼくらはあんなにも若く、あんなにも生命と希望にみなぎっていると感じていた。あのとき空はあんなにも澄んで、ぼくらはあんなにも一緒にいると感じていた。だからぼくらは、あの幸福の瞬間を、できる限り最高に引き延ばそうとしていた。いつも最高に遠回りをしていた。けっしてテュイルリーには行かなかった。なぜなら、バスケットをもってはあそこには入れないからだ。パレ・ロワイヤル、リヴォリ通り、あるいは大通りやナポレオン通り[39]は、しかし、しょっちゅう横切っていた。そしてシャンゼリゼに腰を下ろしに行った。水辺の芝生の裏手に座って、ある日、愛に関する『農耕詩』（デリール訳[40]）の断片を読んだのを、君は覚えているかい。

(39) 当時のナポレオン通りは、一八一四年ペ通りと改称された。この直前に出てくるテュイルリー、パレ・ロワイヤル、リヴォリ通り、すべてパリ一区にある。

(40) ジャック・デリール（一七三八―一八一三）はコレージュ・ド・マルシェの教授で、一七六九年ウェルギリウスの『農耕詩』の翻訳を出した。これは一七八二、八五、一八〇九年と三回版を重ねている。

「ジョウネツノ火ニ骨ヲサラス、大イナルワカモノハ何カ……」[41]

(41)『農耕詩』第三巻、二五七行目。

また時折、時間があったとき、ぼくらは新しい大通り〔現グラン・ブールヴァール〕を歩いていった。とくにある日、とても天気の良い日だったが、ぼくらはずいぶん大回りしてモンマルトルを通り、ティヴォリ[42]を抜けて下りて行った。と、そのティヴォリで牛たちに出会ったのだ。そして九時過ぎに〔塾に〕着いた。でも、しかられなかったように思う。

(42) 現在のパリ九区、クリシー通りとサン＝ラザール通りのぶつかるあたり（サン＝トリニテ教会付近）にあった遊興施設。

きょう（七月二十三日）ぼくの魂がうけた胸の痛くなる印象から、あの時代と今との違いが痛切に感じられる。当時ぼくは、わが友と世界の中で、孤独だった。そして残余はすべて意のままになったので、それを自分の幸福のために整えたのだ。

今日ぼくはいくつもの面で感じやすくなってしまったが、そのことを自分が受ける打撃によってしかほぼ気付かない。せめて教養が深くなっていたら！　ぼくが今も自分の魂を再び開くと、苦痛がほどなくそこに入ってくる。生というものは、泉の近くにあって汚れなさを保ちつつ、両岸をおおう木立と空とを映す小川に比較しうる。小川はそれから、さらに汚れている水を受け入れ、先に先にと進みながらさまざまなものを引き受け、悲しむ。あの幸福の時代に戻ろう、ぼくに後悔も悲しみも残さなかったあの時代に。

若い魂が思春期ゆえに感じる初めての興奮の中で、想像力(思うにぼくら二人にあって何らかの力をもっていた唯一の能力)の、最初の花の中で、なにを言っているのかよく分からないまま、大いに話すことが可能だったのだろう。こうした興奮により、ある朝、明け方、大いに苦労してぼくは四行詩を作った。それは最も斬新な神話的形容のやり方だった。また別の日には、ラテン語をやっているうち、ちょっとばかり語の配列を動かし始めていたとき、ある美しい文ができたのだが、それはぼくが想像上の美人に呼びかけるものだった。その文は「……君ニ必要ナモノヲ、モッテイル（…）」という言葉で終わっていた。それを書いているところを見られるのではないかと、ぼくはびくついていた。で、ポワンソに見せるとすぐに破り捨ててしまった。ぼくらは文章だけで満足してはいなかった。すこしはぼくらのところに姿を見せる少女に出会うと、図らずも彼女の後を、何かを意図し期待するということもなく、ついてゆくことがあった。そうしたいというだけの喜びで。ある日は、ガイヨン通りからグレトリ通りまで、イタリア座[43]のうしろを、そうした女の子のあとをつけた。また別のときは、中国風の公衆浴場のところの花売り娘の前を、いつものようにゆっくりと通り過ぎた。一人のお嬢さんが花を買っていた。彼女のつつましやかな様子が、とりわけぼくらの心を打った。いまでも目の前にその様子が浮かんでくる。麦わら帽子をかぶり、バラ色の縞模様のワンピースを着ていた。水のまかれていた車道を用心深く渡っているその姿が、まだ目に浮かぶ。同じ直観に動かされて、ぼくらは同時に車道を渡り、モンブラン通り[44]の中へと彼女を追って行った。彼女の姿がどこかで消えてしまったとき、ぼくらは悲しみでがっくりしながら戻ってきた。ポワンソはそうしたことすべてを、ぼくよりはるかに生き生きと覚えているはずだ。受け身の体験の思い出は、彼をあまり楽しませなかった。

(43) 現在、パリ二区イタリアン大通りに面して存在するオペラ＝コミック座のこと。
(44) 革命期に、一七九三年からだが、現パリ九区にあるショッセ・ダンタン通りがこう呼ばれていた。一八一六年に元の名に戻った。

考えや感じ方のこうした一致から、ぼくらは別れがたくなっていた。ぼくは〔朝〕ポワンソを迎えに行ったが、放課後には彼がぼくを、モンマルトル通りにあるぼくの絵の先生のところまで送ってくれた。こうやっていっしょに行ってくれていたあるとき、彼は（フュイヤット通りで）ある打ち明け話をしてくれたが、それは彼の思春期を正確なやり方で描き出してくれるもので、そのことを彼もたぶん覚えているだろう。

モサ先生の絵画塾

いっときポワンソから離れてモサ先生[45]のところで起きたことを、ぼくとしては話さざるを得ない。モサ先生は背の低い人の好い方で、あれ以降ぼくが気付いたように、才能のない、判断力さえよくない芸術家で、ヴァンローとブーシェ(46)以上に美しいものは何もないと思っている方だった。なぜか分からないが過激な王党派(47)で、生徒たちに親しみ、彼らの打ち明け話をよく聞いてくれた。奥さんは猫背の小柄な方で、大変おしゃべりだが、けっこう感じがよく、喜んでぼくらを受け入れてくれた。つまりぼくらのばかげた話を聞き、自らそういうたぐいのことを言い、ぼくらにおしゃべりさせるのが好きな方だった。先生たちが誠実だったとはいえ、この塾は子供にとって、生徒たちの下品さゆえに何の価値もなかったのだ。

(45) ミシュレの父の知人モサ氏は、現パリの一区から二区にかけてあるモンマルトル通りに、小さな絵の学校を開いていた。ミシュレは一八一二年八月までそこに通った。

(46) ヴァンロー(一六八四—一七四五)は建築物の装飾画を多く手掛けた画家。またブーシェ(一七〇三—一七〇)はロココ絵画を代表する宮廷画家。

(47) 大革命によって断絶させられたブルボン王朝時代の体制を、革命期の変革すべてを否定してそのまま復活、つまりアンシアン・レジームをそのまま復活させようとする人々をユルトラ(過激王党派)と呼ぶが、この人々が注目されるのは王政復古期(一八一五—三〇)になってからであり、ナポレオン帝政(一八〇四—一四)当時、モサ氏はユルトラというより、単に熱心に王政の復活を願っていたということなのだろう。

モサ先生のところで最初に知った若者は、コンパールという名前だった。父親がオルタンス王妃(48)の会計係で、かつては副御者(ぎょしゃ)をしていた人だ。息子の物腰は半分田舎者風、半分従僕風だった。十六歳の若者で、お人好しでかなり朴訥、だがかなり悪童的なところもあり、教える能力もあった。先生が不在のことが頻繁にあったので、ぼくらは長いことおしゃべりする時間があり、それを大いに有効利用した。

（48）ウージェニー＝オルタンス・ボーアルネ（一七八三―一八三七）は、ナポレオンの最初の妻ジョゼフィーヌの連れ子で、ナポレオンの命により一八〇二年、ナポレオンの弟ルイと結婚していた。二人の間には三人の子が生まれたが、その一番下が後のナポレオン三世である。大変気品もあり勇気もあった彼女は、人々から人気を博し、オルタンス王妃と呼ばれていた。

一人きりだったときも、さらに有効利用した。モサ先生の本棚に置かれていた『乙女（ラ・ピュセル）』[49]にはっとさせられ、それを読んだ。見つからないかという恐れから喜びがいや増した。そんなふうに立ち読みしながら、耳をそばだて、血がかっかと熱くなってくるのだった。おそらくこの孤独な喜びゆえにこそ、後にぼくは、孤独のうちになすいくつもの物事の中に、快楽を見出すことになったのだ。

（49）乙女（ラ・ピュセル）とはジャンヌ・ダルクのこと。ここでは彼女を主人公にしたヴォルテールの詩劇（一七五五）を指すものと思われる。劇中に彼女の処女を男たちが奪おうとする場面等がある。

しばしば生徒の数が増えていた。だがそれはさらに悪いことだった。たとえば十七歳の若者で郵便局員ルソーがぼくらの友人となった。とても生き生きとした、とても情熱的な、とても金遣いの荒い、とてもやんちゃな若者だった。ある日、座ったまま眠っていたモサ夫人の部屋で、ぼくはテレマック[50]のメロドラマの道化た構想を練ったが、それも彼といっしょにだった。

（50）テレマックは、フェヌロン（一六五一―一七一五）が王太子ブルゴーニュ公のため、王たる者の心得を教えようとして、ギリシア神話に出てくるオデュッセイアとペネロペーの子テレマコスのことを書いた作品の主人公。

権威のまったくない人のところでは、若者たちの会話はひどく慎みのないものになるにちがいないとは、十分に考えられることだ。でもぼくらの会話は、しばしば先生に会いに来ていたルトルネという名の塾の先輩の話ほどにはきわどいものにはならなかった。この男は若者たちのヒーローだった。四ピエ半〔一四五センチメートル〕の小男で、背丈のわりには太っていて、頬も十分ふっくらし、顔立ちは感じ良いがややゆがみ、大変生き生きとした目をしていた。ひどく好色で、少なくともそれを鼻にかけていた。早くも少年時代から売春婦たちになじんでいて、彼の話は、いくらそうしようとしてもできないほどに下品だった。見たところエスプリも才能もあったようだが、品性が余りに欠けていたから、そうしたすべてがだめになっていたのだ。そしてへぼ画家のままでいた。最も面白かったのは、女に対してあんなにも嘲笑的なあの男が、大いに遊んだ女たちの中でも最低の女しか愛せないように見えたことだ。つまり子供を一人連れた年取った女をまじめに愛そうと思い立ち、彼女と結婚、ガラス絵師となったのだ。だが願いどおりに事は行かず、どうやら妻をほかの男に寝取られたらしいが、それも自業自得かもしれない。

しかし塾にやってきたもの全員が、彼みたいだったわけではない。友人としてぼくにはアルブル＝セック通り(51)の鞍製造人の息子ヴリュがいた。労働者風だったが、とてもやさしい育ちの良い子だった。塾を終えるころにはアルマンがいた。とても背の低い子で、コレージュ・シャルルマーニュに行って、それからアンドリュー先生(52)のところで個人授業を受けた子だ。

(51) アルブル＝セック通りはパリ一区、現在のフォーラム・デ・アルの南にある通り。
(52) アンドリュー・ダルバはミシュレが一八一二年に入学したコレージュ・シャルルマーニュ第三学級で、ラテン語を教えていた。

モサ先生のところには、先生の甥のアルフォンスさんもしょっちゅうやってきた。ポルト・サン＝マルタン(53)でダンスをやっていた人だ。この人の両親はリュンヌ通り(54)で大勢の娼婦を置いたホテルを経営していて、そこでは子供も彼女たちといっしょに食事をしていた。彼はとてもハンサムだった。彼が品性を守って暮らせないような状態におかれていたことを、ぼくは残念に思っている。（…）

（53）ポルト・サン＝マルタン・ホールは、それまでパレ＝ロワイヤル・ホールにいたオペラ座劇団員を、パレ＝ロワイヤル・ホールが火事になったため、一七八一年から受け入れていた施設。その後一七九四年、オペラ座の一座はテアトル・ナシオナルに移り、ポルト・サン＝マルタンはシュー・ジムニック一座の拠点として、一八一〇年から一四年にかけて使われていた。

（54）パリ二区にある。

ぼくらが授業を受けていた建物では、とくに夏が不便だった。黒塗りのひどい建物の上の方、六階か七階にあって、狭い小さな階段をさらに登ってゆくというより、綱をつたって上がってゆくと塾に着くのだ。下りるときは、脚を折らないよう十分鍛えられ、巧みになっていなければならない。あの屋根裏の直下、暑さはすさまじかった。見える景色は、どっちを向いても屋根また屋根であった。（…）

モサ先生の塾はぼくにとって、とてもいやで、つらいものだった。とくにコンペールとの付き合いが。彼はひどく鈍重で粗野だった。とはいえ子供は、自然な性癖で若い人のまねをするのが好きだから、ぼくもいくつかのことで彼のまねをした。たとえば彼の滑稽な歩き方を。だがぼくが彼に対して何らかの優越感を感じていたというわけではない。優越感を感じていたのは、けっこう笑わせることに、ラテン語によってだった。

その代わり卑猥な言動の点では、彼に一目も二目も置いていた。ぼくの知っている大部分は彼のおかげによるものだ。彼は理論だけで満足してはいなかった。というのも、ぼくが塾を去った少しあと、自分に熱を上げていた近隣のかなりきれいな女の子に子供をはらませたからだ。彼はその子を認知せず、十分ありそうなことだったが、次のように言ったのだ。そのはすっぱ娘、お腹にできたと感じた子供に父親を与えようとして、ただそれだけのために、あんなにも尻軽になっていたのだ、と。コンペールの愛の冒険は、ピカルディーへの旅行で、自分の従妹の一人と知り合い、「来て、見て」、そして子供を作ったことで完成した。今回に限っては逃れることができず、結婚せざるをえなかった。いま彼はアルトワ伯[55]の召使いをやっていると思う。

(55) アルトワ伯(一七五七―一八三六)はルイ十六世の末弟で、のちにシャルル十世(在位一八二四―三〇)として即位するまでアルトワ伯と称していた。革命勃発直後に亡命、一八一四年帰国、過激王党派の中心人物であった。

すでにモサ先生の授業を受けなくなっていたときでさえ、ぼくは先生の塾で何かをやる習慣を保っていた。先生の奥さんは若い連中におしゃべりさせるのが好きで、彼らが恋愛話を打ち明けるのを聞くのが好きだった。ぼくは喜んで出かけたものだ。子供ではなくなったときも、いつでも話すべき多くのことがあった。いまやもう行かなくなっているが、この怠慢を後悔している。

これが絵の先生のところでの思い出のすべてだ。なぜあそこで知った人々は、ぼくにとってあまり魅力的ではなかったのだろう。あそこでぼくの心はいつでも孤独で、自分がよくなるどころではないと感じていたからだろう。

あそこでは、ほとんどポワンソと同じ時期にだが、ひどく汚いいたずらっ子ブリュズランと友達になった。牛乳屋の息子で、塾近くのパッサージュに住んでいた。彼のところに一度行ったことがある。彼は、ゴシック風の挿絵の入ったとても古い聖書を見せてくれた。あの子は醜くて、歯が一本突き出ていて唇がゆがんでいた。いつも洟(はな)をたらし、不潔この上なく、だが抑えようもなく活発な子だった。それゆえ殴るしかないとなると、メロ先生がそうすることになっていた。先生は頑固一徹なやり方をもっていた。

いやぼくは間違っている。ポワンソも分け前にあずかっていたのだ。自分の家で多くの楽しみを見出していたから、彼はまれにしか宿題を終えることができなかった。そこで恐るべき呼び方をされ、悲喜劇的な予言をされ、平手打ちをくらわねばならなかった。これが最悪のものだった。確かにメロ先生は、ある面では正義の人だったが、容易に先入観を抱かされてしまうのだった。あまり几帳面ではない生徒の中には、あらゆる悪徳があると信じたり、外国語への翻訳作文(テーム)を終わらせなかった生徒には、いつか首をしめられるぞと予言したりした。これと同じ先入観の働きで、逆にぼくは一人の聖者となったし、ぼくの几帳面さがぼくに関して最高の見解を先生に与えた。ベルナルダン〔・ド・サン=ピエール〕かルソーがどこかで言っているが、あるクラスの最良の生徒は最高に野心的だ、あらゆる者の中で最悪の臣下となるのは確実だという。

かわいそうなブリュズランといえば、その後どうなったのかよく知らない。しばらくして孤児となり、伯母さんの一人に迎えられ、コレージュ・ルイ・ル・グランの通学生になっていたと思う。

彼に続いて一番に思い浮かぶのは、クラスの中での漫画的人物ガルデだ。小さな太っちょの子を想像してほしい。目は細く、顔色は暗褐色で、のどにこもったような話し方をし、ときおり気取って見せる。ガルデはかなり力が強く、ポワンソが彼を転がすのに苦労していたし、ぼくは彼に一度ひどく投げ飛ばされたことがある。百日天下(56)のとき彼は新規親衛隊に入り、数日後に戻ってきた。その頃彼はギリシア語を習っていて、ある日ポワンソに会いに来たことがある。ぼくもその場にいた。彼はぼくらにギリシア語のことをすごく知っているように話した。そしてぼくらに「ホボドウゼン」〔原文ギリシア語〕という特有語法を示してくれた。彼はいま、ある印刷工場の職工長になっている。

(56) 百日天下(一八一五年三月二十日から六月二十八日まで)は、エルバ島から帰還後のナポレオンが支配していた期間。六月十八日ナポレオンはワーテルローで敗れて退位、十月セント・ヘレナ島へ流された。

また大男のサンタールもいた。〔テアトル・〕フランセ近くでカフェをやっていて、ポワンソに切符を渡したり、授業と授業のあいまに二人で芝居や役者のことを話していた。ポワンソは彼のことをぼくよりもよく知っていた。というのもぼくは、正午に塾を去っていたからだ。サンタールはぼくらのヘラクレスだった。大男の一覧表を完成させるのに、ここで片目のゴダールを入れる必要がある。とても良い子だったが、ひどく怒りっぽく、半ば憶病で、半ば間抜けだった。彼はいつもポワンソのことを馬鹿にしようとして、ポワンソから時折ぶんなぐられていた。

このリストには、ほぼシャルルとアメデしか、もう載せる手立てがなくなっている。アメデはとてもデリケートな小さな子で、その見た目が、頭の格好が、とくに言葉づかいが、奇妙で滑稽だった。彼は一度ぼくを自分の父親のところに連れて行ってくれて、珍しい光景を見せてくれた。というのもその家は、贅沢さと貧しさが合わさっているような家だったからだ。

シャルルはメロ先生のところにやってきたとき、まったくの田舎者だった。とても純朴で小心だった。そういうわけで、かなりの気さくさと気立てのよさが残っていた。その時代から早くも時間を守り、勤勉で、思慮分別のある人間だった。ぼくらにほどなく追いついた。記憶力にも欠けるところがなかったからだ。かなり皆に愛されていて、ポワンソとぼくはしばしば彼を、朝、家まで迎えに行った。そうして、とても善良でおしゃべりなタサン夫人と知り合うことになった。夫人は当時まだ美しい女性だった。

正午に塾を去っていたから、ぼくは友達との遊びに加わらないことになっていた。しかし午前中は彼らと遊ぶことがあった。通常はコーマルタン通りからモン・ブラン通りまで大通りを走るのだった。時折、メロ先生の妹さんが商品を広げている前で、立ち止まって休んだものだ。

ぼくが知り合った人々を見返す中で、このすばらしい女性を飛ばしてしまえば、過ちを犯すことになるだろう。彼女は自分の兄、義理の姉、そして生徒たちに対し、美徳と優しさそのものであった。冬も夏も、このかわいそうな女性はいつも外気にさらされていたが、健康状態は変わることがないように見えていた。ぼくは何日か欠席した後メロ先生のところに行った。と、彼女は死んでいた。

「ナントイウ労働ト、恩恵ヲモタラス、手助ケダッタコトカ[57]?……」

(57) ウェルギリウス『農耕詩』第三巻、五二五行目からの引用だが、一部ミシュレが変更を加えている。

時おり思わぬことが起きた。ある日ぼくらがアメデ相手に、ナポレオン通りで石の投げっこをやっているると、一つの石がクリスタル・ガラス店のショウケースの上に落ちた。カチンという音で、ぼくらは横町に逃げ込んだ。ポワンソとぼくは最初の道を左に曲がり、大通りを通ってナポレオン通りに入り、さらにサン＝マルタン通りまで走って行った。面白かったのは、間違いなくポワンソがメロ先生の塾に戻ろうとしていたことで、ぼくを導こうという習慣からだったろうが、逆にぼくからも逃げる形になっていたことだ。続く何日か、くだんの店を避けるためにぼくらがした用心は、分かっていただけるにちがいない。

また別のとき、次の授業まで残っていた連中が、塾の入っている建物の中にあった錠前屋の若い男に、どういうわけか襲われたことがある。とても強そうな若者だった。その後何日間か、やつはぼくらを入口で見張っていた。とうとうサンタールが、その男を殴ってやると言って、言葉通りのことをした。

このけんかが唯一のものではなかった。メロ先生の生徒の間では、同様に忘れがたい二つのけんか、「内乱イジョウノモノ(58)」があった。最初のはポワンソ対ガルデのけんかだった。ポワンソは相手を転倒させた。不幸に輪をかけたことに、負けたほうが立ち上がるとき一人の生徒にぶつかったから、この生徒がガルデを押しのけてまた地面に投げ飛ばしてしまった。二番目のけんかは、ぼくとガルデのあいだで起きた。なんだかよく分からない言葉を聞いて、ぼくとガルデは出口のところ、馬車の出入りする門のところまで出て行った。ぼくのほうが最初に何発か相手の顔にくらわした。というのも、こっちのほうが少々敏捷だったからだ。だが相手はぼくに足払いをかけてきて、ぼくはあっという間に地面に倒されてしまった。ポワンソがやってきて、ぼくらを引き離した。

(58) ローマの詩人ルカヌス(三九—六五)がカエサルとポンペイウスの内戦を謳った叙事詩『パルサリア』の第一巻、第一行目。

ぼくはけんかでは目立たなかったけれど、お祝い事ではもっとよくやっていた。メロ先生の祝日には、ぼく一人で詩を作り、絵を描いて先生にさしあげた。絵はメロ先生の守護聖人、聖ドミニクス〔八月八日が祝日〕の顔だった。この忘れがたい祝日は、もっと前のことから語りなおす必要がある。

ぼくらはみんなで話し合って、おいしいパテを差し上げようと決めていた。それぞれが二〇スーくらいずつ出した。ガルデだけがパテに加わりたくないと言った。ポワンソは、さらにワイン二本をもってきたと思う。

待望の日、ぼくらは晴れ着を着、贈り物を持って寄宿学校に行く。午前中は授業があったと思う。それが終わってから、どこにだったか覚えていないが、もってきたものを取りに行って、信じがたいほど胸を高鳴らせながら戻ってきた。ぼくが先頭で、自分の描いた絵をもち、書いた四つの詩をもぐもぐとつぶやいていたが、それらを朗誦せねばならないときに、どうしても見つけられなかったのだ。メロ先生はいつものように、「おお!」と叫びつつすべてを迎え入れてくださった。が、ぼくらもパテを食べるという条件でしか、贈り物を受け入れてくれなかった。ぼくらも遠慮せずにその条件を受け入れた。食事の間、ガルデがかなり気色悪い小話をしたので、会食者のうち、ぼくらよりデリケートな何人かが食べたものを吐いてしまった。

お祝いが終わってから、ぼくとポワンソは大通りに沿って何事もなく帰ってきた。とても暑かったから、大通りには気持ち良い具合に水がまかれていた。ポワンソはぼくの家まで送ってきてくれた。ぼくの帰りを待って父と母が窓辺にいたので、ぼくはポワンソを紹介した。ポワンソが母に会えたのは、そのとき一回だけだった。

夕方、思い出す限りで最高にすさまじい夕立があった。雷が我が家の近く三カ所に落ちたということだ。父でさえおびえてしまった。ぼくは『アナカルシス』[59]を読もうと努めていたが、思わず知らず震えてしまうのだった。いくらかは信仰心の感じられる本を手に取った。それを読んで少しは力を取り戻し、夕立のさなか眠りこんでしまった。一八一二年か、あるいは一八一一年の八月四日のことだった。

(59) バルテルミ神父(一七一六—九五)の作品『若きアナカルシスの旅』(一七八九)のこと。

わが人生において最高に心地よい思い出を、思い出した。上記の出来事に続いた時期に、おそらくぼくは最高に生き生きとした喜びを見出した。それは情熱が満たされて与えられる喜びだ。しかし、子供時代の罪ない喜びや、他の感情の混じりあわない友情の甘美さを、描き出す必要はもはやないだろう。

父の印刷所の閉鎖

我が家を襲った最大の不幸にぼくらが出遭ったのは、ノートル＝ダム・ド・ナザレット通りであった。すなわち、わが印刷所が潰されることになったのだ。ボナパルトはその当時、最高に大きなことを企てようとして、自らの手中に革命の道具となる印刷物を丸々握る必要を感じていた。おそらく彼は単に金を必要とし、保証金を欲していたのだろうが、いずれにせよ、われわれ、ぼくらや他の多くの者が犠牲にされ、ぼくらは唯一の収入源を失ってしまった。

ずっと前から印刷所というものの状態は極端に弱っていた。印刷業者にとって少しは金になる仕事は、唯一「町仕事」と呼ばれるもの、つまり請求書、営業用名刺、宣伝用ちらし等のみであった。ぼくらのところが支払いをうけられるような注文はほとんどなく、得意客も遠ざかってしまっていた。印刷業をやっていれば、食べられなくとも、少なくとも負債は返せたのだ。ぼくらのところでは恐るべきヴァタールと契約を結んでいたのだが、それは彼のために『社交界の学者』(60)という本を出版するということであり、ぼくらは彼に作品の所有権をゆずり、借金を返したのだ。この作品の最大部分を活字に組んだのはぼくだった。サン＝マルタン大通りから早くもぼくは、我が家の状態を少しは知っていたから、自分の生活費をそこで稼ぐぐらいは十分にできたことだろう。それゆえメロ先生のところから戻ってくるや、すぐさまちょっとした宿題を終え、前掛けをかけ、自分が担当する一二ページから一五ページの活字を果敢に組んでいった。

(60) 劇作家で哲学者でもあったアントワーヌ・ファーブル・ドリヴェ（一七六八―一八二五）の作品だったろうと、ヴィアラネは注記している。

おじいちゃんは、どうしてだかはわからないが、時おりは父といっしょに、また時おりはたった一人で印刷作業をしていた。

くだんの版は、例の憂慮すべき知らせが最初新聞によってだったと思うが広がったとき、完成しかかっていた。当時のぼくの喜びのひとつに「ランピール」[61]紙を読むことがあった。そこの学芸欄は有名なジョフロワやデュソー[62]によって書かれており、いずれもジャンリス夫人[63]らと反目していた。ぼくらはその新聞を食料品屋のミエさんの店で買っていた。ぼくは彼のかわいそうな奥さんのことを覚えている。背の低い方で、とても上品で、しょっちゅう一人っきりでいた奥さんだった。

(61) 一七八九年に創設された「ジュルナル・デ・デバ」(討論紙の意)が、しだいに反革命の立場をとるようになり、ナポレオン帝政を支持、一八〇五年「ジュルナル・デ・ランピール」(帝国紙の意)と改称して発行されていた。

(62) ジュリアン・ジョフロワ(一七四三—一八一四)は、文芸批評家としてヴォルテール批判で知られていた。フランソワ・デュソー(一七六九—一八二四)も文芸評論家。

(63) ステファニー=フェリシテ・ジャンリス伯爵夫人(一七四六—一八三〇)は、『アルフォンシーヌ、または母の優しさ』(一八〇六)や『アルフォンス、または私生児』(一八〇九)等のセンチメンタルな小説を書き、古典主義的嗜好を持つジョフロワから鋭い批判を受けていた。

我が印刷所の収益がどんなに少ないものであっても、それが奪われて、ぼくらはパンを奪われることになったように思えた。メナール出版の視察官がほどなくやってきた。その男は、我が家の印刷機に礼儀正しく封印を施しにきたのだ。まだ覚えているが、この作業をうやうやしくやっているのを見て、ぼくは恐怖を感じた。その封印を破った者には苦役が待っているとも言われた。

この残酷な悲しみの後、ほっとするような一時期がやってきた。保証金を受け取った時期である。わずかな援助であり長く続くはずもなく、ぼくらは、先のことはあえて見ないようにしていた。

すでにひどく弱くなり不安定になっていた母の健康が、完全に損なわれてしまったのはその時である。家庭内の心配事と窮乏によって、蝕まれていたのだ。あのとき以来、少なくともいつでも冬は、母はベッドに寝たきりになり、だんだんと弱っていった。おそらく食養生をすればもう少し生きながらえただろう。だが我が家が陥っていた困窮の中では、より安いもので満足せねばならなかったし、さらに多くの場合、何もなしで過ごさなければならなかった。そのうえ父は、薬や医者への極端な軽蔑を言明していた。それらを欲しないということでは正しかったのだ。というのも我が家には、それらに払うべき金がなかったろうから。

ぼくをコレージュにやるという話が出て、ポワンソに薬学の勉強をさせるという話も出たころ、我が家が陥っていた状態はこんなものだった。

ポワンソとの別れ

ポワンソは、自分はナポレオン通りにいる薬剤師のところに入るのだと、しばらく信じていた。だからぼくらは遠く引き離されることはないだろうと。だがどうやら、事はそんな風にはならなかった。ムランのドレ氏と取引がされ、このかわいそうな少年を両親や友人たちから遠く離すため、ドレ氏に金が払われたのだ。(64)

(64) ポワンソが、パリ南東の町ムランのドレ氏に雇われてパリを去ったのは一八一二年九月であり、最終的にパリに戻るのは一八一七年九月である。

ポワンソはこうした職業に特別な資質をもっていたわけではない。でもみんなの見ていたところ、兵役免除を得るのがますます難しくなっているし、戦争には出かけなければならなかったのだから、薬剤師として出かければ危険にさらされにくいだろうということが、期待されたのだ。そもそも何をすればよいか、よく分からなかったのだ。その時まで、彼は人呼ぶところのやんちゃっ子（ポリソン）、つまりすべての子供がそうであるような、あんまり勤勉でもないいたずらっ子だった。彼は数カ月間ある公証人のところで使い走りの書生をし、ある文房具屋で見習いをし、そこからメロ先生のところへ来たが、相変わらず子供っぽく軽率で、したがって彼については、まさになろうとしているものとは全く別のことしか考えられなかったのである。

ぼくのほうは、小カトー(65)のように見なされていて、エコール・ノルマルで抜きん出るために生まれたのだと思われていた。それがぼくの両親が望んでいたぼくの最高の成功だった。またそれが、兵役免除になるためのぼくの方法でもあった。そこでぼくがウェルギリウスを少し理解し始めたとき、そして翻訳作文（テーム）でちょっとばかり語の配列に工夫し始めたとき、ぼくをリセに入学させ勉強させることは、単なる意見以上の信念となったのだ。メロ先生も大いに褒めてくださり、ぼくにそのことを納得させてくださった。ただ第三学級と第二学級(66)のどちらに入るかで、ぼくは戸惑っていた。父は知り合いだった帝立リセの教授ピショ先生(67)に頼んで、ぼくに第三学級と第二学級の宿題を課してもらった。ぼくがそれらを、どんなふうにやってのけるか見るためだった。あんまり難しいとは思わなかった。ただ、入ったとき、より良い成績を収められるよう、ぼくは第三学級に入るほうを望んだ。

(65) ウティカのカトー（前九五—前四六）はローマの政治家。大カトーの曾孫。ストア思想に造詣の深い高潔な人物として知られ、カエサルに抗して敗れ、北アフリカのウティカで自殺した。訳注（29）参照。

(66) 日本とは違い第二学級のほうが第三学級の一年上。その上に第一学級があり、最終学年は修辞学級となる。

(67) コレージュ・シャルルマーニュの教授を務めたあと、当時帝立リセという名称だったリセ・ルイ・ル・グラン（ルイ大王校の意）の教授となる。

したがって九月ごろには、前もってメロ先生に知らせておく必要があった。しかしぼくは出来事を先回りして話しているようだ。まだわが友とも別れていなかった。

夏の終わり、かつてあの年以上に季節の翳りのようなものを感じたことは、おそらくなかった。わが友がぼくと別れて行かねばならないと知ったのは、九月初めだったと思う。その日、彼は正午にぼくとともに〔塾から〕帰途に就いた。どんな服装をしていたか、まだ言うことができる。新品かあるいは新品同様の丸い帽子をかぶり、見たところこれまた新しい褐色のフロックコートを着ていた。ぼくらは、ずいぶんと先のことになるかもしれないが、いずれ再会するだろうという幸運と希望を語りながら帰って行った。ぼくは、彼の木製のインクスタンドをもって行った。それを彼はまだもっていると思う。そして彼の住んでいる通りのほぼ正面にまで行った。ぼくは胸がいっぱいになっていた。彼がぼく以上だったのは間違いない。ぼくらが泣いていたかはわからないが、彼の言った「さよなら」が、いまもぼくの心で響いている。

「オオ、貞節ナルてせあんニヨリ、ワレニ結ビシ折レタ心ヨ[68]！」

(68) オウィディウスの『悲嘆の詩』第一巻第三章、六五行目。

幸いにも神は、ぼくらが別れぎわに交わした誓いを二年経って聞き届けてくださった。
メロ先生のところでのぼくらの友情は、どれほど甘美なものであったとしても、子供の関係でしかなかったという意見をなるほどだと思わせてくれる点に、ぼくがこの別離に長いこと心動かされなかったということがある。今日（こんにち）（一八二〇年）、こうした別離を経験したなら、ぼくは死ぬほどの気持になるだろうに。要するにポワンソは、早くもあの時から、ぼく以上に価値ある人間だったのだ。魂は純粋であればあるほど、汚れない情熱をさらに生き生きと感じるのだ。

目下のところわが友は、ぼくから半里しか離れていないところにいて、もうぼくらはああいった「さよなら」を言い交わすことなくすむだろうと思う。そのことで、ぼくはちょっとした喜びを感じている。

ぼくの話はきょう（八月二十四日木曜）は、ここで止まるだろう。話していると一つの考えに導かれるのだが、それは彼の善行によって、ぼくが残余のすべてを負っている「存在」に、とりわけ感謝せずにはいられないという考えである。つまりぼくは財産の面で分けもつものが特になく、精神の面でも貧しかったのに、彼が愛されるのに最も値するものを、惜しみなくぼくに与えてくれたということなのだ。人が望みうる限りで最良の父と母のほかに、ポワンソはぼくに、まことにまれな心をもつ人々を次々と引き合わせてくれた。その結果ぼくは、地上にあって善良で、徳にあふれ、情にもろいものすべてが、ぼくの周りにはあると、つねにあまり苦労しないで信じるようになっているのだ。

ポワンソについての、ついさっきの考察に戻ろう。ムランから彼が帰ってきたときは、すでに青春の熱が燃えたぎっているさなかであり、ぼくらは自分たちの情熱や熱狂をすでに伝えあっているときだったから、その帰還がぼくらの友情の結び目を固くしてくれた。そのときだった、何か戦争のうわさのようなものがあって、彼は、ぼくが戦いに行くことになるなら、自分は薬剤師になるのを拒否し、ぼくと一緒に兵隊になるよと言ってくれた。

季節とともにぼくの境遇が、どんなに悲しいものになると感じたかはすでに述べた。最初にうんざりしたことは、メロ先生の塾をやっと出たばかりのところで、寄宿学校に行くことだった。メロ先生からは詩もギリシア語も教わっていなかったから、仕事をしながら詩のための授業を続けるようにと言われたり、またマルシュ通りの端にあるバジール先生[69]のところへギリシア語を習いに送り出されたりした。

(69) ミシュレは一八二二年九月に、キャプシーヌ通りのメロ塾の近くにあったベルジェス塾に、ギリシア語を教わりに行き、バジール氏の指導を受けた。

想像できる限り、生まれながら最高に内気だったぼくは、塾のこの変更で大いに悲しい思いをさせられた。新しい面々を相手にすることは、ぼくにとっては責め苦だった。しかし憶病だったわけではない。子供たちを最もたじろがせるものを、決して恐れはしなかった。（…）ギリシア語には強かったし、覚えているところ、彼〔直前の原文に欠如があり、誰のことかはっきり特定できないが、おそらくバジールのことだろう〕はホメロスを購読ではほとんど理解していた。見たところ彼は多くの不器用さや不運をもっていた。それまで彼が何一つ成功したことがないということを、ぼくは知った。ぼくと付き合っていたころ、彼はギリシア語で賞をとろうと、ルイ・ル・グラン校の修辞学級にひそかに通っていた。しかしそれに失敗してしまった。そこで投げやりになり、いつも怠慢で、怠けがちで、いっぷう変わった人間になってしまった。見たところ、ほとんどすべての時間を下宿屋で過ごし、かつがつの生活に満足しているようだった。

彼はガーユ[70]の文法をぼくの手に渡し、ぼくに（…）やっかいな活用を（…）……だからエコール・ポリテクニックにもエコール・ノルマルにも入ることができた。彼はぼくの先生ベルジェス氏の手伝いに来ていて、幾何をいくらか理解させてくれた。文法の復習用に与えられていた時間に、ぼくはいくつもの図形をしばしば眺めていた。

（70）ジャン＝バティスト・ガーユ（一七五五―一八二九）。一七九一年からコレージュ・ド・フランスでギリシア文学を教えており、一七九八年に『ギリシア語文法』を出版した。

こうした授業を受けたのは、すでに言ったように夕方だった。だから家にもどるのは夜になってからだった。それは二つの理由でぼくを大いに楽しませてくれていた。まず誰にも会わず、人にも見られなかったからだ。それから両親がぼくを信頼して、八時ごろたった一人で帰らせてくれたことは、小さいながらぼくがもう一人前だということを示してくれたからだ。

コレージュ・シャルルマーニュへの入学

とうとう新学期が始まる恐ろしい日がやってくる。ぼくはノートル＝ダム・ド・ナザレット通りからヴァンドーム、テュレンヌ、サント＝カトリーヌの各通りを抜け、リセ〔ここではコレージュと同義〕・シャルルマーニュに向かってゆく。心臓が高鳴っていた。大勢の知らぬ者ばかりの中に自分がいるとは！ ぼくはぎこちない様子にならないだろうか。ばかなことを思わず知らずやったりしないだろうか。まだかなり遠いところから、教会前の階段を覆っている人間の群れが見えた。特に目についたのは極端に顔が白く、空色のラシャの大きな上着を着ていた一人の生徒だった。それが不運なモトンで、ひどく残念なことにあの後亡くなってしまった。[71]

(71) コレージュ・シャルルマーニュは、一八一二年、イエズス会の古い建物の隣に設置され、今日に至っている。それゆえ生徒たちは、イエズス会付設のサン＝ポール教会（サン＝タントワーヌ通りに面している）の入り口階段に集まっていたのである。

ぼくは暗い中庭に入り、フランソワが寄り添っていた窓の近くに身を置いた。フランソワはスイス出身のいいやつで、ぼくにいつでも大いなる友情を示してくれた。鐘が鳴ると、ぼくらは上の階に登ってゆく。教室の広さに、クラスメイトの人数に、そしてとりわけ、こんなにも多くの者を前にぼくが関わろうとしているあの黒髪の小さな男に感嘆する。最初の日、彼はミュレ[72]のラテン語作品をぼくらに読んでくれただけだった。どういうテーマだったか、もう覚えていない。

(72) 人文主義者マルク＝アントワーヌ・ミュレ（一五二六―八五）はラテン作家の批評家であり、かつ自分の全作品をキケロ風文体のラテン語で書いていた。『ユウェニリア』（一五五二）ほかがある。

二日目、翻訳作文（テーム）を書きとらされた。クラスの運営方法が指示された。そして覚えるべき課題が与えられた。午前中の課題はビュッフォンとウェルギリウスだったと思う。ぼくはノートル＝ダム・ド・ナザレット通りの我が家に、熱気に満ちて戻ってきた。翻訳作文を推敲し、自分としてはとても優雅なラテン語に仕上げた。しかしその翌日からぼくの不幸が始まったのだ。ぼくは優等生用の指定席（ターブル・ドヌール）のかなり近くにいた。だがぼくのうぶな様子で新入生だと一目で分かったから、クラスの連中は笑い始めた。ぼくはぎこちなかったので、皆がぼくのことを馬鹿だと判断した。アンドリュー先生から自分の翻訳作文を読み上げるようにと言われたとき、ぼくは早くも少々どぎまぎしていた。ひどく震える声で読みだしたから、クラス全体四方八方から、どっと笑いが起きた。この残酷な笑いにより、ぼくはますます動転し、読み方はさらにいっそう滑稽になった。各文が終わるところでは声が落ち込み、保てなくなった。それでもぼくの声はよく通ったし、発音は明確だった。ぼくを馬鹿にしていた連中全員に、よく聞こえていて当然だった。

愚弄されるのに最も適さない場所は教室である。ある者はお世辞を言い、他の者は君の本やノートを床に投げる。しばしばゲンコツを振り上げて君を馬鹿にする。

アンドリュー先生はぼくを気の毒に思い、最後までやらせないでくれた。しかしすでに残忍な雰囲気があって、ぼくは刃のようなまなざしで、ひどく長く見つめられたのだ。そのことで一人の子供がどんなに苦しむはずか、想像してほしい。もしぼくがサムソン(73)の腕をもっていたら、天井がぼくを、ぼくとぼくをからかう連中を、押しつぶしてしまっただろうことは確かなのだ。

(73)『旧約聖書』に出てくるイスラエルの伝説的英雄。怪力の持ち主で、ペリシテ人との戦いに勝つが、敵側の女デリラに自らの力の源泉である髪の毛を切られ、捕えられ、ガザに連れて行かれ、目をくりぬかれ、牢で働かされた。だが髪が再び生え力がよみがえると、屋根（＝天井）を支える柱を倒し、牢を破壊した。こうして敵のペリシテ人を倒すとともにサムソン自身も死んだという。

いじめにあう

そのときから、ぼくは連中のおもちゃになった。殴られることはなかった。寄宿生ほどゲンコツで殴りあうのに慣れていなかったし、そもそも敵対していた相手の大部分より弱かったのではあるが、ぼくだって、やるとなれば連中を撃退しただろう。だが教室に入るときと、そこから出るときに、まるで物珍しいものを見るみたいに、皆がぼくを取り囲んだ。うしろのほうの連中が前の連中を押し、ぼくはこの敵対的な群衆を押し返すのに苦労した。連中はぼくに質問してきて、返事をすれば、どんなことであれ、ただただ笑うのだった。デクロワジーユと他の何人かが、ぼくを押しとどめた日のことを覚えている。色黒の顔に浮かんだ、ひとを小ばかにするようなあの笑みは、ぼくには悪魔の笑みと思えた。

授業中は別物だった。良い席を占めるほど成績は良くなかったから、ぼくの席はつねに、最悪の連中のそばにあった。連中は先生の話に耳傾けることなどついぞなかったから、退屈しのぎにぼくをいじめていたのだ。たいていはぼくのことをペンの先で突っついたり、うしろの方に引っ張ろうとしたりしていた。みんなに対して一人だったし、アンドリュー先生に見つかるのをいつも恐れていたから、ぼくは連中のすることにほとんど反撃しなかった。こうしたことすべて、話せばまことに短いことだが、長く耐え続けたことだ。こんなふうにぼくを苦しめた連中は、背丈も力も、もうほとんど大人みたいだったことも付け加えておかねばならない。ジョフレとかプシャールといった連中だった。やり返そうと試みたら、ぶん殴られること間違いなかったのだ。

これらのちょっとした肉体的迫害は、まだまだこの上なく小さなことだった。ぼくにはいくつかの才能があるというぼくを取り巻く人々の意見によって、またそれはメロ先生のところでいつでも仲間内で一番だったことから、先生によっても確認されていた意見だったが、そういう意見に養われていたぼくは、突然自分があざけりと軽蔑の対象となったことを知った。ぼくの姿を見るとみんなが（クラスの中で一番分別のある連中さえ）、笑い始めるのだった。ぼくが口を開けば、みんなが爆笑した。

すでにたいへん激情的で荒々しかったぼくの性格は、みんなにからかわれてとげとげしくなっていった。家に帰ると怒り狂ってしょっちゅう泣いた。母は心動かされ、そんなふうに不幸なぼくを見なければならないなら、むしろ勉強をやめたらいいと思ってくれた。

こうしたぼくのはなはだしい弱さゆえに、宿題を果たすのもひどく難しいことになった。ギリシア語の三行を訳すのにも、何時間もかかってしまった。詩句になればさらに悪かった。ぼくら、ぼくと父の二人でミネルヴァ(74)の意に反し、想像しうる限り最も貧弱な詩句を作るのにも、大汗をしたたらせ苦労する姿を見せねばならないことになった。それにもかかわらずぼくは几帳面だったから、大いに苦労した宿題を提出しなかったことなど一度としてなかった。アンドリュー先生もそのことによく気付いてくださり、やれる以上のことをする平凡な生徒に対しもたざるを得ないような思いやりを、ぼくに示してくださった。放課後はご親切にも、ぼくの作文したギリシア語を読み返すことさえしてくださった。これがなかったなら、ぼくはギリシア語の作文をけっして作れなかったろう。ぼくは課せられなかった多くの課題を自分からやって、先生に提出し、その好意に応えた。

(74) ローマ神話における技術や職人の女神。ギリシア神話のアテネと同一視される。

だから先生は十分に味方になってくださった。しかしクラスメイトときたら、ぼくとはあまりに違う連中で、ぼくは付き合うのに慣れることはなかった。授業がとりわけぼくのつまずきとなった。ギリシア語の語根をもつ二つの詩句を覚えるために何時間も過ごしたが、それを暗唱してみる段になると、いっせいにあざけりの声が上がって、ぼくは一語も思い出せなくなってしまうのだった。

クラスメイトたち

ぼくはいま目の前に、クラスメイトのリストをもっている。彼らの中で不満を言うべきでなかったような者はほとんど見当たらない。もっとも彼らが、そんなに大きな過ちをしたというわけでは多分ないのだけれど。ここにそれらの名前すべてを、各人に関して覚えていることどもとあわせて書き写しておこう。

クラスで一番強かったのはデクロワジーユとエリオだった。デクロワジーユはとてもがっちりとして背も高かったが、かなりほっそりした顔立ちで、だが耳障りな声と、荒々しい表情をしていた。とくに笑い声が不快で、人を冷やかすような調子をしていた。修辞学級ではラテン語しかうまくいかなかった。そこを出てから彼は医学の勉強をした。だがインターンの身分だったとき、何カ月も性病患者として過ごしたという話だ。エリオはたいへん変わっていた。一種ちいさな未開人だった。笑いは、いつでも嘲笑的なものでしかなかったし、泣き虫のような声で、不機嫌な様子をしていた。みんなは彼を「ボベシュ」[75]と呼んでいた。かわいそうにあの少年は笑わなかったが、それももっともだ。ぼくが知ったところによると、修辞学級のあとでヴィルマン先生の仲介により、彼は役所に職を得て喜んだというが、それは夜の九時まで働き六〇〇フラン貰えたからだという。

（75）本来は燭台の蠟の受け皿のことだが、俗語で「頭」という意味がある。ボベシュの語頭にあるボブというのは、膨れるさまを表す語である。

最初の勢力分布で三番目に来るのは（ぼくは自分のリストの順番を追っている）ド・ヴォートルという名前のやつで、学年が終わる前にアンティル諸島(76)へ行ってしまったと思う。背の高い若者で才気煥発な目をしていたが、顔は少々好色漢的で梅毒病みのような顔色をし、鼻と頬が吹き出物でおおわれていた。彼の次にはプーシェルグが来ていたが、そのあだ名は「雄ヤギ」で、じっさいエジプトで女たちにもてたらしい。すでにもう、ちょっぴり一人前の青年然としていて、とても「下司（げす）」なやつだった。

（76）キューバ、ジャマイカなど西インド諸島中の主要な島群をいう。

ラブリュミエールは、まったく違うやつだった。好色漢的悪童（ポリソン）ではなく文字通りの「いたずらっ子（ガマン）」だった。しばらくの間ぼくにとって不運だったことに、彼はぼくのうしろの席にいた。どれほど彼からいたずらされたか、ただ神のみぞ知る。

悪童ド・ヴォートルに次いで、同じく好色漢的悪童たち、マニエ、ベルトラン、プシャール、ドランドル、ダヴィッド、ブランドといった連中のことを述べねばならなかっただろう。最初の二人は、パリの中で最も悪くない、いくつもの売春宿を支えた者たちと呼ぶこともできた。

彼らの額に浮かんだ皺は、すべてその艶福を刻み込んだものだった。プシャールとドランドルは下宿屋の情事だけで満足していたと思う。そしてユウェナリス[77]の言う「フト出クワシタキノウノ食事」にこめられていたかも知れないものに、お互い執着していると聞いたのを覚えている。

(77) ユウェナリス（六〇頃—一三〇頃）。古代ローマの詩人。『風刺詩』が有名で、本文中の引用も同書、第九巻、四四行目からのもの。

ダヴィッドとブランドはたいへんハンサムな若者たちで、彼らに対してはルピートルの下宿屋全体が熱を上げていた。少なくとも二人は、プシャールやドランドルのような不愉快なやつではなかった。ドランドルの話をしながら、少しは彼の人物描写をしてみるというのを忘れていた。それは十八歳くらいの若者で、最高に下劣な顔つきをし、クラス全体の中で、ぼくを一番長く最も不愉快にいじめたやつだった。あのサヴォワ人的な顔にいま平手打ちを食らわしてやったら、うれしいだろうにと思える。ルフェーヴルの下宿屋にいた生徒たちを、もらさずにあげるとすれば、プシャールとドランドルに、ドクシとかいうやつを付け加えることになろう。いまでもその間抜けな様子と残忍な薄笑いが目に浮かぶ。

他の連中に関する思い出は、あんまりはっきりとはしていない。まず体つきでびっくりした連中、ついで平凡な連中、それから優しく一見ひとが良さそうだと思った連中というふうに、まとめてみよう。

何人かとても小柄な生徒がいた。他の連中はたいへん大柄で、並みの背丈の者はほとんどいなかった。小柄な連中にはミレ、ショード、ダヴェンヌがいて、ダヴェンヌはかなり奇妙なやぶにらみで、第三学級のあと外科学の勉強をやった。大柄な連中にはクレパン、キュビニ、メルダがいて、メルダはおめでたい様子をしていた。最後に一番愚かで鈍重なやつ、タフなジョフレがいた。五ピエ半〔およそ一メートル八〇センチ」の太った赤ん坊を想像してほしい。表情のない二つの小さな目をしていて、子供のようにたどたどしい話し方をしていた。とはいえ、ちょっとあとで童貞を失った男だ。ルキアノス[78]が変身して結婚した相手の女のような趣味をもつ女たちが、彼に注目し、彼を種馬のように見なしたのだ。

(78) ルキアノス（一二五頃―一九二頃）。古代ローマのギリシア人作家。主に風刺色の濃い八二の作品を書き、宗教、政治、社会の愚昧や悪徳を攻撃した。主著『真実の話』は、船に乗って世界の果てを究めようとし、月世界、灯明の国、地獄島、極楽島などを歴訪する物語で、後世のヨーロッパ世界に多大な影響を与えた。

さえない連中の筆頭に、アンドリュー先生のところに住み込んでいた二人の生徒、シュヴルーとドゥヴォーを挙げておこう。シュヴルーは上に小さな玉が乗っている長い棒に似ていた。ドゥヴォーはそれと正反対だった。すごく太った体つきで、頭は大きく、幸いにもかなり生き生きとした目をしていた。どういった観察記録なく挙げておく連中には、ユボ、ルソー、モン、ジニョー、ルイ・ドローネ、デグロット、それからたいへん上品できれいな顔をしていたギュスターヴ・ドローネがいる。それからドゥボネール、ドゥリオンヌ、耳の聞こえないドゥ・シャンビュールがいる。またルイ、ドゥランジュ、ヴァレール、シューヴィル、ブルド、そしてラパンがいる。五人の漫画的人物もいた。泣き虫のファルジー、足の悪いボークール、それからルヴェックは、まったく絵に描かれた顔にそっくりで、よく泣く老女のような話し方をしていた。ファビニョンは左右によろめきながらお題目を唱えるように、また檻の中を行き来して唸っている熊のような調子で、話すのだった。最後に陰気なシュドレがいたが、画家たちが悪人を描くときに、アトリエでモデルになれた男だった。

ところで顔つきにいくつかの優しい表情が見いだせたとおもえた生徒たちについては、もっと喜びをもって注意してみよう。第一番にはフィディエールとブナールを置く。かれらの顔つきや声はクラスで最も穏やかなものだった。その次にデュビリが来る。彼の容貌からは大いなる感受性が伝わってきた。アンドリュー先生は彼に、友人をよく考えて選ぶよう強く勧めていたが、彼のような弱い性格だと人に引きずられがちだからだ。

シオンもいたが、弱々しい声をし、死人のような顔色をした子で、とてもお人好しに見えた。ほとんど同じことをヴァルナンについてもいえる。ぼくに「おれ、下司なんだ」とふざけた調子で言っていた男だ。ぼくらは時々一緒の方向に帰っていた。だがブルゴワンとグラヴィエとは、もっとよくおしゃべりをする仲間だった。ブルゴワンはすごく背も高いし太ってもいる若者で、サン＝ルイ島の酒屋の息子だった。そんなに上品な様子はしていなかったが、とても誠実な男だった。

グラヴィエのほうはとても無邪気で、もしかしたらちょっと愚直かもしれないところがあった。おそらくそのためだろう、他の者が馬鹿にしている者との付き合いを厭わないところがあった。彼は先生から、ぼくが生徒たちから受けていたのと同様の悪い扱いを受けていた。この共通する不幸の思いから、ぼくらは再会するといつでもうれしく感じる関係なのだ。

以上がぼくの友人の一覧だ。そこにはぼくといっしょに留年した者たちだけが欠けている。いや思い違いだ。この一覧には主役が、他の誰よりも独特の顔立ちをし、一番目立っていた人物が欠けている。デュポールだ。それこそ精神の点で『才気気取り』のマスカリーユ侯爵[79]のような男だ。舞台裏についての学識をもち、舞台上では喜劇役者兼悪役の様子をしている。小声または大笑いで下らぬ話をし、定期的に自分好みのモリエールを引用する。これがこの前の冬、ヴィルマン夫人[80]の夜会で彼と再会したときの様子だった。そのとき彼を完璧に滑稽にしていたのは、その頭がすでにひどく大きいのに、鬘（かつら）と見まがうような森のような髪の毛でおおわれていたことだ。完全にルイ十四世時代の役者然としていた。

(79) マスカリーユ侯爵は、モリエール（一六二二―七三）によって創作された大胆かつ陽気な従僕の典型。『才女気取り』（一六五九）等に登場し、あらゆる役柄、侯爵にまで変装し、大活躍する。

(80) ヴィルマン夫人。ミシュレの先生アベル・ファランソワ（一七九〇―一八七〇）の母で、当時サロンを開いていたが、そこにはルイ十五世の庶子ナルボンヌ公らもきていた。

友人の名前の中に、しょっちゅう外で会っていた〔別のクラスの〕生徒たちも付け加えておこう。まずムシュレだ。とても誠実な若者で、ヴァンドーム通りに住んでいた土木技師の息子だった。しばらくの間リセに行くのに同じ道を通っていた。もっと長く、それほど気持ちよくでもなく付き合ったのは（メレ通り[81]にいた）プロテだ。彼は大人しそうな様子をしていたが、それは肺病患者ゆえの弱さからきているものにちがいなかった。ぼくらは知り合い、彼の友人のルフェーヴルとエショフにも会うことになった。かつてほんのちょっとの間でも知り合えば、その人との交流に、善意と友情をもたらさないでいることは、ぼくには不可能だった。子供たちはそうしたことを感じることができなかった。子供たちは、付き合えば、からかいのきっかけだけを見出すのだ。「あの年頃は情け容赦もない[82]」。ぼくは一時だけの付き合いの中に、何か優しいもの、クラスの仲間よりは敵対的でないものを見出していた。ところがほどなく、同じ調子のからかいや冷淡さを見出した時、ぼくの心がどんなに無残に固まってしまったか分かってほしい。できることなら完全に孤立しよう、誰とも話さないし誰とも会わないでいよう、とくに外見からだまされた連中からは遠ざかろうと決意したのだ。そうした連中と再会すると、何だか分からない憤りから、思わず体が震えてくるのだった。まだほんのちょっと前のことだが、彼らに出っくわしたら苦痛しか感じなかった。最近ルフェーヴルに会ったのはパティノ先生の戸口のところで、またエショフには別のとき教会の扉のところでだった。彼は相変わらず背が低く、たいへん穏やかな顔つきをしていた。ぼくに近づいてきて、フランス語を教えにイギリスに行っていたが、あまり良い旅ではなかったよと言った。いまはマサン先生[83]の秘書をやっているんだ、たいして貰ってないけどねと話した。それから付け加えて、「でもね、自分にとって勉強になる時間がもてさえすれば、ほんの少しでも満足できるよ」と。この哲学者的雰囲気で、ぼくの反感もちょっぴり和んだ。

(81) メレ通りはパリ三区にあり、ミシュレが住んでいたノートル＝ダム・ド・ナザレット通りの北隣を走る。なお直前に出てくるヴァンドーム通りも同じく三区にある。
(82) ラ・フォンテーヌ『寓話詩』の「二羽の鳩」の一節。
(83) マサンは王政復古期に個人塾を開いていた。帝政期にはコレージュ・シャルルマーニュの教師をしており、そのとき多分生徒としてエションを知ったのだろうと、ヴィアラネは注記している。

家での勉強

話を戻そう。ぼくの心をひからびさせ自尊心を辱めたあのあざけりによって、ぼくは、一人でいることを、とくに勉強は一人でやるのだということを、ますます好むようになってしまった。マレ地区の最もひと気ない通りを通ってリセから脱出してくると、自分の好きな本の中でくつろげるよう、ぼくはすぐさま宿題に打ち込んだ。本の中では、自分の感情に応えてくれる感情が見いだせたのだ。そこでは、ぼくを地面にまで屈服させるような、リセにまで追いかけてくるような、ぼくが通ってゆくのを見る連中すべての顔に再度見いだせると思えたようなあの残酷な笑いを、恐れる必要など百パーセントなかった。ティブルス(84)、ホラティウス、そしてとくにウェルギリウスがまるまる二年間、何とすばらしい友人となったことか。彼らこそ、情愛あふれるあらゆる感情を、感激を、ぼくに体験させてくれた。彼らとともにいるとき、ぼくは善きものとなった。人間の悪に対しても優しいものとなった。外に出て、とりわけリセに行くと、人からちょっと眺められるだけでぼくはどぎまぎし、自分が滑稽ないし軽蔑されるべき者と見えるという思いで、心にすさまじい怒りのうねりのようなものが高まったものだ。同時に、肉体的にほとんどすべての点で欠けていることに苦しんでいたにもかかわらず、人々の役に立てないということで泣けてしまうことがあった。意地悪な笑いをちょっとでもされると、あざける相手を刺殺してやりたいという欲求を感じた。十五分もすると、怒りと愛の涙を流した。

(84) ティブルス(前四八頃―後一九)はローマ帝政初期の詩人。平和な田園生活への愛をうたった『詩集』がある。

こんなふうに四方八方からうんざりさせられ、ぼくは自己をほとんど評価できなくなった。そして何事においても自分が際立つことは、決してあるまいとしか信じられなくなった。でもぼくは、成功するために人としてなしうることはすべてやっていたし、他者に対し、ほんの少しでも優位性をもてたら、他者を圧倒するつもりでいた。ぼくはカルタゴの廃墟の上に立つ小さなマリウス[85]だったのだ。

(85) マリウス(前一五七—八六)はローマの将軍。民衆の支持を受け執政官となり、ヌミディア王ユグルタとの戦いに勝利した。

ぼくの心を交互にかき乱していた激しい感情は、このようなものだった。それらの感情を除去してくれるものは何もなかった。というのもわが一家は、最も深い孤立状態で暮らしていたし、子供の苦痛を簡単に和らげるような、いかなる肉体的喜びもぼくはもっていなかったからだ。とはいえ自分の好みにかなう、そうした喜びが一つあった。それはパリの中心部をやや離れて、いっそうさびしい界隈へと行くことだった。

母の健康状態がひどく悪くなったこと、および補償金をもらってほんの一時楽になったことから、雌ヤギを一頭飼い、サン゠ルイ袋小路のカレーム゠プルナン通り[86]に小さな家を一軒借りることにした。その家には悲しい気分で入った。まだ寒かったし、パリにおけるよりも季節の醜悪さがはるかに感じ取れた。

(86) カレーム゠プルナン通りは、パリ十区サン゠ルイ病院とサン゠マルタン運河の間にある通りだったが、一八二四年ビシェ通りの開通にともない消滅した。その一部はその後サン゠ルイ袋小路と呼ばれたことがあり、ミシュレは名称を混同してしまったと思われる。

記憶が間違っていなければ、だいたいこの頃にわが親しき友ポワンソに再会した。ある日〔昼休みに〕リセから家に帰ると、ポワンソが病気のためムランから戻ってきていて、その代わり弟を送り出したという知らせを受けた。ぼくは〔昼休み後〕一番に家を出て、リセに行く途中彼のところに立ち寄った。雨が降り、道がぬかるんでいる日だった。彼は、お母さんの部屋の窓に面したベッドにいた。ぼくを見て、とてもうれしがっているように見えた。ぼくのほうは自分の冷淡さに驚いていた。ここ半年間送ってきたみじめな生活が、ぼくの魂の火を消してしまったのだ。彼と再び会えてぼくもうれしかったが、いまでも覚えている自分の苦しみに関する意識が、他のすべてに勝っていたのだ。とはいえ会った時の彼の状態に心動かされてしまった。両脚、両手がしもやけで割れていて、ひどく痛がっていた。心も同じく苦しんでいた。友もなく縁者もいない町に何年間も追いやられ、しばしばショックを受けるのに、心を奪われるようなことが決してない不快な仕事を、長いこと学ぶというのは悲しいものだと、ぼくにも十分感じ取れた。ほどなく別れるときがきた。ぼくはまた来るからねと約束して立ち去った。彼のパリ滞在はほんの短期間だった。

それからすぐ後に、ぼくにとっての将来の見通しが少しは明るくなった。アンドリュー先生がぼくの勤勉ぶりにますます感動し、ぼくをまったく能力のない子ではないと信じ始めてくださったのだ。ぼくに関するこうした好意的見解を先生に最初に与えることになった課題がある。それは、詩的様式でアリオン(87)の冒険を語っている文章を翻訳せよという課題だった。先生はぼくの訳が、センスよく感情さえもこめて出来上がっていると判断してくださった。そのときからぼくは、先生の目に、そして我が家の大人たちの目に、際立った存在となった。それは、その学年最後の課題の一つだった。

(87) アリオンは前七世紀ごろのギリシアの抒情詩人。ヘロドトスによると、海賊によって海に投げ入れられたが、イルカによって救われたという。

この物寂しい年を思い出すと、太陽がただの一回も輝かなかったように思える。ただし年末ごろやっと一息つき、いくつかの悲しい喜びを味わいさえした。最も強烈な喜びは、家に帰ること、そして雌ヤギをなでることだった。我が家の小さな庭を飾っていたヒマワリを、またニワトコの枝を、そのヤギにもっていってやるというのも喜びだった。しばしば父と、そして時折はナルシス叔父[88]と入市税取立所[89]の外にある生垣の、一番手前にあるのを刈り込んだものだ。また時々母が、ぼくらの隣にいた野菜作りの人のところに行き、サラダ菜を買うこともあった。そしてそこの小父さんとその奥さんと、四方山話(よもやまばなし)をするのだった。日曜日の夕方には、あまり離れていないところで、いつも楽器の音と、マロニエダンスホール[90]のダンス音楽が聞こえた。ぼくはそれがかなり好きだった。それは「ココチヨイ、大イナル海[91]……」のたぐいの喜びだった。

(88) ナルシスはミシュレの父の弟。訳注(10)参照。
(89) ベルヴィル入市税取立所のこと。現在パリの十、十一、十九、二十の四つの区が交差する、ヴィレット大通りとベルヴィル大通りのぶつかるあたりにあった。
(90) ミシュレの家から程遠くない、パリ十区と十一区の境界を通るフォーブール＝デュ＝タンプル通りにあったキャバレー。
(91) ローマの詩人ルクレティウス(前九四頃—三三)の『物の本性について』第二巻、第一行。藤沢令夫、岩田義一訳参照。

しかしぼくを夢想の喜びにきわめて感じやすくさせたもの、それは愛だった。愛はまるでぼくといっしょに生まれたようなもので、ぼくの不幸が減ってゆくや、ただちに最高の力とともに目覚めたのだった。ぼくには、打ち明け相手と愛する対象とが、ほどなく必要となった。ポワンソはいなかった。そこで打ち明け相手としてナルシス叔父を選んだ。空想好きな精神では全然なかったけれど、叔父はおそらく他人以上に気を遣ってだろう、とうとう他人のような態度でぼくの言うことを聞いてくれた。愛する対象のほうといえば、一人の若い娘で、フォンテーヌ・オ・ロワ通り(92)のおばあちゃんに会いに行くときに、しばしば見かけた娘だった。ほとんどいつも窓辺にいて、何人もの女工たちと一緒に仕事をしていた。それほどきれいな子ではなかったが、スタイルがよく、肉付きもいいほうで、それがぼくには大いに気に入った。ぼくは夢中になってしまった。何回もその窓の前を行ったり来たりした。そして気付かれたと思った。と、そこを通る勇気がもうなくなってしまった。

(92) ミシュレの祖父母は息子たちと別れ、パリ十一区のフォンテーヌ・オ・ロワ通りの、現在のベルヴィル大通りと交差するあたりに移り住んでいた。

ぼくの熱狂は、身体的力によって静まることはありえなかったので、初めてしたことだが、詩を書いたのだ。出来のよくないもので熱のこもらない作に見えたが、それはあまりにも時間をかけすぎてしまったためだ。その作をナルシス叔父に読んで聞かせた。そしてそれを彼女に渡す手段について考えた。しかしすごく憶病だったし、一銭もなかったし、それが愛における乗り越えがたい二つの障害となった。一時的熱狂は少しずつ消えて行った。

ナルシス叔父と散歩する場所を示し忘れていた。それはパリの外側をめぐる大通りや運河のふちで、ときにはビュット・ショーモン〔公園〕であった。中でもビュット・ショーモンには、叔父とポワンソと一緒に一度行ったことがある。

しかし散歩といえば、ふつうは袋小路に雌ヤギを連れてゆくことだった。ぼくが『アタリー』と『エステル』[93]を学んだ間、そこがぼくの勉強部屋となった。緑の草木を見て、そのころからぼくは大いに感動していた。その袋小路を通っては、一度か二度、従兄弟のミレ[94]を見送ったこともあり、そんなおり彼と猥談めいた話をしたこともあった。ミレはとても優しく気さくで、とても快楽好きで、つまり完全に悪く育てられたわけではない若者すべてと同様の子だった。たまに我が家に来ていた。我が家は彼をひきつけるだけ十分快適ではなかったのだ。兄のジュール・ミレは、もうほとんど来なくなっていた。彼はさらにたくましい体格をし、さらに快楽好きだったと思う。「カレガ平和ニ休息センコトヲ」。

(93)『アタリー』(一六九一)、『エステル』(一六八九)は、ともにラシーヌ(一六三九—九九)の宗教劇。
(94) ミシュレの母の兄弟でプロヴァンに住んでいたジャン=ニコラ・ミレの息子グザビエのこと。その兄がジュール・ミレである。

ほどなくヴァカンスが終わるというのが、ぼくには大いに恐ろしかった。しかし希望すべきいくつかの点もあった。ぼくはコレージュ[95]に、ラテン語とフランス語のものをかなりもって行っていた。大いに読み大いに暗記した。ウェルギリウスとホラティウスはいつももち歩いていたが、それらに加えてビュッフォン[96]の選集を、あまりなじみのなかった表現すべてに下線を引きながら勉強した。何回もたて続けにボシュエ[97]の『追悼演説集』を読んでいた。ユスティヌス[98]も知っていたし、ロラン[99]の『古代史』も、タキトゥス[100](ダランベール訳[101])の断片も少々知っていた。『変身物語』[102]も、ラシーヌも、コルネイユの一巻も、二流の演劇何巻かも、『びっこの悪魔』[103]も、モリエールも少しは知っていた。わが最良の友ティブルス[104]と、そして『アナカルシス』[105]を忘れていた。ホメロスも試みていた。が、ラテン語訳のないガーユ版[106]しかもっておらず、苦労してほんの少し訳したのだが、およそ三〇行しか分からず、そこでほったらかしてしまった。

(95) コレージュ・シャルルマーニュのことで、一八一三年のヴァカンスのあとミシュレは第三学級に留年する。
(96) ビュッフォン(一七〇七―八八)はフランスの博物学者、政治学者。一七三九年、王立植物園園長となる。『博物誌』(全四四巻)があるが、あまりに長いので通常その選集が読まれていた。
(97) ボシュエ(一六二七―一七〇四)はフランスの神学者、政治学者。ルイ十四世の王太子の教育係となり、彼のために『世界史序説』等を書く。説教家として、多数の人々の死に際し追悼演説をしたことでも知られる。
(98) ユスティヌス。同名の人が何人かいるが、ここでは三世紀のローマの歴史家で、トログスの『フィリッポスの物語』の要約を著し中世に広く読まれた、マルクス・ユニアヌス・ユスティヌスを指すのであろう。
(99) シャルル・ロラン(一六六一―一七四一)はフランスの歴史家。その『古代史』(全一二巻)は一七三〇年から三八年にかけて発刊され、長いこと中等教育で教科書的に使われていた。
(100) タキトゥス(五五頃―一一五以降)はローマの歴史家。『年代記』、『歴史』ほかがある。
(101) ジャン・ル・ロラン・ダランベール(一七一七―八三)はフランスの数学者、哲学者。ディドロとともに『百科全書』の編集にたずさわる。そしてその「まえがき」で、歴史への考察に基づき人間精神の知識を求める歩みを述べているから、タキトゥスの翻訳をしたことがあったかもしれない。ただし古代ギリシア・ラテン文献の翻訳家ニコラ・ピエロ・ダランベール(一六〇六―六四)がタキトゥスについても、「美しき誤訳」と呼ばれるかなり自由な仏訳を出しているから、ミシュレは二人を取り違えたのかもしれない。
(102) ローマの詩人オウィディウス（前四三―後一七）の代表作。
(103) もともとスペインの作家ベレス・デ・ゲベラ（一五七九―一六四四）の作品だったが、フランスの作家アラン・ルネ・ルサージュ（一六六八―一七四七）が翻案、自由に書き直し、まったく新しい小説として一七〇七年に出版した。
(104) 訳注（84）参照。
(105) ジャン＝ジャック・バルテルミ師（一七一六―九五）の作品『若きアナカルシスのギリシアへの旅』（一七八八）は、紀元四世紀頃のギリシアの風俗を小説風に記録していると言われる。
(106) 訳注（70）参照。

留年したクラスで

新学期になって、父とぼくはアンドリュー先生を訪れた。先生はぼくらを大変冷やかに迎えてくれた。父は先生に、ぼくを留年させたらもっと成績がよくなるだろうと思っていると話した。そして「予想通りいくことを期待しております」と言った。ぼくは学校に戻ってみて、へまな奴だという評判が広まってしまっているのを知った。同級生のまなざしでそれを感じたのだ。ぼくのうしろには新入生が二人いて、彼らはいつも一緒だった。レヴォルとポレという名前の奴らだった。第四学年にとって誇りであると言われていた。彼らに関して気付いたことは、まずレヴォルは才気煥発風でよくしゃべるなということだったが、それは元気であるということだけだったと思う。もう一人は、まさしく何もしゃべらないのだが、まるで他人におしゃべりする時間を失わせないためであるかのようだった。ドライで厳しい様子をしていたので、一風変わっていたにもかかわらず、皆、彼に一目置くようになっていた。彼は皆から「熊」と呼ばれていた。とはいえレヴォルがしゃべっているとき、彼は大いに笑っていた。でもレヴォルといっしょに笑っていたと言うことはできない。これが最初にぼくの気付いたことだ。この最初の時間で、ぼくはさらにレヴォルがユウェナリスを勉強しているのを知った。それは彼が自分の手本を、あまり選ばないだろうということを示していることだった。

クラスには何人か年上の生徒がいると気付いたが、これまでは彼らについて話さないできた。

第一に話さねばならないのはムトンだった。とても善良で優しい若者で、すべての勉強を、あるときは彼よりでき、あるときは彼より劣っていたぼくといっしょにやった。彼は、思いやり深い情熱と無縁ではなかったと思う。『エステル』[107]を読んでいると、しばしば泣けてくると告白していた。このかわいそうな奴がどんなふうにして命を落としたか、すでに言ったことがある（八八頁参照）。二番目にくるのはロラン[108]だ。他の連中よりひどく軽い奴で、はるかに子供だったが、その他あらゆることで優れていた。ロランにはエスプリと元気があり、突如正鵠を得たことを言ったりした。精神にはあまり一貫性がなく、勉強にはあまり粘り強さがなかった。とはいえ修辞学級の二年目だったが、両親が彼のために借りてくれた小さな部屋で、一冬を大変うまく使ったのだ。自分のために両親が迷惑をこうむっていると感じたことと、難局を素早く乗り切る必要に迫られたことが、非常に強い動機となっていたのは確かだ。あまりにもひょうきんだったので、先生方からはほとんど愛されていなかった。恥知らずなのに、そのあと突然顔を赤らめるという、この最後の奇妙な点を除けば、たぶんボーマルシェ[109]がロランに似ているだろうとぼくは想像する。このような性格の中でぼくがあまり好きではなかったのは、彼の極端な無頓着さだ。あの魂がもつ琴線は、まれにしか震えないだろうし、せいぜいのところ彼は、精神を込め、たぶん力を込めてしか書けないだろうと思う。

(107) クラリス・ド・フロリアン(一七五五―九九)の牧歌的小説『エステルとメモラン』(一七八七)のこと。
(108) ポール・ロラン(一七九九―一八六二)は、のちにエコール・ノルマルやコレージュ・ル＝ル＝グラン、ソルボンヌ等の教授となり、コレージュ・サン＝ルイでは校長を務めた。ミシュレはやや疎遠となった一時期を除き、終生親しく交わった。
(109) ボーマルシェ(一七三二―九九)はフランスの劇作家。『フィガロの結婚』(一七八一)ほかがある。

コレもまた留年していた。きゃしゃで少々打ちひしがれた奴だった。一五分もおしゃべりしているとその理由が分かってくる。このかわいそうな少年は時折とても疲れていて、ほとんど目を開けていられなくなるのだ。ここに、彼が自分の墓の上に書いてほしいと思っていた碑文がある。それは彼自身でぼくに言ったもので、そのひどいところもそのまま伝えておこう。「けして何もなさなかったコレここに眠る」。(…)

学期の始まりは、またも不快なものだった。ぼくの物腰には相変わらず変わったところがあり、新しい同級生たちも、別れてきたばかりの学年の連中と同じく、それになじまなかったのだ。最初の座席配置のとき、ぼくは彼らの目に引き立って見える位置を望んでいた。一二番目の位置だった。ぼくの落胆を分かってもらえるようなものは、何一つなかった。アンドリュー先生が体調をこわし、ヴィギエさん(110)を代理に立てたのはその時期である。ヴィギエさんは若く太った小男で、声は女っぽく、とくに興奮するととても奇妙な感じがした。その朗読の調子をまだ覚えている。

（110）ヴィギエは一七九三年生まれだから、ミシュレより五歳年上でしかない。

「アイサツシマス、聖ナル父ヨ、アラタメテアナタニ、アイサツシマス」[111]。

（111）ウェルギリウス『アエネーイス』第五巻、八〇行目。泉井久之助訳参照。

優等生となる

そして次のことが起きる。ぼくはヴェルヴォットの横にいた。彼のおしゃべりはぼくに、小人（しょうじん）の反感をもたらした。とうとう翻訳作文の時間が来た。ぼくが一番期待していたものだ。ところが最初に失敗しひどく失望してしまったので、ぼくはあえて何も望もうとはしなくなっていた。ある日、教会[112]の正面階段でデュポンがぼくに近寄ってきた。で、ぼくは自分の翻訳作文を彼に示した。と彼はそのラテン語の書き方を絶賛してくれた。だがぼくの自尊心はほっとなどしなかった。アンドリュー先生の不当な判断で、悪い席にすわらせられていると思い込んでいたからだ。だが、とうとうその日が来る……優等生（ターブル・ドヌール）がすわる席があいている。いつも通りに心が震える。ぼくの眼にはすべてのものが、ぐちゃぐちゃに溶け合ってしまう。アンドリュー先生が一番目を呼ぶ。ぼくだった。電気機械の最も激しい衝撃でも、それほどすごくはなかっただろう。ひざに力が入らなくなり、もう周りが見えなくなっていた。それでもよろめきながら、その運命の席に向かった。そして座るというより、むしろ倒れこんでしまった。

(112) ここでもコレージュ・シャルルマーニュの隣にあるサン＝ポール教会のことである。訳注(71)参照。

家に走って戻ったときのぼくの興奮を、どう描写すればよいのだろう。とてもすべりやすかったのだが、ペリグー通り(113)を一気に飛ぶように走って行った。歓喜と希望にみちた数知れぬ思いがぼくを駆り立てていた。家に入ると何も言わず貰った十字架を両親に見せる。父の眼に涙が浮かんだ。母はしばらく前からベッドに寝たきりになっていたが、同じように感動を表した。この時からぼくの将来について、二人は安心したのだ。

(113) ペリグー通りは現在パリ十九区にあるそれではなく、三区にあるドゥベレイム通りのこと。一八六五年以降、ペリグー通りを含む四つの通りをあわせて一つにしたとき改名された。

この成功によりぼくはリセと和解した。堂々と、ときには輝かしい様子さえして、そこに姿をみせた。たまたまそうした折に、ぼくの心を最も深く打ったのは詩を作ることだった。テーマはヘカベ(114)の嘆きだった。そのテーマがぼくには気に入り、最大限心をこめて練り上げた。しかし詩情を探求しながら、詩法のほうを忘れてしまっていた。そして十五行にわたり、どのくらいだか分からないくらい、音節の長短に関する過ちを犯してしまった。〔…〕ぼくは十二番目だった。しかしアンドリュー先生は大喜びして、ぼくを褒めてくださった。そのことで自惚れはしなかったにせよ、否応なく誇らしい気持ちにさせられたとはいえよう。

(114) ヘカベはトロイア王プリアモスの妻。トロイア陥落後捕虜となった娘の一人ポリュクセネーが、アキレウスの霊をなだめるべく犠牲に供される。エウリピデスに彼女を主人公とした作品がある。

ほどなく聖シャルルマーニュ祭が来て、極端な困惑に陥ってしまった。持ち衣装としては一着の古い服しかなく、この集会にふさわしいきちんとした身なりができなかったからだ。そこで父から借りることに決め、馬糞色の燕尾服を着、黒い半ズボンをはき、真っ白な靴下をはいたが、この靴下が冬の泥道で、ぼくをすっかり注目させることになってしまった。

どうしてそうなったのか分からないが、ぼくが自分のグロテスクな身なりについて恐れている限り、皆が明るくならなかった。ぼくはいつも通りに、とても陽気で大胆になった。そしてウェルギリウスの詩句をでたらめに引用して叫んでいた。

まさにこの年、王様が最初の〔パリ市への〕入城をした。(115) ある晴れた日、教室にいたとき、ぼくらはヴァンセンヌの大砲がとどろくのを聞いた。これを機に、何日間かの休暇が与えられた。起きていることに不安を感じることもなく、ぼくらはその休みを楽しんだ。とはいえ砲撃の話が出た日、なにか激しい不安を感じた。母がベッドで寝たきりになっていて、肺の病からの過水症で移動させることができなかったのだ。それに加え、うちの隣には燃えやすい品物を作る工場があった。それでもぼくは、いつも通り勉強した。

そしてほどなく、すべては静かになった。

(115) ルイ十八世がパリに入城したのは一八一四年三月三日である。

この年、連合軍の入城[116]よりもぼくらをさらに困らせ混乱させたのは、アンドリュー先生がしょっちゅう体調不良になったことだ。たいていバロン先生[117]が代行した。この先生はまだ若く人柄もよかったが、その資質すべてが、怠けぐせによって活性化されていないところがあった。ご自身が退屈することを恐れていたから、ぼくらを退屈させることはなかった。授業の大半は講読だったが、読む対象の選び方があまり良いとは思えなかった。なかんずくあるときなど、『強いられた結婚[118]』をぼくらに読んでくれたが、これは他人の妻を寝取る場面ばかりの作品だった。とはいえセンスに欠けてはいない方(かた)で、彼のもと、あまり勉強はしなかったものの、ぼくらが時間をまったく無駄にしてしまったとは思わない。

(116) ロシア皇帝アレクサンドル一世、プロシア王ウィルヘルム三世、そしてオーストリアのシュヴァルツェンベルク元帥が五万の兵を率いてパリに入城したのは、一八一四年三月三十一日である。
(117) オーギュスト＝アレクシス・バロン（一七九四—一八六二）。アンドリューの代理として教師人生を始めた彼は、人生の大半をブリュッセルで過ごし、最後には大学の文学担当教授となった。ミシュレはベルギーに行くたびに（一八三二、三七、四七各年）彼を訪ねた。バロンはかつての教え子に、その『フランス史』作成に必要な資料や情報を与えてくれた。
(118) モリエールのコメディー＝バレエで、一六六四年王妃の間で初演され、ルイ十四世もバレエ団の中に加わり一役を演じたという。

その年のとくに終わりごろ、学校生活はかなり快適なものとなった。暗唱してきた課題について尋ねられても、あまり戸惑わなくなった。筆記課題を読みあげるときも、もうおびえなくなった。ぼくが得た良い席次が、同級生の心の中で、ぼくの位置を高めてくれたのだ。

ぼくの勉強量が、それまでよりもずっと少なくなったというのも事実だ。それでも、よい生徒が通常するよりは沢山勉強していた。課題をすることはたぶん減っていたが、読書のほうは大いにやっていた。ときおり冬、日の出前に起きてしまうことがあった。ついでに言えば、それはぼくにとって極めて価値のあることだった。いつものウェルギリウス、ホラティウス、そして教科書に加えて、ロランの大部の『古代史』を読み、その中から古代世界への関心を引き出していた。また『研究論』も読んだ。歴史の講座というものはまだ設けられていなかった。[119]だがアンドリュー先生は、この研究がどれほど必要かということを感じていて、ぼくらにロランの抜粋を作らせたのだ。それはぼくが自らの意欲で書いた最初のものである。残念ながら、良いものを作るという以上に、たくさん作ることに執着していて、最初にやった抜粋は二〇ページだったのを思い出す。それはエジプトの何人かの王、とりわけセゾストリス〔＝セン・ウスレト[120]〕の歴史だった。もしも物質的窮乏が魂には良いというなら、ぼくは自らの魂を発展させるのに最適な状態にあったのだ。極端な粗食にはすっかり慣れてしまい、つらくはなかった。苦痛を感じやすくなっていたのは寒さだった。うちのアパルトマンを構成していた部屋はとても広く、それなのに、決してかまどでしか火を焚かなかった。冬も夏もぼくは小さな黒褐色の服を着ていた。それは当時ひどくごわごわになっていた。以上が、ぼくが享受していた便利な物たちだった。

(119) 一八一五年から二〇年にかけての公教育委員会議長ロワイエ＝コラールにより、コレージュの中に歴史の授業が設けられたのは、一八一六年三月のことだった。
(120) セン・ウスレト（ギリシア語よみでセゾストリス）は、前二十世紀ごろの古代エジプト第十二王朝の王で、一世は各地を征服し各地に大神殿を建て、リシュトのピラミッドに葬られたという。なお二世、三世ともに有名な王である。

窓の前にサン=ルイ袋小路のときのような広い眺望は、もう開けていなかったが、しかし通りに面した大多数のアパルトマンほどには、視野はさえぎられていなかった。うちの正面にある板材商の、その中庭が見下ろせたのだ。そこの息子は、ぼくらがそこに住んでいるときに亡くなった。斜めにブシュラ通りが見え、フィーユ・デュ・カルヴェール通り[121]の家が一軒ちらりと見えさえした。

(121) フィーユ・デュ・カルヴェール通りはパリ三区の東側、十一区に近いあたりにあるタンプル大通りとフィーユ・デュ・カルヴェール大通りがぶつかるところから、テュレンヌ通りのところまで伸びる通り。なお直前に出てくるブシュラ通りは、一八六五年、他の二つの通りと一緒になって現在のテュレンヌ通りとなった。

我が家の内情はといえば、極度にさびしいものだった。ランウェ[122]からの金の残りがまだ支えてくれていたとはいえ、金銭的な困難が感じられるようになっていた。我が家の乏しい資金が著しく減ってゆくのが分かった。その先に、いかなる希望もなかった。極端な悲惨、物乞いの生活という恐ろしい考えが、ぼくを震えさせた。そこで、その状況を忘れようと、まるでそのことを考えなければなくすことができるかのように、自分の勉強に素早く没頭していった。母の病気が、ぼくらを破滅に追いやったと言うこともできない。というのも、母は完全にほったらかしにされていたからだ。母は、胸のほうはあまり苦しまなくなっていた。だがその後、過水症が起き、静かに死を待っていた。

(122) ミシュレの母の実家があったベルギー国境に近い村。ミシュレの母方の祖母ジャンヌ・ミレが一八一〇年五月七日にランウェで死去。ミシュレの母にもかなりの遺産を残してくれた。それによってミシュレ一家は、数年間安定した暮らしができたのである。

父の新しい職

幸いなことに父は、パリに居をかまえたころ、かつてある医者に恩義を施したことがあった。その後もその方との付き合いが続いていた。その博士はモネ通りにある自分の家に在院患者を受け入れ始めていた。その家はかなり大きなものとなったため、施設を見張る人が、つまり博士が在宅時にはあちこち駆けずり回り、博士が外出時には訪問客に応対する人が必要となった。もちろん一種の家政婦はいたが、男が必要だった。博士はその仕事を父に提示した。報酬は非常に少なかったが、もっぱら、さしあたってということであった。これは、ぼくらが最後にすがる救命板のようなものとなった。(123)

(123) ミシュレの父は一八一四年、パリ一区、ポン・ヌフの右岸にあるモネ通りのデュシュマン博士の手助けを始めた。翌年ミシュレの母が亡くなり、博士がビュッフォン通り(パリ五区、植物園沿いにある)に開いた第二病院に父と子は移住することになった。

そこで父は、正午から五時までデュシュマンさんのところへ出かけることになった。残りの時間は母の看病をし、最高に満足げに我が家のこまごまとした家事をやった。ぼくはこの優れた人への敬意を感じることなく、この時期を思い出すことはできない。父は、こうした危機の中でも常に冷静に見える人で、真の実践的哲学者であった。自分の愛する者すべてにたいする無限の善意から、不幸の中でも陽気だった。他人を信頼して一身をゆだね、そのたびにいつも騙されたので、父の心はとうとう狭く縮んだものになってしまい、感性すべてを自分の周囲の者に集中することになった。どうして自分の家族の中に、自分とはひどく相反する、非常に不快な性格を、彼が見出したなどということがあろうか。

公平に言って、父の中にぼくは、他人にたいしてとても積極的というただ一つの欠点しか見なかった。それは、自分のことは気に掛けないということだったからだ。

外では父は、厳しくまたエゴイストだった。彼の前で優しい感情や寛大な考えを表明してみたまえ、その目に涙が光るのが見えるのだ。何か本当に美しい話をぼくに読んでくれたとき、父の声が急に変調し今にも出なくなりかかったのに、何度も気付いたことがある。悪い教育も、人間たちも、この素晴らしい本性を押し殺すことはできなかった。

一八カ月来中断していたこの「覚え書」を再開する[124]にあたり、この間ぼくに起きたこと、ぼくの内面と周囲とでなされた変化を、もう一度思い巡らさざるを得ない。これまでのページに付けた番号の数字を見ただけで、それらを書いたときにまだもっていた一人の友を思い出す。かくしてぼくは、自分の最も甘美な希望を、わが人生の何年間かを失ってしまった。文字通り次のように言うことさえできるだろう。ぼくは、ぼくの一部を失ったのだと。なぜなら彼が死んで以来[125]、もはや同じ能力を自分の中に見いだせないからだ。

(124) これは「覚え書」原文の八五ページ目の冒頭である。このページには一八二二年三月三十一日という日付が付されている。「日記」のほうでは「覚え書」を書いたという記述は一八二〇年十一月三十日のところまであるから、一八カ月の中断ではなく一六カ月の中断ではないかと、ヴィアラネは注記している。

(125) ポワンソが死んだのは一八二一年二月十四日である。

ポレとの友情

とはいえ神には感謝しなければならない。ぼくからポワンソを奪い去ったが、神はぼくに同じくらい甘美で、もしかしたらもっとためになる友情を保存してくれたからだ。そしてこの友情は、情念によってあまり動かされない強い魂の穏やかさといったものに、ぼくを結びつけてくれるからだ。知っている限りで最も徳性ある人をここで称賛することで、わが友が気分を害するとは思わない。むしろポワンソは喜びとともに分かってくれるに違いない。ポレ自身が、ぼくの心からポワンソを消し去らない存在だということを。

白状するが、ぼくはポレに大いに負っていると思っている。ポレとの友情がぼくを鍛えなおしてくれた。ポワンソとは大いに共感していたから、彼との付き合いは何事であれ、ぼくを変えることはありえなかった。ぼくらはお互いの魂を絶えず情熱的状態に保ったまま、別れるときはさらに興奮して別れたものだ。ぼくらが友情や徳性について話したときも、愛について話したのとまるで同じように、穏やかではいられなかった。魂のああした状態は詩的でロマンチックで、それがどんなに危険だか感じ取れたとしても、ときおりぼくは哀惜せざるを得なくなる。ああ！　わが親しき友よ、世界は変わってしまった。もっと毅然と話そう。世界はより良い方向に変わったのだ。想像力による幻想がぼくらに現実を隠していたのに、その幻想をなぜ哀惜するのか？　現実は、それ自体として考察されるに十分値する。ぼくらを取り囲んでいるもの、つまり精神的物質的自然のすべてが、想像力の呪縛を哀惜する心をぼくから取り去ってくれるに違いない。

これが、魂がいっそう穏やかなとき、とりわけ自然を眺めて感動し、人間にたいしとても優しい神という観念で自分が高められたとき、しばしば自分に言い聞かせたことだった。

ド・ペリグー通りに滞在していたころの悲しい話で、記述は止まってしまっていた。しかしいくつかの喜びもあった。完全な孤独の中にいて、あらゆる種類の身体的楽しみが遠ざけられているとき、想像力はあらゆる喪失を利用する。あんなにも暗い物事の中で、想像力はそうした悲しみに集中してしまうのを恐れ、自らに固有の一つの世界を手に入れる。現在時からのこの離脱は大変長く続いたので、世界が最も嘆かわしい状況になっても、ぼくはまずまず幸せだと思うことができた。詩人たちを読むことでこうした気分が増していった。とくにウェルギリウスがぼくの魂の調子に合っていた。ぼくには彼がしばしば似通ったような立場にいたと思われた。つまり心が愛で満たされていたのに、あまりに内気で、またあまりに低い身分にいたので、その美によって引き寄せられるような身分に、近づくことができなかったという点で。

ぼくがもっていた唯一の付き合いは、授業からしばしば一緒に帰る仲間だった。ジョフランは太った陽気な少年で、母親が金持ちの肉屋をやっている家の子で、バルベット寄宿舎に入っており、ぼくとほとんど同じ道を通っていた。信心深いゲランもいたが、彼は（サン＝トゥスタッシュ教会のそばに住んでいたが）

コレージュを出てしばらくしてから死んでしまった。ぼくはそれらどうでもよい連中と、わがいとしの友を混同してはならない。その頃知り合い始めて、いまではわが唯一の友となっている彼と、いっしょくたにしてはならない。ある朝だった。コレージュに行くとき彼と出会い、トゥルネル通り[126]で初めて話しかけた。彼はその通りで犬を散歩させているところだった。その頃、ポレはひどく口数の少ない、かなりがっちりとした背の低い子で、いつも帽子をかぶらずに学校に行っていた。とても奇妙に思えたのは、その彼が生徒の中でも一番笑う、一番やんちゃな子といつもいっしょにいたことだ。彼らは年少時代にはうまくいっていた。レヴォルは話好きで、ポレに返事を強いることなく相手を楽しませていた。だがポレが大きくなるや、そういうような友情はポレの気に入るところではなくなった。少しずつぼくとの距離が近づき、気付かないうちに、ぼくらは固い友情で結ばれてしまった。ぼくはすでに自分とよく似た性格の友をもっていた。ポレの中には、だが自分と正反対の性格の友を見出した。この相違(もっとも形式面におけるものでしかない)が、ぼくらの関係をとても穏やかで幸せなものにしてくれた。コントラストがハーモニーを生み出す。

(126) パリ三区から四区にかけてあるボーマルシェ大通りの、バスティーユ広場近くで、すぐ西を並行して走る通り。

コレージュではさらに何人かと付き合ったが、ポレとの付き合いのようなものは何一つなかった。ロランはまあまあ好きだったが、それは彼が、愉快なこと不愉快なことまぜこぜの冗談を言っては楽しませてくれたからだ。彼にはエスプリがあった。善良なことであれ意地悪なことであれ、彼はそれほど真剣ではなかった。冗談においてひどく心を遣うことなど、あってはならなかったのだ。物腰でも会話でも、ほとんど気配りするようなことはなかった。遺憾なのは彼がエコール・ノルマル[127]で何か教育的資格を得たということだ。以前のようであってくれる方が良かったのに。いずれにせよ〔教師になっても〕大した重みをもつことなど決してないだろうから。

(127) 中等教育を終えてから進学する高等師範学校、つまり教師養成学校である。

彼はクラスでは特に物まねの才によって、とても愉快な奴となっていた。先生方が彼の嘲笑の的だった。だから先生方からはほとんど愛されていなかった。新たに出くわす思いがけない出来事でも、彼が同様になるのではないかとぼくは恐れている。

ロランの話をすると、彼と完璧に正反対だった優しく信心深いアルー、じつに単純で人を信じるアルーのことを思い出さずにはいられない。彼はアンドリュー先生の申し分ない生徒だった。それこそがロランの犠牲となるところだった。ロランは考え得るあらゆる卑猥なことを語ろうと、アルーをいたるところ追いかけて逃さなかった。アルーはまるで悪魔でも見たように後ずさりし、十字を切るのだった。ロランはあるときタルジュ老嬢[128]と自分の情事を彼に語り聞かせた。またあるときは優しく情熱的なものごとを語った。あるいは「ティグラノケルタ[129]」を謳って聞かせた。かわいそうなアルーは、それを大いに嫌悪すべき何かだとみなしていた。こうしたことすべてが愉快な大騒ぎを生み出し、我が家の悲しみを忘れさせてくれるのに十分だった。

(128) シャルルマーニュ校の当時の教頭の姉妹だったという。

(129) ティグラノケルタは、古代ローマに滅ぼされたかつての大アルメニア王国の首都で、現在のトルコの町シイルトのこと。この言葉が入った歌があったのだろう。

しかし悲しみをそれ以上に忘れさせてくれたのは、わが親しきポワンソが帰還したことだ。彼はムランから戻ってきていて、ぼくを永遠に回復させてくれた。(130) 彼は何年かの予定で中央薬局に入っていた。そこから出るときは、パリに居を定めることになった。もはや何物もぼくらを引き離すことはできなかった……わが愛しき友よ、どうして君がぼくより前に死ぬなどということが起きるのか。どうしてこのような結びつきが、壊れるなどということがありえたのか。「ソノヨウニシテ、苦キ死ヲ、ワカチモツノカ?」ぼくらのしていたいつまでも終えようという気分にならないあの散歩を、感動なしに思い出すことなど絶対にないだろう。何と多く、二度三度、ぼくらは互いを相手の家まで送って行ったことか。ぼくらは会っている時間を長びかせようとして、いやほんとうに、当然のことをしていたのだ。

(130) これはミシュレの幻想であり、ポワンソが最終的に戻るのは一八一七年、ミシュレがブリアン塾に復習教師として就職したころである。

ぼくの心は当時、今よりももっと穏やかだったというわけではほとんどなかった。というのもぼくという人間は、休息を決してもってはならないらしいからだ。彼は忍耐強くすべてを聞いてくれた。もしかしたら彼自身の平穏には、余計なことだったかもしれない。というのも情熱は伝染してしまうからだ。だがあの純粋な魂の中では、友情は極めて強く、すべての情熱を黙らせてしまっていた。たいそう生き生きとした感情の中で、すべては消え去っていた。「もし君が出かけるなら」と彼はぼくに言った（というのも戦争の話が当時大いにされていたからだ）、「ぼくは薬剤師としては出かけたくない。兵士として君に付いていくだろう」。その言葉が今もぼくの心を引き裂いている。これこそがぼくの失ったものだ。

祖父の死、そして母の死

あの時以来、ぼくは祖父の中で大きなものを失った。ぼくをとても愛し、無益の苦労を大いにして、ぼくに音楽を教えようと骨折ってくれた祖父。ずっと前からほっておかれたこの病人は、一種の下疳（げかん）となり、手術するのも手遅れとなっていた。外科医の口から恐ろしい宣告を受けてきて、祖父がロワイヤル広場(131)ですわっているのが見えたあのベンチが、まだあそこにある。病気は悪化する一方だった。壊疽（えそ）が始まり、暑いさなか、ほどなく祖父を奪い去って行った。言うも恐ろしいことだが、死の一週間前から、蛆虫（うじむし）がすでに傷口にわいていた。きわめて単純な一言、しかしぼくの心を極度に打った一言を言い落とすわけにはいかない。事いたってほんの少し後、ものすごい夕立となった。すると祖母が泣き出して言った、「あの人の上に雨が降っているよ」と。その言葉にぼくは、おそらく祖父の死そのものより、もっと深く心動かされた。

(131) 現在のヴォージュ広場のこと。アンリ四世の計画で一六〇五年から造られ始めたゆえ、ロワイヤル（＝王立）広場と呼ばれていたが、大革命期一時的に改称され、ミシュレがこれを書いている当時は元の名に戻っていた。一八七〇年現在の名に変えられた。

その少しあと、ぼくは第二学級に進み、コレージュはさらにいやではなくなった。先生[132]は暖かく優しく、そして気さくな方だったから、コレージュのもっている暗く厳しいものをなくしてくださった。その代わり、我が家のほうはさらにいっそう悲しい状態になった。母がますます悪くなっていた。しばしばああした病気の最終段階を示すことになる過水症が、ずっと前から発症していて、ぼくの心は不安な予感でいっぱいだった。しかしながら時折きつい言葉がもれてしまうというのが、ぼくの性格の嘆くべき激しさを示す点で、今では、自分の血すべてによって償えればと願っている点だ。とりわけ次のようなときに現れた性格である。つまり、我が家でとても必要としていただろう五〇フランを、コレージュに収めてきたと、帰宅してはっきりと言ったようなときに。こうした残酷な言葉を言ったとたん、ぼくの心は引き裂かれた。だがなんだか分からない悪しき羞恥心から、そうすべき時間がまだあったはずなのに、ごめんねと言うことができないでいた。

(132) カレという名の先生で、ミシュレはコレージュを卒業したあとも交流を続けていたが、ヴィルマンやルクレールといった先生方ほどの深い付き合いではなかった。

そうこうする間、過水症は脚から胴のほうに上がってきて、母はまったく動けなくなってしまった。かなり寒かったある夕方、いっとき大通りの空気を吸おうとぼくは家から出た。戻ってくると、隣の家の煙突から炎が噴き出ていて、何トンというエッチング用硝酸液がある中庭に落ちてゆくのが見える……母を動かそうにも動かせないということを想ってほしい。それは、ぼくが生涯で経験した最高に恐ろしい不安だった。さいわいにも火はほどなく消えた。

母を動かせないことから、たえまない心配りが求められることになった。この悲しい状況の中で父がしていたことにたいし、尊敬と感謝しか思いつかない。しかし父は一日のうち一時は、どうしても留守をしなければならなかった。ぼくが勉強を中断することも望まれなかった。ぼくがかわらず、母には付添いの女性を雇う必要があった。祖母が自分の隣家にいた（ルロワさんという名の）女性を、我が家で昼間だけ過ごしてくれるよう、来させてくれた。夜は父が、絶えず起きていた。母にも自分の状態が分からないわけはなかった。そんなにも長く苦しむことができたのを、自分でもむしろびっくりしていた。そして悲しみと窮乏の人生の、その終わりが近づいてくるのを恐れることなく見ていた。時折もう死ぬからねと話していた。不思議なくらい、どうでもいいといった様子で。ある日シーツを整理していると、「それを私の経帷子用に取っておいて」と言った。それからしばらくすると、ベッドで寝たきりだったゆえ床ずれし皮膚がむけた。この傷がかわいたら私は死ぬよと母は言った。つねにそう聞いていたというのだ。

灰の水曜日[133]（一八一五年二月八日）、肉食日[134]だった休日が終わり、授業に戻らなければならなかった日の前日、ぼくはジャコバン通路[135]に何冊か古本を買いに行こう、そして当時そこに住んでいたメロ先生に会おうと出かけた。家に戻ってくると、母の具合がさらに悪くなっているのが分かった。息をするのもやっとのことで、枕の上に起こしてほしいと絶えず頼むのだった。全身のむくみで窒息させられそうに見えた。ぼくは翌日の宿題をしながら夜の一部を過ごした。あの宿題は、あのつらい夜の記念物としてまだとってある。ぼくは絶えず母を起きあがらせていた。真夜中近く、母はもう寝に行くようにとぼくに言った。記憶に間違いなければ、ぼくの世話に感動しているように見えた。

(133) 復活祭のおよそ四〇日前の四旬節の最初の日。この日信者は前年の受難の主日に祝福された枝を燃やし、その灰で司祭から額に十字のしるしをつけてもらい、死を思い、悔悟の気持ちを表すとされる。
(134) 肉食がゆるされる日のことだが、ふつうは四旬節の始まる灰の水曜日前の三日間、つまり謝肉祭を指す。
(135) パリ一区サン＝トノレ通りにあったドミニコ派（＝ジャコバン）修道院の塀に、突き当たるような形でジャコバン袋小路がかつてあったが、一八〇七年出口のある通りに造りかえられ、サン＝ティヤサント通りとなった。が、袋小路時代と同様道幅がひどくせまかったので、一八一五年当時は、いまだジャコバン・パッサージュと呼ばれていた。

朝、目が覚めてみると父が泣いているのが見えた。父が言った、「お前の母さんは死んだよ」。死んだだって！　ぼくには訳の分からないことに思えた。自分に大層親しい者たちの死を恐れることができず、その死がやってきたときには、それを認めることができないとは奇妙なことだ。自分の愛する人々は不死なのだと、ぼくには思える。

母から目を離さないで一日中過ごした。そして今この覚え書を書いているのと同じテーブルで、時々死者の祈りを読んでいた。死によっても、母は少しも変わっていなかった。あんなにも長い病で外見的にはひどく変わってしまい、はるか以前から死んでいたとむしろ言えるくらいだったのに。母の顔は、見た目に衝撃をあたえるようなものにはなっておらず、言ってみれば縮まってしまったみたいだった。下唇は少し上のほうにはみ出していて、ほとんど眠りの中にいるような、まどろみながら息を吐いているときのように見えた。

葬列から戻ってきたとき、最高に激しい苦悩の高まりを感じた。ぼくらとともに葬列について行ったミレは、気分を変えようと家に帰った。家具のない、だだっ広いあの部屋、あの孤独が、ぼくの心を引き裂いた。あのアパルトマンにさらに留まっていたその月いっぱい、つねに音を立てるのを恐れて、ぼくはつま先歩きしかしなかった。ふと我に返り、そうした用心が何の役にも立たないのを感じたとき、新たな苦しみがやってきた。

このつらい出来事は、しかしその時はぼくにとって、他の時期になって堪えたほどには身に染みてつらくはなかった。生活の変化が、そしてそのすぐあとにおきた引っ越し[136]が、ショックをそれほど奥深いものにならないようにしてくれた。その時まで知らなかった自由、さらに甘美で不安も少ない生活が、十六歳の子供にとって力強い慰めとなってくれた。心のこうした非情さに、ぼくはときどき驚き赤面した。そしてこの冷酷な幸福を、まるで母の命の代価として得たかのように気が咎めた。だが外では数多くの気晴らしがあったし、家の中では、孤独の中で培われた数知れぬ情熱が、その頃は満たされるだろうという期待によって高揚していて、過去に戻ることはひどく難しかった。ぼくはすべて未来の中で生きていた。

(136) ミシュレの母は一八一五年二月に亡くなっている。その直後の三月、父と息子は植物園に隣接するビュッフォン通り七番地の、デュシュマン博士の療養院に移り住んだ。訳注(123)参照。

ぼくの、仕事し熱心に勉強するという習慣すべてが、完全に狂わせられてしまった。デュシュマン先生のところから戻ると、つましい食事をすませたあと、父はぼくをかなり長い散歩に連れ出したものだ。最初にやったのは、春の穏やかな曇り空のもと、テュイルリーまで出かけた散歩だ。その時の印象は極めてはっきりと残っている。自由を最初に感じたこの日に、世界はぼくの前で、ロミオ[137]が言うように、「荒れ果てて広々と」開けているように見えた。

（137）ヴィアラネによると、シェイクスピア『ロミオとジュリエット』のロミオである。ただしロミオに「waste and wide 荒れ果てて広々と」というセリフはなく、第三幕第三場の修道僧ローレンスのセリフに「the world is broad and wide 世界はどこまでも広い」があるので、それとミシュレは混同したと思われる。

また父とぼくは時おり、夕方、叔母の店に行った。ほかにその店に来ている人の中に、とても美しい小柄な女性がいてぼくは注目した。でもそのモワザン嬢にはちょっと下品なところがあり、彼女のところでは一人当たり二〇フランだせば簡単に一時間すごせることを、その後ぼくは知った。

またぼくらは時おりレンヴィル夫人にも会ったが、少し前に夫を亡くした人で、そこの娘さんはよくしゃべり、とてもきれいな絵を描くお嬢さんだった。ぼくらは情事の種をいっしょに扱っていたのだが、それにしてもぼくは、すこぶる臆病だった！

ソフィー

ある人がはるかに、ぼくには気に入っていた。小さなソフィー・プラトーさんだ。彼女に対してはずっと前から、何かとても優しいものを感じていた。ぼくらは時おり散歩にさそうために、彼女とそのお母さんを迎えに行った。ぼくの父と彼女の母は後ろのほうに遅れていたから、丸々何時間か彼女と二人きりでいることができた。だが時間は、ぼくにはほんのわずかしか進まなかった。女たちを最高に感激させるのは、誠実な心の優しさではなく、ほめそやすことなのだ。彼女たちを笑わせ楽しませ、彼女たちの美しさを語ってやる必要がある。ぼくほど、それをするすべを知らない者はいなかった。ぼくはいわばたった一人で、小さな美しいかわいい貞潔な人といながら、とても甘美な気持ちで楽しみながら、彼女の母のような支えとなり、彼女の兄のような手本となっていたのだ。彼女といっしょにいるときは、どうでもよいことこの上ない話をしていてさえ、幸せだった。さらに多くのものは得られないので（なぜなら散歩のときしか会えなかったから）、欲望は弱められていた。彼女を片腕で支えたとき、それ以上うれしい状態は思いつかなかった。時おり、ただ幸福だという大変強い感情だけで、ぼくは優しく彼女の腕を握りしめたり、あるいは夜露で冷たくなり過ぎているのではないかと、彼女の手を取ったりした。小さな娘はされるままにしていた。でも彼女は、こうした無遠慮な振る舞いと、表面上冷たいぼくの会話とがどう両立しているのか、とてもとまどっていたに違いない。

ぼくはしかし、邪気のないこうしたなれなれしい態度で済まさないでいようという気が、いくらかはあった。かなり情熱的な気分で二度も彼女の家に行ったことがあった。でもぼくらのあいだには、壊すことのできない礼節の壁がいつもあった。この二回の訪問のときを除いて、ぼくは彼女をほとんど妹のようにしか見ていなかった。どんなにきれいでも、みずみずしい清らかさのない女は、ひどく激しい欲望を決して抱かせはしない。

これがその頃の宵が、どんなふうに過ぎて行ったかという話だ。午前と午後の授業のあいだ、ぼくは家に戻らなくなっていた。家には誰もいないだろうし、通常、当時コレージュのそばにあった市立図書館にずっといたのだ。そこでは、石のようにぎっしり詰まった固いお菓子のようなものか、あるいはプチパンとサクランボをもりもりと食べていた。サクランボの種は注意深く見つからないようにした。この時間は勉強できる唯一のときだったので、急いで詩句を創作したり、ギリシア語の翻訳をしたりして過ごした。残りはほぼいつも教室でやっていたからだ。あそこでは司書の息子ロールとしばしば会った。時おりはレヴォルと、だがとりわけポレと会った。ポレはぼくと悪書（ヴォルテールの『コント』等）を読もうと、あそこに来ていたのだ。時おりぼくらはアルスナル(138)へも行った。『フォブラ』(139)や、その他十八世紀の、きわどいことを書く作家たちすべてを読んだのも、あの図書館でだった。

(138) アルスナル（＝兵器廠）図書館は一七五七年に創設され、一七八五年アルトワ伯（後のシャルル十世）によって買いとられ、革命期にも存続し、帝政期に拡充されていた図書館。

(139) ルヴェ・ド・クヴレ（一七六〇―九七）の三作からなる連続小説に『フォブラ騎士の恋』がある。

青春日記

一八二〇年五月四日―一八二三年七月十二日（抄）

ペール・ラシェーズから見たパリ
（1829 年、版画）

一八二〇年

五月四日（木曜）

彼が寄宿舎に入る当日、ぼくはビセートル[1]までポワンソ[2]を送っていった。持参していったホメロスを開くこともなかった。見ているだけで、生きているだけで十分ではないか？　つねに明示的な目標をもっているという人々は、生きていないのだ。生を感じるためには、生に少しはこだわる必要がある。目標を欠いていたら悔いることにもなろうが。

別離は、友情においても愛におけると同様の効果をもたらす。それは鍛冶屋の鞴（ふいご）だ。

朝、「アカデミーの論文[3]」の書類を検討。正確な観念をもったことのない主題には決して手をつけないこと。扱おうなどと考えるまでもない。

この「日記」は大きな利点をもつだろう。ぼくにとって自分の生が見失われないということに、つまり、ぼくの抱いた感情や思想や行動とともに、ぼくの生を日ごとに再発見するということになるだろうからだ。

（1）パリ南方三キロほどのところにある町。老人ホームや病院で知られている。
（2）ポール＝ブノワ・ポワンソ（一七九八―一八二二）。ミシュレ当時における一番の友人。
（3）一八一九年七月ミシュレは、アカデミーが企画した論文コンクール、「雄弁と道徳との関係について」に応募しようと考えていた。

七日（日曜）

うっすらとした霧の中、ビセートルまで出かけた。『演劇に関する〔ダランベールへの〕手紙[1]』を読みながら、頭の中は天気と同じようだった。ジャン＝ジャック〔・ルソー〕の文体は激烈だ。フォンテーヌブロー門[2]のところで、本をポケットに隠さなければならなかった。それを読みながら、とても穏やかな天気と緑の風景に心なごみ、友のいる土地を見たとき、なにか宗教的な思いがわきあがった。

再会するという喜びよりも、別れるというつらさにはるかに感じやすくなってしまい、ぼくには人生は一連の別れでしかないように思える。

（1）ルソー一七五八年の作品。

（2）かつてパリを取り巻く城壁にあった六四の門の一つ。現在のイタリア広場に位置していた。

八日（月曜）

ラマルチーヌ氏の「みずうみ[1]」で泣いてしまった。昔よりずっと泣きやすくなった。愛を失い、それを再度見つけようとはしないことで、ぼくは得をした。[2]感受性というものは、情熱の中でも最高に激しいものに集中しなくなったとき、心地よく広がってゆき、人類愛となってゆくような気がする。人類愛は、それによって友情に何一つ失わせることのない感情だ。たぶんこの二つの情熱に身をゆだねることで、愛をはぐらかすことができる。

（1）フランス・ロマン派を代表するアルフォンス・ド・ラマルチーヌ（一七九〇—一八六九）の処女作『瞑想詩集』（一八二〇年三月刊）の中で、最も名高い詩篇。

（2）一八一六年、ミシュレは父やフルシー夫人に説得され、当時十五歳になったばかりの少女テレーズ・タルレとの交際を断念、生涯結婚しないでいようと決意している。ミシュレの死後、未亡人アテナイスによって一八八四年に出版されたミシュレ『わが青春』に出てくるエピソードである。アテナイスは、主として本書のもととなる原稿を使って、同書を自分の手で作成したものと思われる。それゆえ『わが青春』はミシュレ自身の作品としては認めがたいものであるが、その中には、本書に記載されていない出来事もいくつか述べられており、テレーズの話もその一つである。アテナイスの全くの創作とはとうてい考えられないから、ミシュレ自身からアテナイスが聞いた思い出話の一つなのだろう。

十一日（木曜）

ディオドロス[1]を読み続ける。

平和を探求するとき、罪ない多くのことどもを慎む必要がある。魂を弛緩させ、魂から活動を奪い去る読書もなしに、だ。夢想は何ものにも値しない。われわれは行動するために生まれた。気を紛らせられる対象を、少しは眺めてみなければならない。そうしないと、自らに義務を課した人間は、しょっちゅう心を傷つけられてしまう。厄介な比較が打ち建てられることになる。もっているものをも欲するものをも、人は楽しめない。

慎み深くしよう、身を引き締めよう。それがおそらく一つの魂にとって、幸せの秘密にあまりにも近づけるということなのだ。この魂の中に、いくつかの囲いを作り上げよう。その囲いには、ぼくらの愛する人々を導き入れよう。しかしそれぞれが、自らの感情や知性に従ってそうするのだ。他の人々は、大いに歓迎することもあれば、ほとんど信頼しないこともある。〔…〕

（1）紀元前九〇年ごろシチリア島に生まれた歴史家（前二〇年頃死去）。『歴史図書館』の名で呼ばれるエジプトから始まり、インド、メソポタミア、カエサルのガリア征服にまで及ぶ全四〇巻の大著を著した。その四割ほどが現存している。

十三日（土曜）

歴史の研究は、あまりにもわずかしか心を満たしてくれない。絶え間なく積み重なってくる事実は、記憶の中で、いっそうたやすく消え去っていく。記憶を充満させていく間、精神を養い強くする何らかの仕事が必要なのだ。それに、道具を磨き上げるための知識を身につけるというのに、早すぎるということはないだろう。することすべて、あとで得になるに違いない。ラクロワ[1]の『算数』〔を読む〕。

「熊協会[2]」計画。目的は風俗というか、むしろ作法の改革となろう。

最高に甘美な期待が裏切られることがしばしば起きる、そうした失望にもいくつもの点で、それぞれに利点があるのだ。習慣的ないくつかの喜びの中に、しばしば新しいものを求めるということも起きる。肉体的愛はエルヴェシウス[3]が言うように、ひとつの好奇心なのであろうか？

（1）シルヴェストル＝フランソワ・ラクロワ（一七六五―一八四三）。エコール・ノルマル、エコール・ポリテクニック、ソルボンヌで幾何を教え、さいごにはコレージュ・ド・フランス教授となる。

（2）ポワンソについでミシュレの親友だったピエール・ポレ（一七九九―一八六四）のあだ名が熊だった。

（3）クロード・アドリアン・エルヴェシウス（一七一五―七一）。哲学者、教育思想家。『精神論』（一八五八）や『人間論』（一八七一）がある。

十四日（日曜）

「ワレハ正気ナルトキ、良キ友ヨリモ、好ムモノナシ[1]」。

ぼくは愛する人々の住居を、はるか遠くから見るのがかなり好きだ。それは思考を快適なやり方で安定させてくれる。

きのう、ある人（ド・ルーヴェル氏[2]）へのギロチン刑が眺められるということで強烈な印象を受けたので、死刑について考えることになった。死刑廃止を決めるべきだろうという、いくつかの理由が見いだせる。まず第一に、被告人はたいていの場合最後の瞬間まで罪を認めないから、多かれ少なかれ証拠は、本当らしいがしかし決して確実ではないといったもののしかもてないゆえ、もしも間違いがあったとしたら、それは取り返しがつかないことになるということ。第二に、処刑の光景は民衆の凶暴さを増大させ、かくして犯罪の処罰が新しい罪を犯させることになるということ。第三に、人の命を奪うという権利は極めて弱くしか確立されておらず、神のみが自らの創造されたものを破壊する権利をもつ（正当防衛の場合は別）と信じるのが自然であるということ。さらに重要な考察として、死は、犯罪をおかした後では、犯人にほとんど精神的衝撃を与えることなく、彼を悪人のままで打ち倒し悪人のままで神の前に連れてゆくに違いないということ、彼には悔い改める時間がないということがある。

ほとんどすべての犯罪者は、頭が極端に弱く偏執狂的になっている。

とりわけ政治的犯罪の場合、多くの情念によって極めてあいまいに裁かれることになるから、死刑廃止が有効となるだろう。

デュポール[3]の『憲法制定議会』六巻目〔を読む〕。

（1）ホラティウス『風刺詩』からの引用。
（2）一七九三年ヴェルサイユ生まれの馬具製造工ルイ・ピエール・ルーヴェルは、一八二〇年二月十四日、ルイ十八世の唯一の甥で王位継承権をもっていたベリー公を暗殺した。
（3）ルイ＝フランソワ・デュポールが一七九〇年から一八〇二年にかけて出した『自由の友二人によるフランス革命の歴史』（全二〇巻）をミシュレは読んでいた。

十七日（水曜）

先日の日曜日、ビセートルへ行く途中で、包みをいっぱい背負った若い男に出会った。新兵だと思った。どれほど胸が締め付けられるような気がしたか言い表せない。その不幸な男は上着も着ずシャツ姿で、疲れ切ったように杖にすがってゆっくりと歩いていた。すぐに追い越してしまったので、話しかけようと何度か振り返ったが、なんだか恥ずかしくて話しかけられずにいた。とうとう思い切って男のところに行き、ヴィルジュイユはどこかと尋ねてみた。「何にも分かりません」と男は言った。「仕事をみつけに遠くまで行くのです。私は文房具商です」。ぼくはこのちょっとした出来事をいつまでも覚えているだろう。

十八日（木曜）

最高に愛情あふれた愛しい仲間の内にあっても、しばしば自らの中に引きこもることが必要である。たとえ自らの幸福をとくと考えるためであろうと。まさにその点で「日記」は、精神をさまよわせないためにたいへん良いものとなる。

きのう知ったのだが、ポワンソは人生の最も重要な時期にムラン(1)に行かされたが、あそこでノートを付けていたという。どうして彼は「日記」を付けないでいられるのか？　我々の魂よりも互いに似通っていた二つの魂が、かつてあったとは思えない。もしも同一の情況におかれたとすれば、我々は同一の人間となるであろうに、と思う。

『神の存在(2)〔について〕』第一部では、物理的所見(フィジック)はありふれたもののように思える。形而上学(メタフィジック)はしばしば漠として弱い。だが感情面は素晴らしいし、終わりにある祈りは燃えるような愛に染まっている。その祈りは、称賛すべきベルナルダン(3)の祈願にひどく似ているが、しかしその上をゆくものだ。ベルナルダンにあっては、宗教によって自らの孤独を慰めるやさしい魂がある。フェヌロンにあっては、もはや地上は見えない。それは神への期待の中に、そして神を手に入れたという恍惚の中に、すでにいるのだ。〔…〕

（1）パリ南東三〇キロほどのところにある、セーヌ川沿いの町。
（2）『神の存在について』は、『テレマックの冒険』等で有名な聖職者で作家のフェヌロン（一六五一―一七一五）の最晩年（一七一三年）の作。
（3）『ポールとヴィルジニー』で有名な前ロマン派の作家ベルナルダン・ド・サン＝ピエール（一七三七―一八一四）のこと。

二十日（土曜）

〈ミシュレへのジュールからの手紙〉。

わが親しきぼくへこの手紙を書くのは、それも最後のものではないだろう手紙を書くのは、君と知り合いになるためである。というのもぼくは、君に関心があるにもかかわらず、君のことをあんまり知らないからだ。君とはいつも一緒なのに、ほんのまれにしか話しかけたことがなかった！　お互いに理解しあうのを妨げようという情熱がやってこなければ、君のことをこれからは、ほったらかしにしないでいようと思う。君がどんなに移り気なのか知っているから、ぼくはこうした制約を付けるのだ。この心穏やかな時を、ともかく利用しよう。ぼくの言うことを聞いてくれ。

君は善良かつ公平であることに喜びを感じている。（ぼくも君に対して公平でありたい）。だがどうして君は自分に対し、この喜びを保ち続けるのに苦労するのだ。どうしてそのことを話さなければならないのだ。これは見栄ではないとの確信もない。ぼくは君のことを十分知っていないのだ。だが、これが心の吐露でしかないかもしれない時、こうした感情をおさえるのは、そして神と君との間で公平であるという喜びのすべてをもち続けるのは、よりよいことではないだろうか？　こうした喜びは秘密でなければ、はるかに小さくなってしまうものだ。ふだん君は秘密をもらさないでいることができない。それはおそらく大きな欠点なのだ。この「日記」はたぶん、この欠点を減らしてくれるだろう。君は誰かに打ち明ける必要を感じないでああした感情を吐露するだろうが、あれらの感情は、それが表明できないとなると、とたんに君を疲れさせてしまうものだからだ。ぼくは君の打ち明け相手となるし、そしてしばしば君に反論する者となるだろう。

だからぼくらの検閲を続けよう。君は所有してはならないもの、見失うようになれば二度とまた見ることのないものを、見つめるのをけっしてやめないのかい？　そうしたところにこそ、もっと悲しくなるやり方、自分のためになされた義務で、やっぱり義務であるのに変わりない義務を、果たすのが難しくなるやり方があると、残酷な経験が君に学ばせてくれたみたいだね。目をあげることなく、そむけることなく、まっすぐな線をたどってゆきたまえ。君は弱すぎるので、罰せられることなくその線から遠ざかることはできないのだ。君の義務を、また喜びを愛したまえ。人間の大多数は君のもっているものよりも、もっと大きな義務や喜びはもっていない。そうしたものが、たいしたことはないと思えたなら、より大きな幸福は、「君の魂の翼を濡らすでもあろう(1)」ということを、思い出したまえ。

目的地ではなく、道筋のように君を取り囲んでいるものを見つめたまえ。そうすれば、もっと幸せになれるだろう。じゃ、さようなら。〔…〕

(1) プラトン『パイドロス』にある言葉。

二十二日(月曜)

〔…〕きのう、ぼくがすごく好きだったところを通った。人の気持ちはずいぶん変わるのに、変わらない美しい自然と再会して感動する。人がどんなに変わろうとも、愛と無垢の思い出は甘美だ。ぼくが夢のような計画を、思いつくまま大変な喜びとともに語ったのは、三人であそこを散歩したときだった(1)。あれこそ最高になつかしい思い出だ。

ほとんど肉体的にしか生きていない人々(ぼくは昨日そのことに気付いていた)の陽気さは、考える人間の陽気さより百倍も明るいものだ。ぼくは、ごく単純でごく純朴なこうした馬鹿喜びを、大いに楽しんでいた(2)。

ディオドロス[3]を読み続ける。

（1）一八一五年夏と一八一六年にパリの「植物園」で、ポレとテレーズと二人でした散歩のことを言っているらしい。

（2）のちにミシュレの妻となるポーリーヌ・ルソーの喜びぶりを言っているのだろうと、編者ヴィアラネは注記している。

（3）十一日の注参照。

二十三日（火曜）

楽しい仲間といることがあたりまえになってしまうと、そうした仲間がいるという幸せをほとんど感じないで、そうした仲間がいないということを感じる。

アド君[1]が訪ねてくる。

時間というものは、おそらく最高に貴重なものだ。だが善を求め、いくつかの助言で善への道を歩めそうな人々には、時間のある部分は拒まれるべきなのか？ そうした助言は、与えるに値しないという部分でさえも、有益でありうる。それは、なすべき良き行動に属する。

（1）ミシュレがかつて通っていた、メロ先生の学習塾での学友。

二十四日（水曜）

心がこんなにも似通っている二人の人間が、態度ではいっそう異なっているということはありえない。

外見にもかかわらず、一方が他方より優れているのかどうか、ぼくはわからない。人物描写をやってみなければ。

二十五日（木曜）

魂に対する肉体の影響が、愛におけるよりも強烈なものは何ひとつないと思える。両方の側からよく気配りされた欲望は、よき理解力の源となりうる。これはありふれたことだが、気付いておいて全く損のない独自の適用例をもつ。女は女だ。好奇心が知らない女たちに引き寄せられるたびに、人は、所有し慣れきっているという感覚をもつ女の中で、十分に楽しむのだ。この感覚は、肉体的快楽をさえいっそう甘美にする。

二十六日（金曜）

バンジャマン〔・コンスタン〕の演説はロワイエ＝コラールの演説[1]と同様、後世に残るものとなろう。あの言葉づかいは常に説得力をもち、大変力強く思える。多くのエスプリと最高のたくましさがある。

（1）バンジャマン・コンスタン（一七六七—一八三〇）は『アドルフ』を書いた作家として知られているが、共和派を代表する政治家でもあった。ロワイエ＝コラール（一七六三—一八四五）は正理論派の哲学者として、また立憲君主制を主張する政治家として指導的立場にいた。二人は当時議会において、自由主義勢力の先頭に立って、選挙に参加するのに必要とされる納税額を上げ、自由主義勢力の数を減らそうという政府提出の法案に反対して、何度も演説を行っていた。

二十八日（日曜）

ポレは反対政党〔＝野党〕の中で愛すべき人物に会えば、おそらく得るものがあるだろう。彼は思っていたより偏狭ではないと見えた。彼は、ロワイエ＝コラール氏やぼくと同じく、過激王党派がいるように過激自由派もいると考えている。そして反対派はひとたび勝利したら、ほどなく分裂し、さらに再分裂すると考えている。というのもロワイエ＝コラールの理論見解（ドクトリン）はバンジャマン・コンスタンの理論見解（ドクトリン）ではないし、コンスタンはマニュエル氏[1]と同じようには考えないからだ。右翼はもっと結束している。一般に右翼は利益しか守らないが、利益は同じだからだ。ところが原理原則（プランシップ）というのは、人々の意見の中で無限に変化する。

（1）ジャック・マニュエル（一七七五―一八二七）。政治家、カルボナリ（＝炭焼）党の指導者の一人。

六月二日（金曜）

ポーリーヌ[1]は外出。ぼくはポレに会えない。ぼくらの周りにいるものを幸せにするよう努めよう。ひじを遠ざけておくという戒律は、幸せにするという戒律より勝るべきではないのだ。人生は短いから、人を喜ばせる機会が長期間姿を現すかどうかわからない。

魂や精神にとって、孤独の内にあるというのはなんと好ましいことか！　友とともに検討すること。すでにそこから引き出されたものを。

意図なるものに関してポレとやった論争は、もっと言葉をつくすべき論争である。

レグルスへのオード[2]を、とりわけその生き生きとした動きを翻訳しなくてはならない。ここまでやってきた生活についてのエッセー。

(1) ポーリーヌ・ルソーは一七九二年パリで、ド・ナヴァイユ男爵夫人とテノール歌手ルソーとの間に生まれた私生児である。母は、夫ド・ナヴァイユ男爵あるいはボーフルモン公爵との間にできた息子にかまけて、ポーリーヌを各地の施設にあずける。彼女はまずパッシーの寄宿学校にあずけられ、一八一四年にはモーの修道院におくられる。そこには学校と施療院が付設されていた。その地で知り合ったド・ルオー侯爵が彼女のことをあわれみ、自分の義理の姉で体が不自由だった婦人の付き添い係として、一八一七年、成人した彼女をパリのデュシュマン医師の療養院に住み込ませる。その療養院にはミシュレの父が息子を連れ、同じく住み込みで勤務していた。こうしてミシュレは六歳年上の彼女と知り合い、しだいに親しくなってゆく。

(2) レグルス(?—前二五〇頃)は古代ローマの将軍。彼へのオードがホラティウス(前六五—前八)の『オード集』にある。

五日(月曜)、六日(火曜)、七日(水曜)

政治的不安定[1]のただ中、平和を保つ魂は自己の内部で生きているなら、非常に力強いものとなるだろう。騒々しく、かつ未来にとって脅威となる風景は、人々を熟考からたえず遠ざけてしまう。フランスの境遇は改善されることしかありえない。が、内戦は通過路である……恐怖がなくなろうと、憤りと同情が絶えず心を乱すだろう。人々は自らを、強いが、しかしバラバラになっていると感じる。そして民衆は恐るべき補充兵となる。フランスは若者にとって、もし若者のみがこの崇高な革命をなすものだとすれば、なんという栄光だろう！　ぼくはこの栄光という言葉の中に、戦列にいるすべての兵士を囲い入れる。すべては私利私欲によってではなく、熱狂によってなされるだろう。誰も、戦場においてしか非業の死を遂げないだろう。死んだ者たちは永遠に幸いだ！

スペインの愛国者[2]たちの手から鎖が外されるとき、鎖はフランスの代議士たちの手にかけられることになろう。それらの崇高な不幸に呼び寄せられた人々は幸いだ！　抑圧された党派は、自らの大勝利に身震いするにちがいない。ガリバーを鎖につなぐのはリリパット人[3]だ。起き上がりながらガリバーが彼らを押しつぶさないよう願う。

いな、いかに過激王党派が行き過ぎたことをなそうと、復讐してはならないのだ。政治的犯罪の大部分は、多くの点でやむを得ないものなのだ！　必要とあれば、彼らが戦場で非業の死を遂げんことを！　だが彼らに殉教者の名誉は与えられないように。彼らが許されますように……

『感覚論』[4]〔を読む〕。

(1) 一八二〇年六月三日から九日にかけて、新しい選挙法をめぐって大規模なデモが発生、時に騒乱状態になった。すでに五月三十日から多数の学生による抗議行動が起きていた。三日には学生の一人ラルマンが王の兵士によって撃たれて死亡するという事件も起き、五日にはミシュレが革命かと思ったほどの大暴動になった。だが軍の本格介入により騒ぎは沈静化する。

(2) スペイン国王フェルディナンド七世は、リエゴ大佐のクーデター宣言に始まる各地の反乱を受けて、国民主権、三権分立等を規定し、立憲君主制をうたったスペイン最初の自由主義憲法、一八一二年憲法（＝カディス憲法）の復活を認めた。

(3) スウィフトの小説『ガリバー旅行記』に出てくる小人国の住民。

（4）哲学者エティエンヌ・コンディヤック（一七一五―八〇）の一七四六年の作品。

八日（木曜）

きのうルーヴェル[1]が殺された。ただ好奇心だけで押し寄せたような、そして心動かされることのないように見えた群衆の前で尋問を受けた時、彼は「神は一つの言葉でしかない」と言ったというが、しかし処刑台のところまで付き添ってくれた囚人指導司祭と、いろいろ言葉を交わしたそうだ。彼は処刑台を軽やかに登って行った。神を信じないこの魂が、後悔の感情をもったということを知り、うれしく思った。ある原理への熱狂は、その原理から引き出される結果がどんなものであれ、何かしら偉大だ。

殺すべきものはもはや専制君主ではなく、専制政治なのだ。間違っているかどうかわからないが、ぼくは今世紀の精神の中に、全体へのまなざしのために個別へのまなざしから、少しずつ離れようという傾向が見えるように思う。もしそう言いうるなら、原理原則のために個体的特性から離れようということだ。個体性から遠ざかるもの、原則であるもの、つまり抽象観念ほど高貴なものは何もないということだ。〔…〕

（1）五月十四日の訳注（2）（一三七頁）参照。六月六日、議会でのバンジャマン・コンスタンによるルーヴェル擁護の演説もむなしく、七日、ギロチンによる刑が執行された。

九日（金曜）

笑っている司祭と出会う。ぼくはこの男は自由が打ち砕かれ、過激王党派が勝利したので笑っているのだと思った。そう思って衝撃を受けた。

十四日（水曜）

〔…〕数学があらゆることに役立つとぼくは確信しているから、始めるのが早すぎるなどということはないだろう。歴史家たちを読むやり方はすでにかなり進んでいるから、ギリシア史が終わるところで中断するかもしれない。歴史は楽しい読書だから、基礎数学に精通したら、そして哲学を、コンディヤックからさかのぼって、ド・ジェランド、ロック、ベーコン、デカルト、マルブランシュ、ライプニッツ、ドイツ哲学者何人か、それからライト、バークリ、ダガルド・ステュアート、つまりスコットランド学派をやり、そして最後にコンディヤックを学び知ったとき、再び始めることになるだろう。そのときは法律を終わらせ、法制度の勉強をするだろう。

ポレとポワンソの慎み深さは素晴らしいものだ。ほんのちょっと前、ぼくは彼らより慎み深かった。この変化は、最近のニュースで、ぼくはこれまでよりも頻繁に動揺させられているということから、また現在彼らほどにには決まったことをやっていないということから、たぶん起きているに違いない。骨学とトゥキュディデスは人間（ポワンソとポレ）の熱気を鎮められるに違いない。

左翼連中の行動でひどくショックをうけた。[1]〔…〕六月四日日曜日から「覚え書」[2]を書き始めた。

（1）議会ではあいかわらず「選挙法」をめぐる争いが続いていたが、極左は修正案を違憲と主張、混乱をさらに深めさせることになった。

（2）「覚え書」は、この日記を書き始める以前の、幼い日々の思い出なども記され、若きミシュレを知るのに最も重要な資料ともなるものである。またそこには「過去によって未来をより良いものにしていきたい」という決意も書き込まれており、この日記と同時並行的に、このころのミシュレの思いをもっともよく示す作品である。本書所収「少年時代の思い出」参照。

十五日（木曜）

今朝フルシー夫人[1]がミサに行こうと思うと話してくれた。それからマションン[2]が一冊ほしいと言った。信仰心がこんなふうに突発的に起きるとは、まずぼくは強い悲しみを感じた。何という過ちか！ 検討することもなくまた受け入れようとしているのですか、とぼくは言った。あれらの暗い教義は、これから数年間、何と彼女を悲しませることだろう！ これがぼくの最初の思いだった。一つの党派の言うことしか聞かなければ真実をたぶん無視する羽目になると、まこと穏やかに彼女に話した。宗教の中で選択するとしたら、「サヴォワの助任司祭の信仰告白」[3]を読み返すようにと勧めた。とはいえ彼女から求められたマションをあげた。ただし最良の説教の部分を教えてあげると申し出て、彼女が道徳的部分しかほとんど見ないように、そして発言者が全精力を傾け、聴衆をその想像力に訴えて恐ろしがらせようとしている身の毛のよだつような部分を、とりわけ飛ばして読むようにと勧めた。〔…〕

（1）アンヌ＝マドレーヌ・クリストフは一七七〇年ころパリ生まれ。ごく若いとき年老いた薬剤師と結婚しフルシー夫人となる。夫ははやく亡くなっていた。夫人は三人の子供を養うために経理の仕事を身につけ、一八一五年から息子をつれてミシュレの父が働いていたデュシュマン医師の療養院で、全体の管理運営をまかされていた。ミシュレの母は直前に死んでいたから、ミシュレにとって夫人は第二の母のような存在になった。一八一六年、夫人の娘マリアンヌは失恋がもとで自殺する。母を亡くした子と、子を亡くした母は、さらに親密さをましてゆく。

(2) ジャン゠バティスト・マシヨン(一六六三―一七四二)。高位聖職者で雄弁な説教をしたことで知られる。『小四旬節説教集』ほかがある。
(3) 「サヴォワの助任司祭の信仰告白」は、ルソーの『エミール』第四編の一部にあって、それだけで独立して読める形になっている。

十七日(土曜)

きのう哲学者は二時間にわたってコンディヤックを読み始めていた、と、メニルモンタン街の賢者[1]が突然入ってきて言う。「天気いいじゃやない。出かけないか」。――「いいよ！ ラルマン[2]の墓へ、だね！」天気は穏やかだったが曇っていた。ぼくらはひどく陽気で体が軽く感じていた。ペール゠ラシェーズ[3]においてさえ抑えきれないくらい笑ってしまった。二人の賢者のうちの一人はそのことに気が咎めたが、でも抑えられなかったのだ。墓碑銘のばかげた言葉でそうなってしまっていた。かわいそうなラルマンの上にかけられた真新しい土、家族の思い出、それらもそんな気分をかえてはくれなかった。あの粗野な陽気さを、どうやったら説明できるだろう。まじめな哲学的思考にもどろうと努めていたにはいたのだが、エジプト風だったりカルデア[4]風だったりする壮麗な墓の荒唐無稽さによって、そうした思考から絶えず引きずり出されていた。感傷的になるはずの散歩が、こんなにも完璧に台無しになるなんて、かつてなかったことだ。〔…〕

(1) 編者ヴィアラネによれば、ここでいう哲学者はミシュレ自身のこと、賢者はポレのことである。
(2) 六月五、六、七日の日記、注(1)を参照。

(3) パリの二十区にある広大な墓地。
(4) カルデアは古代メソポタミア南部にあった王国。新バビロニア朝(前六二六—前五三九)ともいう。

十八日(日曜)

〔…〕ビセートルに行かなかった初めての日曜日だ。

二十日(火曜)

ぼくはきのうポワンソに『わが同時代人への励まし』というすてきな本を作る話をした。それは過激王党派に対しリベラルな考えの中にも何か良いものがあるということを示すものだし、またその逆の場合も、同様のことだと示すものとなるだろう。とりわけ個々人に関し、一部主義主張を認めることができないような人々をなごませるものとなるだろう。ジャン゠ジャック〔・ルソー〕とベルナルダン・ド・サン゠ピエールとの間にある『福音書』の霊感。この本は熱意と善意によって、そして二つの党派への思いやりによって書かれるから、もしも広く読まれれば、何らかの善を生み出しうるだろう。なによりも人気を博してほしい。もしもぼくに才能があるなら、民衆のために、ずいぶんと安い値段で売り出されるような本を書きたいものだ。

ポーリーヌとの付き合いは、しばらく前からとても楽しいものになっている。これが賢く考えた上での成果かどうかはわからない。たぶん過剰と欠如の間の、ほどよい愛がもたらしてくれたものだ。こんな風に人生を過ごしてゆくのを、ぼくは恐れたりはしないだろう。

二十二日（木曜）

〔…〕むかし住んでいたところを再訪するのは、とても楽しいことだ。昨日はサン＝ルイ袋小路[1]に行ってみた。あそこでは夕食後、飼っていたヤギを家の裏に連れていっていたという思い出がある。あの場所でぼくはひどくやるせなく、でもうっとりとしたような気持ちになって夢想したものだ。懐かしい思い出だ。

成長が相当遅く、か弱くかわいそうな子供だった君は、虚弱体質で、あすを生きられないだろうとしばしば思われたに違いない。君にはほんの一時しかないのだから、それを有効に使って何か良いことをなすのだね。どんな様相が感じよいのか、どんなしぐさが魅力的でどんな輝かしい色調を帯びるのか、そんなことはどうでもよいではないか。そうしたすべては君の外にあり、つねに外にありつづけるに違いない人間は孤立したものだ。愛が彼らを近づけようとしても無駄だ。あの美しいからだを君のからだと取り違えることはできない。もし君がそうしたところにまで行き着いたとしても、喜びは長くは続かないだろう。二つの有限を混ぜ合わせても、つねに有限であろう。だからそんなことは考えるな。むしろあの愛は、真実なるものの色青ざめた亡霊でしかないと思え。そしてほとんど無限に不完全だとはいえ、病気の君の眼には美しく見えるあの人に、気を取られるなど突拍子もないことの極みであろうと思え。君の眼は、あらゆる一時の美がそこから漏れ出してくる永遠の美を、背後に見ることはないのだ。すでに無限に愛されていることを確信し、というのも神はそれ以外のやり方では愛せないからだが、われわれは唯一の愛すべき対象のほうに、われわれのうちにおかれたこの愛するという力を振り向けるよう努めよう。「神はそれほどに世を愛された！[2]」それゆえ永遠の中で君に与えられたこの小さな瞬間を、愛するために利用したまえ。

善をなしたまえ。つまり道理にかなった生き方をするのだ。行動的美徳、それは肉体的快楽だから、それはあまり考えず、何よりも節制の美徳を考えたまえ。これは君の魂みたいな弱い魂にとって、はるかに困難な美徳だからだ。〔…〕

（1）一八一二年から一三年にかけて一年近く、ミシュレ一家は、パリ十区のジェマップ河岸とビシャ街の中間にあるこの地区に住んだ。
（2）新約聖書「ヨハネ伝」三章、一六節。

二十四日（土曜）

ぼくはこの生活の規律を作るもと、算数と『福音書』がかなり好きだ。そこにこそ、精神と魂に必要なものすべてがある。〔…〕ぼくはきのう「代数」の初めのほうのページを理解しようとして、最初に推理しやすくするため、一本の線を引いて異なる長さでそれを二分してみた。と、すぐに数字の計算のほうもわかっていく気がした。幾何と代数は互いに助け合うものに違いない。

二日前からなんとなく気だるく感じる。感じているのは、まったくの新しい暑さなのか、体が弱っているということなのか。ぼくが肺結核では死なないだろうと確信するには、ちょっとばかりの困難がある。結核にかからないようにするには、心してゆかなくてはならないだろう。何らかのよきことを、少なくともぼくのあとにするように、一冊の立派な本の中にぼくの魂を注ぎ込んでしまってから、はじめて死ねるのだとしたら、どんなにかうれしいだろうに。

二十六日（月曜）

きのうビセートルからジャンティイを通り、ポプラの林の反対側から帰ってくるとき(1)、会話のほとんどは、ボナパルトとフルシーさんの息子さんのことだった。やりきれないほど暑かったが、きょうほどではなかった。なんとコエサン(2)がローマに行ってしまったよと話しながら、あの強烈な意志と、自らが真実と信じることに満足しているあのひそかな生活とに、ぼくは心打たれずにはいられなかった。

愛徳の姉妹たち（レ・スール・ド・ラ・シャリテ）（伯母さま（ラ・タント））の厳格さを示す新たな例だ。あの団体には大きな不都合があると思う。いかなる給与ももらわないから、彼女たちは勝手気ままに、ことを行っている。とりわけ現在は、尊敬されている団体を形成している。いま人気のある諸団体はこれ見よがしなものだ。最後に彼女たちは全員、人為的につくられたもので、身分上カトリックで修道女たちだ。不寛容な行動基準に絶えず取り巻かれている。救いの手の配分についても多大の公平さが期待されるはずだとは、ぼくには思えない。

広大無辺は神の善きことを表す特性であり、ぼくらの感謝の念をいや増してくれるものに違いないだろうが、逆にそうした気持ちをそらしてしまうものにもなる。各人、もしも世界が狭い囲いの中に圧縮されていたら、もっと感謝の気持ちをもつだろうし、宗教的感性をもさらにもつだろうと思う。自分の受け取るものすべてを間近で見るよう強いられ、自分のごく近くにすべてをもつようになったら、一般法則という考えをあまりもたなくなるだろうし、それぞれの善きことの中に特別な善意を見ることにもなろう。ぼくらを恩知らずにするのは、一般法則という考え方なのだ。この考えが昨日、道々ぼくのところにやってきた。空の暗い青色が、ぼくのほうに接近してくるように思えた。他のものはぼくの視線に、時折まったく入ってこなかった。というか、すくなくとも距離を感じさせるものは何一つ入ってこなかった。地平線近くに達したなら、空に触れるだろうと思えたくらいだ。

（1）ポール・ポワンソからミシュレにあてられた一八二〇年七月十四日の手紙に、パリ南方のジャンティイで、「およそ三週間まえ、傍らを小川が流れ、若いポプラの木々が植えられているあの坂で、ぼくらは休んだんだよね」という文面がある。本書三〇九頁参照。

（2）フランソワ＝ギヨーム・コエサン（一七八二―一八四三）は、第一帝政期に「メゾン・グリーズ（＝灰色の家）」という宗教共同体を創設した。王政復古期には、あらたな共同体を作り、何度もローマまで赴いている。謎に満ちた宗教家で、ローマ教皇になることも願っていたという。

二十九日（木曜）

〔…〕ぼくはただ一人で作られ、パスカルが言うように「ただ一人で死ぬだろう」。ではなぜぼくの魂を、それを汚すだけの外部の物事へと向けるのか？〔…〕

七月三日（月曜）

〔…〕きのうビセートルへ行った。春のような気候で、道々『演劇に関する手紙』を読んでいった。そこにおける言語は、ルイ十四世時代の偉大な作家たちにおけるほど独創性に富んでいないという見方を、ぼくは確認していた。

ぼくが自然科学について、ポワンソが文学について、またぼくが学んだものについて知っているほどには知らないというのは、まことに残念なことだ。ぼくらは市門から伸びている三つの街道のうち、最初の街道の側面にある斜面に座った。[1] 空気はとても暖かで風はとてもさわやかだった。そうしたものすべてを見て、なぜだかわからないが、ぼくの心は元気をなくしていた。しばらく前から感じることだが、たぶんぼくが、十分に心そそられる仕事をもっていないからなのだ。冬の終わりのような無感動な生活をぼくはもう送らない。ああした生活では、日々がぼくから失われていて、ぼくは読んだ書物のページによってしか自分の存在が感じられなかった。自分自身としては生きておらず、ただ読んでいる本の中でしか生きていなかったのだ。心情を吐露する必要が、この「日記」をあんなにも心地よく始めさせてくれたのだが、そうした必要ももう感じない。ぼくが感じるのは物憂いけだるさではなく、空虚感と無為ゆえの不快感だ。いくつかの高揚感をもたらす友情がぼくにはある。人々への愛がある。が、それは数少なく力強くもない。ぼくの取り柄はあまりなく、あまりにも元気が出ない。〔…〕

ボダン君[2]がやってきた。きのうの日曜日は幸せな一時がもてた。ぼくは、とても生まれの良い十分新鮮な魂に出会ったのだ。完全に心開いた魂で、それにはよい印象を与えたくなってしまう。ぼくはいろいろのことを説いたが、たぶん説きすぎてしまった、つまり一度にするには多すぎたということだ。とても純粋で心広い教義を示そうという、何かひそかな欲求もあったと思う。ぼくを支配していたのは、こういった魂を少しは高度な思考にまで高めてやって、未来において多大の善をなそうという欲求だったように思える。豊かで見識ある人を人類愛へとゆだねることは、貴重な征服行為なのだ。以下彼に話したことを書いておこう。機知に富んだ会話だった。

君は雄弁になる方法を尋ねているが、おそらく君は、あっという間に過去のものとなる、あのちっぽけなレトリックのことだけを考えているわけではないだろう。たった一つの方法しかない。それは情熱をもつということだ。しかしこれは極めて危険な方法だ。この情熱を、選択する必要があるよね。

ただ四つの情熱しか魂を高めることはできない。女への愛、祖国への愛、人々への愛、そして最後に神への愛だ。

最初の情熱は発作的にのみ魂を高める。それはむしろ陶酔させるものだ。多くの力を与えるように思えるブランデーだ。鉄の棒も折れるような気さえする。しかしそれは現実には、肉体的エネルギーを減じさせる。愛とはこんなものなのだ。人がもはや陶酔していないときは、ほとんど死んでいるような気になるものだ。再び飲み、いくつかの高揚感を得たあと、放蕩へと、魂の死へと陥ってしまう。

祖国への愛には、こういった恐ろしい不都合はない。しかしながら、それが養われる気高い幻想が、いまもわれわれのところには存在するのではないだろうか？　考えてもみたまえ。政府の基盤はもはや徳性ではなく、安全になっている。政府はそうでなければならないことを、そうすべき場合になったら、君に証明してあげるようにするけれどね。長いことわれわれを守ってきてくれた民衆に、いつだってある種の感謝の気持ちを、われわれは示さなければならない。しかしもはや崇拝とか熱狂といったものはないね。

いまやかつてなかったほど、愛国心は他の情熱とともに、小川が大海に消え入るように、人類への大いなる情熱の中へと消え去らねばならない。君は自らの選択を明確化したいと思うかい？　まったく個人的でない、利害関係のない感情を探し求めてみたまえ。とりわけ対象として一個人や一階級を想いみるのではない感情、普遍性という偉大な性格をもつ感情をね。人は抽象化すればするほど、純化するものだ。

ぼくは、人々への愛よりももっと高く昇ってゆくようにと、あえて君には勧めない。ほとんど宗教的ではなくなった時代の娯楽に囲まれ、若くして不完全に宗教的な人々以外の何も見えなくなった君を、多すぎる障害が引き裂くのだ。それらを少しずつ乗り越えてゆかねばならない。人類は通り道だ。それははっきりと感じ取れる。それはすべての方向へと入ってゆく。もしも君が、他の者達には関与しないよう努めるなら、君は自分の心の中に、かなり早くからそうした感情を再発見するだろう。神への愛は、いくつかの既成観念を予測させるが、しかし自然はわれわれの中に憐憫を置いたのだ。

「自分は雄弁からはるか遠いところにいるのだな」と君は言うね。でもそれは間違いだよ。文体とは魂の動きでしかない。魂がひとたび生の息吹を感じ取ったなら、こうした表現を許してもらいたいが、魂はすぐさまそのとき、そのテーマをめぐって高まることができるだろう。「われわれの魂は小さな翼をもっている。人間のさまざまな情念や、あさましい打算が、この翼を濡らしてしまう……」とプラトンは言ったね。

ここでぼくのお説教は終わる。自分の言ったことすべてを見つけることは、もはやできない。でもこれは心情にあふれたものだった。

（1）フォンテーヌブロー門（五月七日の日記の注（2）参照）からは、ビセートルを通るフォンテーヌブロー街道とショワジー・ル・ロワ街道が出ており、後者からはすぐにイヴリー街道が分岐して伸びていた。ミシュレとポワンソは門を出てすぐ右手の、ビセートル＝フォンテーヌブロー街道の縁に座ったのだろう。

（2）ミシュレが当時復習教師（正規の授業の補習をやる教師）をしていたブリアン塾の、教え子の一人ではないかと考えられる。

五日（水曜）

〔…〕きょうはポレが病気。あすはぼくら二人で、たぶんポワンソに会えるだろう。なぜか書くことができないのは、おそらくすきっ腹でいるせいだ。
デクルさんが[1]死にそうだという。会いにゆこうと最初思ったが、でも行かない方がいいだろうと思い返した。奥さんには会おう。

(1)デクル氏は、ミシュレが当時教えていた学習塾の教え子シャルル・デクル(一八〇六年生まれ)の父親。ミシュレは父亡きのちのシャルルに特別の配慮を示し続けた。シャルルは一八二五年コレージュ(＝高等中学校)・サント＝バルブに合格、ミシュレも一八二二年からサント＝バルブの教師となっていたから、そこでもふたたび教えた。シャルル・デクルからミシュレにあてた、感謝の念にあふれた手紙が何通も残されている。

七日(金曜)

〔…〕きのうポワンソが一つの記念碑的作品を見せてくれたが、それはとても風変わりで、その熱気と単純さにより、ことのほか心打つものだった。その中には天使の魂があった。ああした高揚状態の中に彼が居続けたら、人生は失敗でも、彼はジャン＝ジャック〔・ルソー〕の雄弁さをもつ説得力ある作品を、たぶん作るだろう。

九日(日曜)

よくよく考えてみると、ぼくはこの「日記」の中に、これまでポワンソあてに書いてきたことを書き込むべきだと思う。彼が返事を書けば、彼の有益な時間を奪うことにもなろう。ぼくの手紙は、彼が幸いなことに日々離れてゆく〔昔の〕状態を思い出させ、彼の気を晴らすことにもなろう。それに何と言っても彼はぼくの「日記」を読むのだから、その中に、ぼくがこれまで手紙で書いてきた考えを、他の人々の思想ともども、見出すことになろう。

きのうはロラン[1]の訪問を受けた。見たところ以前と変わらなかった。とはいえ重大な考察をしてきたのだと彼は断言している。ロランやエコール・ノルマルの他の連中は、ポレやぼくより多くを知ってはいるが、ぼくらほどには人間的に鍛えられていないと思う。

クラシックとロマンティックについて、われわれ三人、大論争をした。

(1) ポール・ロラン（一七九九―一八六二）は、一八一二年からミシュレが通っていたコレージュ・シャルルマーニュのアンドリュー先生のクラスでの同級生。彼は一八一七年エコール・ノルマルに入学、卒業後は地方のいくつかのコレージュで文学を教え、最終的にはソルボンヌの臨時教師をも務めた。ミシュレはロランにたいし、エコール・ノルマル入学等で、いささか嫉妬心を抱いていたのではないかとヴィアラネは書いている。本書一〇八頁訳注（108）参照。

十一日（火曜）

〔…〕意欲しなければならない。考える必要を感じるには満たされていないことが肝要だ。肉体的に快適なものが奪われるというのが、とても良いことなのかどうかさえ知らない。天才は地上でただ一人、人々から孤立している。だからいっそう力強い形でしか彼は同胞と団結しない。人々への影響力が最も好ましかった人たちは、世において孤立し、貧しく、無視されていたと考えると涙が出る。イエス・キリスト、ジャン＝ジャック〔・ルソー〕等、みなそうなのだ。そういうことに関し、一冊本を書いてみたい。

聖パウロが今日われわれのもっているような「教会」の創設者のように、ぼくには思える。イエス・キリストは比較にならないほど優れている。聖パウロは論理がひどく弱い。いつでも論点先取りの虚偽[1]をしている。〔…〕

（1）論点先取りの虚偽とは、論証を要するものをすでに論証されたものとして、前提にしてしまう誤りのこと。

十四日（金曜）

素晴らしい作品、『演劇に関する手紙』を読了したところだ。ルソーの文体はたるんだところがないように思える。

自分の勉強を中断することなく、ポワンソと新しい共通言語をもつために、自然科学を覗いてみることが是非とも必要だ。

ポーリーヌは彼の話をしょっちゅう、それも楽しそうにする。以前よりずっと彼のことが好きになったように見える。ぼくの愛する人々が愛し合ってくれるのを見るのは、本当に大きな喜びだ。

今朝、たまらなく美しく思える光の印象を目にした。朝のうち霧がとても濃く、その霧の中に木々が浸っていたが、そのとき、そこに太陽の光線というより、むしろ甘美な金色の明かりといったものが、徐々に射し込んできたのだ。湿っていて光を通しにくい大気の中で、光はうっすらと青白い物たちをおもむろに色づけ、角（かど）の線をぼかし、まるで眠っていて、何ひとつはっきりと物が見えなくなったときのようになった。

この光景は、ビュッフォン街[1]で観察した別の情景を思い出させた。ぼくは、かつて迷路[2]の頂上に一人いたことがある。少なくとも大部分の物がまだかなり暗いままの時刻だった。突如太陽が黒々とした雲の中から姿を現した。徐々に光が強まり、あたりが明るくなってくるのではなかった。太陽は突然出てきて、パンテオンの大きな窓に反射したのだ。崇高に思えた光景。徳行へと献じられたあの荘厳な寺院はこの突然の光に輝きだした。寺院を貫き通していた光の奔流と雲との、強烈かつ際立ったこの対比は、ぼくを熱狂状態へと投げ入れていた。どれくらいかもわからない多くの道徳的な観念が、ぼくに襲いかかってきた。困難を意気揚々と乗り越える力、死すべきこの生の闇を乗り越える力、それらが突如光の中に運び込まれ、真理の源泉へと位置づけられたのだ。

さらに同じものを、ある朝、工事現場の先端で見たことがある。大きな神秘的祭りが、おそらくケレス[3]の恐るべき祭儀が行われたでもあろう寺院、現在の神々も自らの光そのもので照らし出すでもあろう寺院といった印象だった。

全然違う種類の観察を、先日ポワンソと二人でしたことがある。それも忘れないようにしよう。ビセートルへの道でだが、ぼくら二人、ジャンティイの反対側にある丘を見て、その色調のようなものが、ぼくらのいるほうのジャンティイを見下ろす畑とは、まったく異なっているのに気付いたのだ。それらの丘は、まるで谷ではないかと思わせるようなもので、いろいろと楽しい想像をさせてくれるものだった。風によって体にぴったりとまといついた衣服は、完全な裸体よりも、たぶんいっそう印象的となるようなものだ。いくつかの曲線が、こんなにも多くの力をもつとはどういうことか？

『音楽に関する手紙』[4]〔を見る〕、数学〔をやる〕。

(1) デュシュマン博士の療養院はパリ五区のビュッフォン街にあり、目の前に植物園があった。ミシュレは父とともに、一八一五年三月からそこに移り住み、一八一八年六月までいた。
(2) かつてパリ植物園内に設けられていた迷路は、二つの小さい丘に沿うようにあったという。
(3) ローマ神話の豊穣の女神。ギリシア神話のデメテルと同一視される。
(4) 正式には『フランス音楽に関する手紙』という題のルソーの一七五三年の作品。ただし題とは異なり、ルソーは大部分イタリア音楽について語っている。

十八日(火曜)

日曜の午前、前日の疲れからベッドで寝ているポワンソに会った。ぼくも〔彼より〕ましな状態ではなかった。精神的にも肉体的にも不安に満ちたかなり短い睡眠時間が、どれほどぼくを弱らせていたか信じられない。ぼくは朝早く、ピネル[1]の『臨床医学』と、ぼくが作った『福音書』の抜粋を持って出発した。道々それらを読み、フォンテーヌブロー門の鉄柵の下で一時腰を下ろした。〔…〕とてもゆっくりと行ったので、ビセートルには一一時になってやっと着いた。道中、読書に適していたのは、パリ市内の橋からフォンテーヌブロー門に至る大通りだけだった。

わが友のところに着き、ぼくの抜粋を読んでやった。訳してみると、その箇所を彼はすばらしいと思ってくれたし、ぼく自身それまで以上に美しいと思った。

それから女の子たちの話になった。彼は、イドゥ[2]が親身になって彼に紹介してくれたというヴィルジニーについて話してくれた。イドゥが言ったという言葉を聞いてぼくは嫌悪感を覚えた。イドゥが堕落した男だからというのではなく（ぼくだって女に関しては大いに堕落していると感じる）、彼が非人間的な男だからだ。ポワンソに向かって言ったというその言葉は、「君が彼女をものにできるようにしてやろう、でも君の前に俺がまず彼女をものにしておかなきゃ」というものだったという。かわいそうな女！　こんなにも冷たく無残に、君たちの素直な情がもてあそばれることがありうるのか？　あらゆる光景の中で最も忌まわしいものは、おそらく上位の男が、つまり手に入れた思想により、論証の行使により、または世間で獲得している、あるいはほどなく獲得するだろう地位により上位にある男が、冷たい心であわれな娘に近づいてゆくのを見ることである。娘のほうは、しばしば完全に孤立し、（女の立場では今日ほんのわずかしか得られない）救いを、慰めを、支えを必要としている。彼女が感じているそうした願望を利用し、卑怯にも彼女を愛しているように装い、彼女の魂も肉体も汚し、すべてを彼にゆだねるときには彼女を受けいれ、そのあと彼女と別れ、拒否し、彼女にはそうしたことを認めることも養うこともできないまま、一人の子供を残すことで彼女を辱め、あらゆる罪にさらし、彼はしばしば楽しむのだ。ぼくはこんなよこしまな男たちの快楽にも似た楽しみなど、たった一つしか知らない。それはキリスト教徒の言うところの、悪魔どもの楽しみだ。悪魔は、最高に無垢で感じ良くあるものを喪失させることの中に、楽しみを見出すものなのだ。〔…〕

（1）フィリップ・ピネル（一七四五―一八二六）はビセートルやサル・ペトリエールの病院で医師を務め、最終的にはパリ大学医学部教授となる。一八〇二年、『分析応用による明確かつ精密な臨床医学』を出版する。
（2）イドゥはビセートルでともに寄宿研修をしていたポワンソの友人。

二十六日（水曜）〈聖アンナ〔＝聖母マリアの母〕祭前日〉

〔…〕日曜日、天気は陰気で、季節にしては風が冷たかった。〔…〕

ビセートルが見え始めたとき覚えた感動は、わが友に再会した瞬間そのものの感動よりも大きかった。再会したときには、もう三十分も前からいっしょにいるような気がした。

彼が変わったということに気付いた。愛する人における肉体的変化は、なぜだかわからないが相変わらずぼくを驚かせた。彼が死すべきものだということが、ぼくには理解できないのだ。ぼくらは物理学の話をした。ひとたびぼくがこの学問に通じてしまうと、ほかのことはもう話さなくなるのではないかと恐れている、と彼は言った。「心配するなよ。ぼくらのようなものには、物理の勉強はハイキングでしかないから、やるにしても常に自分自身のところに戻ってくるよ」とぼくは話した。

ビセートルを出るところで、けっこう快適な道を通ってヴィルジュイフ[1]のほうへ上がった。歩きながら夢のような話をした。ポワンソはパリからなかなか離れがたいようだ。もっと近くからピラミッド[2]を見ようと途中で道をよじ登った。そのあたりはよく知らなかったし、標識もなかった。あの高みから広大な〔パリ〕盆地が一目で眺められた。とりわけヴィルジュイフ街道がひたすらまっすぐになっているのが、とはいえ地面は波打っているのが見える。だから突然固められてしまった長い波のように見える。ノートルダムのいくつかの塔がとてもよく見える。丘を下りるとき美しい金色の蛹（さなぎ）を一匹見つけた。ぼくはそれを家にもち帰った。イヴリーから三水車村[3]へと続く道と、フォンテーヌブロー門との間の道で、ぼくらは、ぱらぱらと落ちてきた雨をよけるために大きな木の下に座り込んだ。空は真っ暗になり、シャロンヌ[4]の丘は

黒い雲に覆い尽くされていた。〔…〕

ぼくらのいた木のところから、かわいそうな女が、やっと立っていられるといった様子の酔っ払い亭主のあとを追いかけていくのが見えた。夫の方は、彼女を置いてほどなく道を突っ切っていってしまった。女は木のうしろに隠れ、男を目で追っていた。この情景から、飲酒癖の理由や、あの女のように結婚している庶民の女の運命について、よくよく考えることができる。

門のところで、雨の中、ぼくらは別れた。なんだか悲しい気分で。雨はだんだん強くなって家までぼくを追いかけてきた。コントルスカルプ街で、一本の木の下で雨宿りしている婦人を見つけた。勲章をつけた男と一緒にいるポーリーヌだった。嫉妬心が舞い戻ってきた。が、それほど苦しいものではなかった。そのすぐあと、彼女はその人物といっしょにぼくらの家にやってきたからだ。ぼくは安心せざるを得なかった。しかしそれまでにずいぶんと苦しんでしまった。

ああ！　ぼくらが自分たちだけだということを、決して見失わないようにしよう。ひどく悲しく思えるこの見解は、それだけでも幸福を保障できるものだ。ぼくはマルクス・アウレリウスの『自省録』を読む。若いB．がやってきたとき、ぼくはこうした考えに耽（ふけ）っていた。彼の訪問で気が紛らわされざるを得なかったから、ぼくは元気になった。通常よりも精神性にみちた、宗教的な話題をぼくは取り上げた。苦しむとは何か！　ということを、だ。

午後、ぼくは「覚え書」に取り組んだ。戻ってから恐れていたことにひどく捉えられていて、思わず「覚え書」を「日記」にしていたのだ。

月曜日、数学でひどくがっかりした。幾何を何にも知らないことに気付いたのだ。ぼくは今や音楽にとても感じやすくなっているから、もしも音楽を学んだなら、たぶん何かをそこでなせるだろうと思えるくらいだ。

(1) ヴィルジュイフはパリ南方の町。現在はパリに隣接している。
(2) フォンテーヌブロー街道がヴィルジュイフを通るところで、道の東側に、十八世紀に地形測量の照準点として造られた小さなピラミッドがあったという。
(3) ナポレオンの勝利のあとオーステルリッツ村と呼ばれるようになった村は、それ以前二水車村とよばれていた。三水車村というのはミシュレの思い違い。
(4) 現在はパリ二十区の一区域。一八六〇年パリに併合されるまでは独立した村。この区域の北部がペール=ラシェーズ墓地となっている。

八月四日(金曜)

一年で女に関してはずいぶんと進歩した。

知っている女たちにまるで野蛮人のように避けられるのに慣れていたぼくには、ほんのちょっとしたことでも心に響く。X夫人に話しかけたら、彼女の娘の一人がぼくの話を聞きに来て、挨拶してくれた。ぼくはそれに心動かされ、いつもより彼女がすてきに見えた。さいわいポーリーヌの優しい声を聴いて、そんな気持ちは吹き飛んでしまった。

「魅了されないよう、物事を分析しておこう」とマルクス・アウレリウス[1]は言った。ぼくらを魅惑するあれらのものとは、いったい何だろう。肉体的には何なのだろう? 触るのもいやな、ぞっとするような昆虫と同じ素材ではないのか。あんなにも優しい目、口、頬、〔…〕それらすべてが死体を作るのに必要なものなのだ。お前が見て神々しいと思うあの完璧な存在が、もっとも下卑た必要性に、もっとも嫌悪すべき情に従属させられている。あの恍惚における肉体的所有とは何か？「ペニスの摩擦、ちょっとした痙攣、そして精液の噴出だ」とマルクス・アウレリウスは言った。狂ったような情熱でお前をなえさせ、ぐったりとさせるあの行為に、お前が追い求めているものを見出すことはないだろう。快楽はお前を欺く。恋人たちが夢想するあの和合を、お前は決して完成させられないだろう。一つにはなれないあの愛する肉体を、お前は絶望的に嚙むだろう。この無力から愛のメランコリーが生ずる。各瞬間にまじりあう死への思いが生じる。

「オオ、ワガ骨ハドンナニカ安ラギ、静マルコトカ！」[2]

〔…〕

書くのを忘れていたが、先週、一つのことが印象深かった。ブリアンさんの住んでいる通りで、ぼくの方にやってくる貧しい男を見て、自分の財布を覗いてみたが一銭もない。男の期待を裏切るのはまことに面目ないと感じて、ぼくは丁寧にあいさつし、すまないですと言った。この不幸な男はぼくに繰り返しお礼を言った。人間としてこんな風に遇されたのに、ひどく驚いていたのだ。

（1）マルクス・アウレリウス（一二一―一八〇）は古代ローマ皇帝（在位一六一―一八〇）。賢帝として知られる。ストア哲学に傾倒し『自省録』を著す。ミシュレがこの日引用しているのも、その書の第六巻一三節からである。

（2）ウェルギリウス（前七〇―前一九）の『農耕詩』第十歌からの引用。訳は河津千代氏のものを参照。

八日（火曜）

〔…〕ポレの頬がはれ、驚くほど見分けがつかなくなっていた。初めはひどく衰弱しているように見えた。でも話しているうち痛みも気にならなくなったらしく、元気になった。

ぼくらは田舎の方に、ごくゆっくりと降りて行った。オーステルリッツ村のうしろにまで行き、そこにすわった。ポレはこの散歩で疲れてしまい、体を休めたいと言った。ぼくらは横になった。遠くからベルシーの災禍[1]がちょっとばかり見えた。〔…〕

そこからセーヌ川のところまで行った。そして焼け跡を見た。ほとんどそれとわからなかったが、ただ樹木だけが哀れを催させた。一つの道が丸々焼け焦げていた。〔…〕

言い争う。ポーリーヌがいつまでも非難する。きょうぼくに大変穏やかな調子で、次のように言った。もし家がなくなるなら、パパやぼくといっしょに暮らすより、一人になって音楽教室でも開きたいと。

（1）一八二〇年七月三十一日、激しい火災がベルシー河岸の倉庫群と近くの家々を襲い、七〇〇人が罹災したという。

十五日（火曜）

〔…〕土曜、ポレが来た。〔…〕

ポーリーヌは彼に親しみをもってくれて、ぼくはうれしい。

今日、聖母被昇天祭の日、休みだった。すごく暑い。習慣に縛られていることがどんなに心地よいことか、だんだんと感じている。ぼくはポーリーヌに恋している。

月曜、数学でぼくができないことが、少なくとも素早く頭がはたらかないことが証明された。〔…〕

これらの数日で二つのことが心に響いた。ひとつは、うちの女中の親戚の若い女が、結婚を約束した男に子供を作らされたが、その恋人に捨てられ、産後の回復もままならないとき、もう川辺に洗濯女として働きに行かねばならなかったということ。もう一つ興味深いことは、ぼくの窓の真向かいにあるメルクールの下宿屋に、ひどく稼ぎが悪いらしい（というのも、先日ガチャガチャの羽ペンでパンをひっかいていたから）肺病の労働者がいるが、音の聞こえてくるところで判断すると、古代作家の翻訳を読んでいるらしいし、一人で音楽も学んでいるらしい。エピクテトス[1]のような人がそこにいないか誰にわかろう？　あの男の貧乏暮らしと、ぼくの趣味との一致が、言いようもなくぼくに興味を起こさせてしまった。金持ちたちは何としあわせなことか！

（1）エピクテトス（五三頃―一三五頃）は古代ギリシアのストア派哲学者。もともとはローマの奴隷だった。

十八日（金曜）

〔…〕水曜日、ポワンソの訪問を受ける。彼の新しい住所を知った。ムフタール街、一六〇番地だ。

ポーリーヌとパパのことでけんか。パパがH氏のことをひどく軽率に話してしまったからだ。わが友が優しく彼女を慰めてくれた。それが彼女を、そしてぼくをも感動させた。〔…〕

きょう終業式。ポレがやってくる。モリエールを読み終えたので、ぼくは街を歩くのにもって行く魅力的な読み物を探した。『クラリス』[1]がほしかった。でも気持ちが動転しないよう『トム・ジョーンズ』[2]に決めた。

この「日記」に、人に出す手紙を書いておこうということにしたのだから、ここでポワンソへの返事をしておこう。

友よ、君の手紙に心打たれている。あの文体には、いかに不正確ではあれ、少なくともぼくにとって何かしら心なごませるものがある。ぼくは精神的物を肉体的物に例えるのが好きだ。そこには詩的な魅力がある。

ポーリーヌに関する君の論に正確に答える代わりに、彼女に対するぼくの立場を説明しておこう。ぼくはいま、ポーリーヌが容姿の面でさえ大好きだ。彼女はとても生き生きしていて、たえず変化する。それに彼女の心はほとんどぼくの心となっている。思いやり深いし、たぶん一人の女がなしうる限界で一生懸命ぼくのことを愛してくれている。陽気で楽しむのが好きだとはいえ、金を遣いすぎることもない。感じ良い女性だ。だからぼくらの結婚の妨げは、彼女の中にはない。ぼくのほうにある。ぼくの抑えがたい猜疑心にある。先日もひどく不当な疑いで、不安と無力感がまたも生じてくるのを感じた。君には決して想像できないだろうと願うよ。彼女が他の男に身を任せることができるなどと、断じてぼくは思わないようにしよう。〔…〕危険なんかほとんどないとわかっているさ。ポーリーヌはあまり人を知らないし、美人じゃないし、かわいいほうでもない、ただ優しいだけだとわかっている。ぼくが待っているのは、彼女がもはやそうではなく、今以上に落ち着いた状態にとりわけ達してくれるということだ。そしてぼくの生活がもっとしっかりとし、もっと自立したものとなるということだ。そのときは、彼女が相変わらず結婚を願い、ぼくに子供をひとり与えてくれたりしたら、彼女と結婚できるだろう。でもそれはまだ決まったことではない。だって猜疑心への傾向は歳とともに増すこともあろうし、そうした場合には、友よ、ぼくは独り身のままで、つまり今あるままでいることになろうからね。[3]〔…〕

（1）『クラリス』は、イギリスの小説家サミュエル・リチャードソン（一六八九―一七六一）作『クラリッサ・ハーロー』（一七四七―四八）のアベ・プレヴォによる仏訳（一七五一）。哀れな死をとげる若き女性をえがいている。

（2）『トム・ジョーンズ』はイギリスの小説家ヘンリー・フィールディング（一七〇七―五四）の一七四九年発表の代表作。ラプラスによる仏訳（一七五〇）があった。

（3）ここに引用されている手紙は、本書で紹介しているポワンソとの往復書簡には載っていない。

二十九日（火曜）

〔…〕ラフィット氏[1]と何人かの銀行家によって作られたある施設の話を聞いてきたところだ。その施設では、仕事のないあらゆる労働者に仕事を与えるという。また、貧しい子供たちに職業訓練をするというもう一つの施設の話も聞いた。どうしても必要な生活上の品以上に資産をもっているすべての人は、こうした施設に手を差し伸べるべきだろう。

日曜日、わが友が体調をくずし、ビセートルで吐薬を呑んだ。だがそれからぼくらは外出し、サルペトリエール[2]の前で腰を下ろし、彼は昼食をとった。そのあと我が家に来て、いっしょにばか騒ぎして歌を歌って過ごした。フルシー夫人が悲しげな顔つきをしていたので、ぼくはその宵の終わるころ、彼女が女友達を失ったばかりだということを間違いなく思い出した。しばらく前から夫人に対し、ぼくはあまりにも配慮を欠いていた。

月曜、ドワズイユ先生[3]のところで、数学の最後の授業。嵐のときのような雨で大きな水流ができたので、先生のところに着くのに苦労した。その前、ポレ君を午前中三時間も待ち、彼の家でアイスキュロスの『エウメニデス』[4]の三分の一を読んだ。

「ヨブ記」と「レビ記」[5]も読む。そこからいくつかの考察を引き出した。

今日、愛のことで失望。「シュウキテキ」〔原文ギリシア語〕失望。

ぼくとポーリーヌの性格が似通っていることから、しょっちゅう引き起こされるいさかいが、ぼくらの性向に対し、時間がそこから奪い去るものを返してくれる。そもそも新しさの快楽と同じように、慣れの快楽もあるのだ。

ジャン＝ジャック〔・ルソー〕が『告白録』の中で自分の性格に特有のものと信じているものの、ぼくとしてはかなり普通のことと思っている特質、というのもぼくのような卑俗な魂の中にもある特質だからだが、それは、愛する者から遠ざかることによってのみ、愛や友情の熱狂と感動が確認できるというものだ。

（1）ジャック・ラフィット（一七六七―一八四四）は自由主義の政治家、銀行家。一八二〇年当時も、言論の自由や選挙法をめぐる議会での論議で活躍していた。庶民出という自らの立場を忘れず、いくつもの慈善事業を行った。
（2）サルペトリエールはパリ十三区にある病院。十七世紀前半までは硝石火薬工場があった。
（3）ドワズイユは数学教師、六月半ばからミシュレは個人教授を受けていた。
（4）古代ギリシアの悲劇詩人アイスキュロス（前五二五？―前四五六）が書いたという九〇作以上のうち、

現存している七つの作品のうちの一つ。
（5）ともに『旧約聖書』のなかにある。

九月一日（金曜）

水曜日にはポワンソの健康状態がひどく心配だった。〔…〕が、幸いにも夕方彼がやってきたので本当にほっとした。彼の家族のことや、ぼくらの子供時代のことを大いに話しあった。

木曜、ブルドンの幾何を始めた。夕食後、週一回、英語をやることに、夕食後決意した。〔…〕

今日は無性にニコル[1]の店にシェファー[2]の小型版を見にゆきたくなった。そして、あんなにもしょっちゅう行っている地区に出かけて、ついでに読むということなどほとんどできなかったので、ポーリーヌをいっしょに連れて行って、ついでにリュクサンブールで「ソクラテスの死」[3]を見たいという気になった。〔…〕

美術館では彼女に歴史と神話の講義をした。〔…〕

（1）ガブリエル＝アンリ・ニコル（一七六七―一八二九）は最初ジャーナリストをやっていたが、その後カルティエ・ラタンで一八二一年まで本屋を開いていた。さらにその後、パリ大学区長となった兄の推薦でサント＝バルブ校校長となった。
（2）アリー・シェファー（一七八五―一八五八）はバイロンやダンテ、あるいはドイツの詩人たちの作品に版画の挿絵を入れて、それらの本の評判を高め、フランスにおけるロマン派誕生に寄与したと言われる。
（3）ダヴィッド（一七四八―一八二五）のこの絵は、一七五〇年から美術館となっているリュクサンブール宮殿の一部に、一八二〇年当時展示されていた。

九日（土曜）

〔…〕ぼくはあの日、自分が新しい服を着るという喜びにあまりにも感じやすくなっていると思った。幸いなこと、それは金持ちに見えたいという愚かな欲求ではない。むしろ何だかしれないが、人を喜ばせたいという願望なのだ。そのことに気づくのに、ぼくは苦労している。〔…〕

十三日（水曜）

この前の日曜、ビセートルへは行かず、一日の計画を中断し、聖書を小脇にかかえてペール＝ラシェーズまで行ってみたくなった。〔…〕墓地に着くと、あの可哀そうなプラトーさん[1]を探してみようという思いがつのった。長いこと探したが、あのあとで分かったように、彼女のいる場所からはかなり離れたあたりだったのだ。しまいには太陽がかなり暑くなってきた。それでもぼくは頑張った。かつて知っていて、その手を握ったことがあり、その人をわがものにしたいと願った人々を訪ねるということは、たしかにすべきことなのだと自分に言い聞かせて。探している間、何かをやっている一人の婦人が見えた。ちょっと先に、半ば枯れかかった小さな植物が地面にあるのも見える。そこに一枚の紙が結んであって、子供の手によるささやかな墓碑銘があったが、大きな文字で書かれたその墓碑銘がどうしても解読できなかった。それが墓だと示すものは他には何一つない。こうやって土だけで覆われているとき、涙はいっそう土にしみこむに違いない。ぼくは自分の墓には、一本の木を植えてもらいさえすればよいと願う。〔…〕

（1）ソフィー・プラトーはかつてミシュレの隣に住んでいた女の子。ミシュレ十二歳、ソフィー十一歳で、二人は幼い恋心を覚えたが、彼女は若くして死んだのである。その後出会うことになったテレーズも、またポーリーヌも、けっしてミシュレの心からソフィーとの優しい思い出を消し去ることはできなかった、とヴィアラネは注記している。本書所収「少年時代の思い出」参照。

十六日（土曜）

〔…〕きのうポレと会った。ぼくはギリシア語では彼より少し先行している。でも英語では彼の方がずっと先を行っている。ぼくが遅れてしまったのは、セックスで無駄に時間を使ったからだ。彼にも恋人ができれば、ぼくも追いつけるだろう。こんな甘く単調な生活では、絶え間なく勉強することでしか退屈を逃れることはできない。だから退屈を脱するあらゆる機会は、避けておこうということになるのだ。

スタール夫人(1)がドイツ語を学ばなければならないことを、ぼくに証明してくれている。たぶんルソーもイギリス人やドイツ人〔の作品〕を読んでいたら、さまようことも、より少なかっただろう。〔…〕

(1) スタール夫人（一七六六―一八一七）はネッケルの娘で、フランス革命後父とともにスイスに住むなどして、ドイツ・ロマン主義をフランスに紹介する評論活動で活躍、フランスのロマン派誕生に絶大な影響をあたえた、『デルフィーヌ』（一八〇〇）や『コリンヌ』（一八〇七）などの小説もある。この当時ミシュレは『デルフィーヌ』を読んでいるところだった。

二十一日（木曜）

代数、英語、聖書、『デルフィーヌ』で頭がいっぱいで、「日記」を書くことに気付かないでいた。できることなら、失われた時を回復するよう努めてみよう。

土曜夕方、アンドリュー先生[1]とその家族に、つまり悲しみそのものに出会った。〔…〕とても心地よく〔一晩〕眠ったあと〔…〕、ぼくはモントルイユ[2]の丘陵地帯に登った。そこから眼下にすばらしい光景が見えた。目の前、右手には、こんもりと茂った数多くの木立が塊となってロマンヴィル方向へと延びている。左手には、ヴァンセンヌとその美しい道筋が見え、さらにその先に、パリの一部とセーヌ川から、ヴィトリーやショワジー街道へと登ってゆくいくつもの丘が見える。それらの丘がビセートルを隠している。ぼくが見下ろしていたのは広大な光景だった。ぼくの周囲には、黒い実をたわわに実らせたブドウの木々があり、散歩する人々を見張ろうとして陽気に働いている農民たちがいた。それらすべてが、靄の中から優しく射してくる美しい秋の陽光に照らしだされていた。〔…〕帰宅してからは、数学を始める気にはならなかった。どちらかと言えば、物を書いている最中だったから、ぼくは「覚え書」を作り、ついで英語をやった。叔母[3]がやってきた。それからポワンソがやってきた。ちょっぴり陽気で、これまで感じたことがなかったくらい丈夫になっていると、言った。彼は、いろいろいたずらをやり、みんなで笑ったり歌ったりした。

翌月曜は、代数をがんばってやった。

火曜、ポレのところに行った。彼は、ぼくといっしょにルクレール先生[4]のところに行く決心がつかなかった。ぼくは三時に家に戻った。いとしのポーリーヌは、ぼくが、ただ彼女のためにだけ戻ってきていたのではないとすっかり思い込んで、ちょっぴりぼくを恨んだ。が、夕食後機嫌よくなった。

期待

「ココニワレ、オロカニモ、タエズ乙女ヲマツ(5)」。

そしてホラティウスの中で引き続きおこることを。

翌日は、天気がぼくにとって特別といっていいぐらい良かったので、ビセートルに出かけた。『デルフィーヌ』を道々読んだが、これは間違いだった。心がドライにされてしまったのだ。わが友は、同僚と手の解剖をしていた。ぼくは恐怖を全く感じなかった。臭いがひどかったので、ただちょっとばかりの嫌悪感を覚えただけだ。〔…〕

(1)アンドリュー・ダルバは、ミシュレが一八一二年に入り二年間過ごしたシャルルマーニュ校でフランス語とラテン語を教えていて、ミシュレのことを大変かわいがってくれた。一八二〇年当時、彼の家庭はきわめて味気ないものになっていたらしい。
(2)モントルイユはパリの東郊外にある。このへんに出てくる地名は、当時はパリ郊外だが、現在ではパリ市内に編入されているものもある。
(3)ミシュレの父の妹、ヴァネスティエ夫人。
(4)ジョゼフ＝ヴィクトール・ルクレール(一七八九―一八六五)。一八一五年からヴィルマンの後をついでコレージュ・シャルルマーニュの修辞学教授。一八一五―一六年と一八一八年の学年でミシュレを教えた。
(5)ホラティウス『風刺詩』第一巻、第五章、八二―八三行目をミシュレがアレンジして、一行にまとめている。

二十八日（木曜）

〔…〕先日の日曜、天気は寒くて陰鬱だったが、構うものかと出かけた。プラトーさんが埋葬された場所がわかったので、まず彼女を訪ねることにした。その墓は、すぐそばにまで囲むように、たくさんの木々が押し寄せていた。何人もの死者を踏んでしか彼女のもとに辿りつけなかった。そこに少し立ちどまって、彼女が死んだ翌日に置かれ、枯れてしまった花飾りにさわった。その場所を覆う花々は、打ち捨てられ乾ききっていた。そこに置かれた日々以来、誰からも触れられたことがなかったのだと思いたくなるくらいだった。かわいそうな死んだひとたち！〔…〕

十月四日（水曜）

〔…〕今日、通りがかりに、ロラン[1]をその実家に訪ねた。彼は沈み込んでいた。彼が言うには「大学の教授職がコンクールで選ばれることになった[2]」という。ぼくはそれにたいし何も言わなかったが、そうした地位を得たときは自立可能となるだろうし、教授職の一つを競ってみたいという欲求が心の中に沸き起こった。〔…〕

（1）ロランはシャルルマーニュ校でのミシュレの同級生。七月九日の「日記」の注（一五九頁）参照。
（2）各リセの科学、文芸、文法の三教授職が、教授資格試験の対象となることはナポレオン時代に決まっていたが、実行されなかった。王政復古下、一八二一年二月六日の政令で、ナポレオンによって作られた大学の教授職に関し、そのやり方が適用されることとなる。それをこの段階で、ミシュレらは知らされていたということがわかる。

十三日（金曜）

〔…〕わが親しき友が、これまでなかったくらい弱々しくなり、病んでいるのを見た。七時に別れたが、ぼくはエピクテトス[1]の中に勇気を探し求めた。

月曜日、ポレがひどく遅くやってきた。手にイタリア語の本をもって。ぼくは教授職のことでうわさになっているコンクールの話をした。その準備をしようと、しっかりと約束した。〔…〕

（1）エピクテトス（五三頃―一三五頃）はローマ帝政期のストア派哲学者。はじめ奴隷だったが、解放後ローマその他で多くの弟子にたいし、神の意思と自己の意思を合一させ、外的束縛から魂を自由にして真の幸福を得よと説いた。八月十五日の「日記」の注（一六九頁）参照。

十九日（木曜）

〔…〕ぼくが決して教授になれないことは、ほぼ間違いない。もうコンクールの話も聞かなくなった。それが開かれたら、ぼくが一番知識豊かで、一番推薦に値するとなるだろうか？　ぼくは弁護士にもなりえない。〔…〕だから、いまあるものであることだろう。つまり復習教師だ。この仕事で生きる糧は得られる。でも病気になり、老いてしまったら？……ぼくのように孤立したものは、いかなるポストも当てにしない方がよい。

復習教師の身分を追い出されない最終的策が残っている。みんながぼくの成功を信じてくれている技量、書くということだ。しかし、修辞学級でちょっとした成功は収めたものの、ぼくは自分の文体にうるおいがなく、あまり一貫してもいないことを十分すぎるほど知っている。それに、自分の作品の中で表明することになるだろう信条が、ぼくの授業に害を及ぼすのではないかという恐れもある。他のことよりも、この最後の立場の選択にこそ、注意を向けなければならない。

先日、遺言書を作ろうという考えが浮かんだ。いつなんどきでも死ぬということはありうる。事故の場合には、ぼくが役立っていた人々にはいくつかの助言を残し、ぼくが愛する人々にはいくつかの思い出を残してみたいと願う。近いうち、その作製に時間をかけよう。〔…〕

三十一日（火曜）

〔…〕日曜、ポワンソとポレに会いに行った。元気だった。美術館にゆくというプランが実行され、ぼくらは万難を排してルーヴルに行った。そこでは大急ぎで鑑賞してきたが、もう一度来てみたいという願望をもたせてくれるには十分だった。多くの天才たちが生涯を費したあれらの作品の中には、驚くほどの想念があるに違いない。だが芸術理論は（ぼくがいつかそれを手に入れたとしても）、それらの作品を評価する上で十分なものとはならないだろう。少なくとも、行ってみて探究してみよう。

ひどく陰鬱な天気のなか、三時に帰ってくると、ポーリーヌに出会い、ほどなくフルシー夫人に出会った。『ロドリック・ランドン』[1]をほぼ読了した。

月曜、ド・ジェランド[2]、哲学の甘美な研究。

火曜、二つの出来事。一つは、わが隣人のワイン商の美しい奥さんが死んだこと。その女性には一度会ったことがあるが、とても美人で、とても陰鬱だった。もう一つは、かわいくてすごく生き生きした少女に出会ったこと。その子はぼくのため二度目にドアを開けてくれた。見かけは目立たないにもかかわらず、美しさからのみ生じうる、なんだかその子を尊重しなければといった気持ちが、ぼくに彼女の前を通るのを躊躇させた。礼儀を思うこの無言の葛藤は、せいぜい一秒続いただけだが、ポーリーヌは気付いた。

「……愛アルモノヲ、ダレガ欺キエヨウ(3)?」

(1) 正式には『ロドリック・ランドンの冒険』。スコットランドの作家スモレット(一七二一—七一)の一七四八年の小説。

(2) ジョゼフ゠マリー・ド・ジェランド男爵(一七七二—一八四二)は、一八〇三年『人間の知識との関連で考察された哲学体系の完璧な歴史』を出しており、ミシュレは同書から哲学について多くを学んでいた。

(3) ウェルギリウス『アエネーイス』の一節。泉井久之助訳をも参照。

十一月五日(日曜)

何かを手に入れようとする特異な活力が自分にはあると感じているが、この夏、もっていた活力全体がぼくから、使うために奪われてしまう。毎年冬がやってくるたびほとんど同じことを感じる。同じ状態がかなり周期的に毎年ぼくの中に戻ってくる。前もってその予定表を作ることができるくらいだ。春には愛(精神的愛)が目覚める。春が終わるころぼくは盛りに入る。その間ずっと詩人になりたくなる。その埋め合わせをしようと、散文で大げさな自己表現をする。季節が進むにつれ、ぼくは自分や自分の家族のことは思わなくなり、もっと人類一般のことを思うようになる。そしてなにか有益な作品に関する壮大な計画をつねに抱く。秋ごろには、もはやほとんど考えない。が、何でもよいから知りたいという大きな欲求をもつ。そうなると通常さまざまな研究をわんさと抱え込む。そして冬の中ごろには想像力がきわめて低下し、その結果手に入れようとする何かが見られれば、翻訳したり注釈したり編纂したりする者に喜んでなろうとするのだ。そこでルクレール先生[1]の申し出を受け入れ、この眠りの季節、『善と悪について』を翻訳することになるだろう。〔…〕

（1）この年九月二十一日の注（4）（一七七頁）参照。ルクレールは、教師としての仕事のかたわら、一八一八年には『プラトンの思想』（テキストとその訳）を出版。一八二〇年当時は『キケロ全集』（同じくテキストとその訳）の出版を企画しており、ポレほかの弟子たちにも協力を求め、ミシュレにはキケロの「善と悪について」の翻訳を担当してもらおうと考えていたらしい。

十日（金曜）

ポワンソに会いにゆく前、大急ぎで「日記」に書きなぐっておく。まだ出かけられないからだ。

火曜日、ポレが来た。思っていた通り、〔ルクレール先生の〕企画を彼は喜んだ。

月曜日、パパが体調不良。

水曜には大きなことがいくつかあった。まず、家に戻ったらルフェーヴル[1]がパパと窓のところにいるのが見えた。見たところかなりの好青年で、ポレと似た雰囲気がある。が、あまり開放的でなく、時おりセレスティーヌ[2]のまねをしようとしているように見える。九時、ぼくはサン゠ティヤサント通りの方に歩いて行った。天気は良かったが道は大いにぬかるんでいた。植物園を通ってわざと遠回りをした。ほとんどマルタン[3]のところまで見え続けるサルペトリエールのドームを、目で追うこともなく歩いて行った。植物園はさびしかったが、少なくとも地面のあたりは美しかった。歩いている人はひとりもいなかった。ひっそりとした美しい小道を横切ってゆくのが、ぼくにはとても新鮮だった。ああした穏やかな自然の中で植物学者たちが送っているに違いない、穏やかな生活のことを思った。あの園のそばに住んで、彼らはたえずそこを見回っているのだ。たとえばトゥアン一家[4]で、かの地に根を下ろしているように見える。

オランジュリー[5]の前を通ったとき、一人のおじさんの声でぼくはそうした思索から引き出された。おじさんは力強い声で背の低い若者につぎのように言っていた。「ねえお前、自分の子供を愛しすぎるなんて決してないってことを知らなきゃ。おれはたぶん後悔するだろうが、知ったことじゃない」。ぼくはこの善き父親を眺めた。それは見たところ、植物園の職人の一人だった。

ルクレール先生の家に着いてから、ほどなく誰を相手にしなければならないかが分かった。先生は自分を頼ってきた書店の利益を守ろうというのだ、どうぞご勝手に！　商売上のこまかい策略を、ぼく相手にすべて使おうというのだ！……　自分としてこうした教訓を得たあと、ポレに商談成功を伝えてやった。

一つの出来事を忘れていた。〔植物園にある〕山を下りてくるとき、庶民の子供が一人声をふりしぼって叫んでいた。三回さらに大声で叫んで、ぼくの前になかば立ちふさがった。そのわきを通りぬけねばならなかったが、その小僧、ぼくをばかにして棒切れを振り上げるのではないかと思った。ばかにされるという恐怖感が、ぼくらの愚行の半分の原因なのだ。〔…〕

（1）ポール・ルフェーヴルは、ミシュレの母の一番下の妹ジャンヌ＝エリザベト・ミレがジャン＝ニコラ・ルフェーヴルと結婚して生んだ六人の子供の一人。つまりミシュレの従弟。当時ベルギー近くの故郷ランウェからパリに勉強に出ていて、しばしばミシュレ家に遊びに来ていた。

(2) セレスティーヌはポールの姉で、ミシュレとほぼ同じ年だったためか、ミシュレのことをもっとも深く理解してくれていた。
(3) 一七九〇年に破壊されたサン＝マルタン＝デュ＝クロワートル教会のこと。すぐ後に出てくるサルペトリエールはパリ十三区に現存する病院。このあたりの記述から、ミシュレがいかにパリのあちこちを放浪していたかがわかるとヴィアラネは書いている。
(4) アンドレ・トゥアン（一七四七―一八二四）は植物園の主任庭師の息子。十七歳のとき父を亡くし、後を引き継ぐ。ビュッフォンにも助けられ、植物園の拡張、美化に努めた。
(5) 植物園にあったオレンジ栽培用の温室。

三十日（木曜）

ポワンソが先週の水曜にやってきたが、肉体的にも精神的にもとても弱っているように見えて、いたたまれなかった。彼の病気は神経性のもののようにも見える。〔…〕

木曜日、約束していたのでルクレール先生のお宅に行った。〔…〕

金曜日、フルシー夫人とポーリーヌがぼくの代わりにポワンソのところを訪ねた。ポーリーヌは大通りで一羽の小鳥を、小さな男の子の手から救い出して、それをもち帰ってきた。この鳥は死んだふりをするすべを心得ていた。フルシー夫人もポワンソでさえも、その行為を評価しなかったらしい。が、ぼくは彼女に感謝した。〔…〕

土曜日、パチノとポレがやってきた。パチノは子供だし、ずっと子供のままだろう。物質が優先しているのだ。

今日は何を考えているのか、自分でもわからない。一週間の時間の流れを忘れている。それゆえ木曜日ルクレール先生を訪問したあと、ルフェーヴルが訪ねてきたと書くのを忘れていた。ぼくは、セレスティーヌについて心にかかっていたことすべてを彼に言った。悪い印象をなくしてしまうよう、やや心配りしながらしゃべった。〔…〕

いとこ〔=ルフェーヴル〕は日曜日にも、パパを散歩に連れ出しにやってきた。ぼくらはちょっとの間おしゃべりした。ぼくは一日中いっしょうけんめい勉強した。まずトゥキュディデス、そのあとギリシア語。それから「覚え書」に取り掛かろうとしたら、ポーリーヌが入ってきてランウェ(1)のことを話した。ぼくは即座に叔母さんたちに宛てて手紙をしたため始めたが、書き終えられなかった。気を紛らわそうとヴォルテールの一巻(2)を取りに行った。

(1) ベルギー国境近くのランウェ村はミシュレの母の出身地で、そこにはまだミシュレの叔父叔母たちが住んでいて、ミシュレにさまざまな援助を与えていた。彼らの理解なくしてポーリーヌと結婚するのも難しい状況だったはずだ。

(2) ミシュレの「読書日記」から、このころヴォルテールの『書簡集』を読んでいたことがわかる。

十二月二十六日（火曜）

金曜日ポワンソのところへ行った。彼の状態はひどく悲しいものだ。肉体の衰弱により魂が打ちひしがれているように見えたなら、ぼくは彼に哲学の話をしただろう。それは病気の不安の中で少しは心を強くするものだ。あの可哀そうな青年を、人々が司祭に会わせようとして苦しめているのを知って、憤りを感じないではいられない。あれらの人々は、病人に自分の病気がいっそうひどくなっていると信じさせることしか、うまくできないのだ。それに人がどんなに理性をそなえていようと、地獄というあの言葉は、発せられればいつだって悪夢を見させるものとなるに違いない。ぼくは彼の妹[1]に、ぼくが修道会に入り病人を慰める仕事につくからと言ってくれるよう勧めた。彼が元気を回復したときには、これは思いだしてすごく楽しくなる話だろう。とはいえ新しいことは何もない。

きのうの月曜はクリスマスで手紙を書いたが、手紙ともいえない無意味なものだった。書きすぎてしまい、楽しいところや分かりやすいところが一つもないものになった。彼らはぼくが書いていて楽しくなかったのだと分かるだろう[2]。

そのあとサン＝ルイ[3]のところへ行った。彼は眠りたがっていた。ぼくはセー氏[4]を読んだ。

夕食時、叔母とルフェーヴルがやってきた。なぜだかぼくは楽しくなった。ときおり友が病気なのを思い出し、陽気な気分になったのを咎めたのだが、ぼくの変わりやすい性格がつねに勝ってしまう。一人きりになってから、楽しげに語ったことのつけを払った。想像力が働いてすっかり悲しくなってしまった。何一つ心地よいこと、少なくとも心慰められることに心を向けることができなかった。悲しい思いの数々が夢の中にまで付きまとってきた。

（1）ポワンソには、ヴィルジニーという妹がいた。
（2）この日ランウェの親戚に年賀状を書いている。
（3）パリ十一区、バスティーユ広場にほど近いサン＝ルイ袋小路のことであろう。
（4）経済学者として名高いジャン＝バティスト・セー（一七六七—一八三二）の『イギリスと英語につい

て』（一八一二）を読んでいたのである。ミシュレの「読書日記」にセーの『経済学概論』（一八〇三）が出てくるのは、翌一八二一年三月五日である。

一八二一年

一月十四日（日曜）

ずいぶん前まで、先々週の水曜日にまでさかのぼって書こう。〔…〕ポレの家にゆき、早い時刻に戻ろうとした。木曜日および五日金曜日は、ひどい雨氷だった。朝ベッドを抜け出すのがかなりしんどかった。〔…〕

土曜日、ポワンソのところへ行った。彼の状態はよくなっているようには見えなかった。相変わらず弱っていることに変わりなかった。悲しむべき衰弱状態だ。

日曜日、公現祭で、ヴィルマン先生に会った。〔…〕先生はぼくのギリシア語に驚き、ご自分で訳された『冠』[1]の一部を見せてくださった。政治や宗教の話もした。ぼくは思っていることすべてを、先生にごく素直に話した。

先生のお宅を出てから、ポワンソの家に行っているポーリーヌを迎えに行った。彼の家で王を決めること[2]になっていたのだ。いっとき陽気に過ごした。でも前より良いことはほとんどない。帰るときの彼の状態は、いたたまれなかった。たぶん、かつてなかったくらい悲しませる状態だった。〔…〕

翌日ポレがやってきてポワンソの話をしてくれた。しばしばポワンソの家を訪ねていた。〔…〕
それから何日間か、特記することは何もない。

（1）古代ギリシアの雄弁家デモステネス（前三八四―前三二二）の作品『冠について』のこと。なおアベル＝フランソワ・ヴィルマン（一七九〇―一八七〇）は文学研究者、政治家としてのちに活躍するが、一八一五年当時コレージュ・シャルルマーニュでミシュレを教えていた。
（2）一月六日、三博士の来訪によってキリストが神の子として公に現れたことを記念する公現祭のおり、中にソラマメなどを入れた菓子が作られ、切り分けられたときそれが当たった者が一座の王となるという風習がある。

二月十一日（日曜）

〔…〕土曜日、パンテオンの図書館に行く。そこからポワンソの家に行って夕食。〔…〕ポワンソのところへはほとんど毎日行く。木曜、ポレとポワンソ。夕方、ルフェーヴル。金、土ともポワンソの状態は、相変わらずひどく悪い。

十四日（水曜）

君の亡骸(なきがら)にはぼくの言うことがもう聞こえないが、その亡骸の近くで、ぼくは君のために始めたこの「日記」を書き続けている。完全に希望を捨て去るなんてぼくにはできない。神は正しいのだ。正しいひとが完全に全部死んでしまうなんて、あってはならない。ぼくらはおそらく、いつか再会するだろう。かつてお互いを別のものとして考えたことのなかった二つの魂が、こんなにも残酷に引き離されるなんて、どうしてなのだ？　いまやどんな手段によって、君の魂の一部にせよぼくに理解させてもらえるだろう？　しかしながら君の魂は存在する。神は正しい。だからどこにいようと、ぼくのいうことを聞いてくれ。

わが親しき君よ、そうなのだ、ぼくは君に話しかけたい。おそらく、感覚から解放されて君は、かえってよくぼくを理解するだろう。

死の中でぼくをたじろがせるのは、愛するものと離れるということが、ある全能の存在の手の中に、その愛する者が落ちてゆくのを見るということになり、その全能なるものは自らが完璧であって、美徳に関しはるかに厳しい審判者であるに違いないということなのだ。でも君よ、ぼくは君のことでは何一つ恐れないよ。これほどに純粋だった生涯が、なんで神にそむくようなことがありうるだろう。何と多くの好意を君は神に対し示さなかったろうか。美徳への崇高な愛に君がしょっちゅう貫かれているのを見たが、あの愛は、君の生涯の中で叱責されうるかもしれないほんのわずかな弱点を、埋め合わせてくれないだろうか。

おお、わが親しき君よ、ジャンティイの平野で干し草の山のうしろに二人して座り、魂の不滅について話し合ったあの日のことを、まだ覚えているかい。あんなにも汚れないあした会話以上に、どんな立派な供犠があろうか。それからぼくらがグラシエールの平野に座っていた日のことも覚えているかい。友よ、おそらく君にはぼくの言葉がきこえるね。でも、君はもう答えてはくれないのだ。

「イノチヨリイトシイ君ヲ、ミルコトハケッシテナイガツネニ君ヲアイシテイル[1]」。

ああ、なぜ君に逢うことができた時間を、もっと有効に使わなかったのだろう。ぼくの腕の中で死が君を凍らせてしまうときまで、手を離さずに君を抱きしめておくべきだったろうに。

不幸な君よ、君の眼は最後の瞬間にきっとぼくのことを探したろう。一瞬ジュールが君のことをほったらかしにしたと思えたのだ。ああ、君の両目はぼくが閉じてあげるべきだったのに。ぼくに禍あれ！　ぼくはぼくの眼を閉じてくれる人をもてなくて当然だ。

焦燥感から数日前ぼくの口から出たこの残酷な言葉を、いつか償えるだろうか。君はそれらの言葉をいまや知っていて、たぶんぼくを許してくれるだろう。でも、それらはぼくの意識の中に永遠にとどまり続ける。

ぼくがどんなに無情でいらだっていたにせよ、でもやっぱり君のことを本当に愛していたのだ。ある日、同じような時節、君がアングレ通り[2]に滞在していたとき、ポン・マリーまでぼくを送ってきてくれて、別れぎわにぼくの眼が涙でいっぱいになったことがある。ぼくはもうサン＝ポール船着き場に来ていて、橋の上にいる君の姿がまだ見えていて、ぼくらは互いの姿を見守りあっていた。かわいそうな君、不適切な健康管理で君の体調は悪化していた。そしてぼくは、なんだか知らない不幸の予感を暗い気持ちで抱いていた。

（1）古代ローマの抒情詩人カトゥルス（前八四頃―前五四頃）が兄弟を失った時に書いた詩からの自由な引用。モンテーニュが『エセー』の「友情について」という章の中で、親友エティエンヌ・ド・ラ・ボエシーを回想しているページでも引用している詩句である。ミシュレは、ポワンソが自分にとってのラ・ボエシーなのだと言いたいのだろうとヴィアラネは書いている。
(2) アングレ通りは現在もパリ五区にある。そこからセーヌを渡り、四区のサン＝ルイ島に入り、対岸に渡るときにポン・マリー(＝マリー橋)を通る。その対岸(セーヌ右岸)のセレスタン河岸にサン＝ポール通りがぶつかるあたりを、当時はサン＝ポール船着き場と呼んでいた。

二十一日(水曜)

(ポワンソの死から一週間だ)
この悲しい週に起きたことはぼくの心に深く刻み込まれた。それらを書くのは最初ためらわれた。

「タトエ思イダスノモ、コワイヨウニ思エテモ[1]……」

構うものか。起きたことを仔細に検討せずにいるのは、エゴイズムとなり、一種の怯懦(きょうだ)となるだろう。月曜日、ポーリーヌとともにポワンソのところへ行った。彼の顔つきが、顔色が変わってしまったのを見て、ひどく悲しかった。涙を隠そうとして、ぼくは暖炉のほうに近づかねばならなかった。ポーリーヌもそのあたりにやってきて、同じく涙を流していた。ポワンソがポーリーヌの泣いているのを見るのではないかと、ぼくはびくびくしていた。そこで、ぼく自身は涙で濡れていない目をしていよう、晴れ晴れとした顔でいようと努力した。〔…〕彼はとても息苦しそうで、こちらの言うことがほとんど聞き取れない

状態だった。〔…〕
　翌日（火曜日、彼に会った最後の日）、ひどく冷たく暗い霧の中、ヴィルマン夫人のところへ行って、そこから彼の家に行った。彼がこちらの言うことに耳傾ける様子を見て、良くなったのだと思った。付き添っていた女性は、そんなことはないと言った。じっさい息苦しさは減じていないようだった。皆でシュルヴィル先生[2]の往診を待っていた。ぼくはそこにいたが、何の役にもたたなかった。帰りぎわ、いましばらく彼を見た。五時近く、彼にさよならを言った。彼はそれまでとは違って、かなり勢いよく片手をぼくに差し出した。そしてぼくの手を愛情込めて握った。永久に握ったのだ。出がけにぼくは妹さんに言った。「これからあすまで、何か起きると思いますか」――「いいえ、思いません」と彼女は言った。そこで彼には一言も言わずに出た。心は張り裂けんばかりだった。
　十四日水曜、大変不幸なことに、ベリー公〔暗殺〕[3]の一周忌だった。いつもとは違い八時から九時までルッセルに授業をした。この間、皆があちこちぼくを探し回っていたのだ。ひどくぼんやりとした気分でブリアンさんの塾から外に出ようとしたとき、門番の女性がぼくに言った。「お友達が死にかかっていますよ」。霧がさらに深くなっているように思えた。すべてがどれほど一変したか言うこともできない。ぼくは駆け出し、駆け続けた。遅かった。ヴィルジニーが泣いているのが見えた。「ああ、何ということ！」ぼくは部屋に飛び込んだ。友はもういなかった。ただまだ生温かい、眠っているような死体が見えた。「ああ、あなた、彼はあなたの名前を呼びながら死にました」。ぼくは壊れそうだった。彼の手を取った。まだ温かくやわらかだった。その手に口づけした。でも、あんなにも純で優しかったあの魂はどこに行ってしまったのだ。「かわいい子、かわいい子」。これが彼に向けて呼びかけうる唯一の呼称となっていた。じっさいここ数年、ぼくは父親のような気持ちで彼に接していたのだ。

〔…〕夕方、その夜を遺骸のかたわらで過ごしに行こうとしたが、とても気づまりな気がして、パパにも一緒に来てもらえないかと頼んだ。パパはオーケーしてくれた。

あの残酷な夜、ぼくの思いは極端にまでゆっくりと展開していった。肉体的にひどくぐったりとしていたので、精神はそれほど苦しくなかった。小部屋の中で、ペンとインクをとって、遺骸のすぐわきで、かわいそうな友のために書くことに没頭し、あの茫然自失状態を脱しようとしていた。〔…〕六時にもう一度彼を見て、大きな声で「さよなら」を言った。それは悲しみが最高に高まった一瞬だったと思う。

ぼくはパパに腕を貸しながら外に出た。闇は冷たい霧によって、恐ろしげな二倍にも深いものになっていた。ぼくの涙も頬の上で凍りついてしまったように思えた。家に戻り寝かしてもらったが、十一時には起きた。ポレがほどなくやってきた。〔…〕

ぼくらが着くと棺は入口のところにあって、すでに多くの人々が集まっていた。〔…〕

教会に入るとき、ぼくは自分だけが泣いているのではないのに気付いた。〔…〕墓地に着いたとき、ひどく気落ちしていたが、半分霧に覆われ、氷塊がいたるところに突き出ている恐ろしげな木々の姿を見て、さらにいっそう心が引き裂かれた。あの不吉な小道をゆっくりと登って行ったとき、ぼくの胸に去来したものをどう言ったらよいだろう。だが胸を刺し貫いたのは、棺の上にかけられる土の音を聞いたことだ。あの音がひどい苦しみでぼくの心を傷つけた。〔…〕

（1）ウェルギリウス『アエネーイス』第二巻一二節。
（2）ポワンソの治療にあたっていた医師。

（3）王弟アルトワ伯（のちのシャルル十世）の二男で王位継承者のベリー公シャルルが、ルーヴェルによって暗殺されたのは、一八二〇年二月十三日だった。これをきっかけに反動政治が強まった。

二十七日（火曜）

〔…〕十八日、日曜、墓地に行き凍った地面からかなりの数の石を拾い出し、墓穴の上に積み上げた。そして中央に乾いた木の枝を一本立てた。それから、もって行った赤と白の二つの花冠をその枝にかけた。彼の最初の墓が、こうしてぼくの手で建てられたのだ。帰りぎわ、ポレのところに寄って碑銘についての話をした。〔…〕翌日、墓の件で、ポワンソのお母さんのところへ行った。〔…〕

火曜日、ポワンソのお母さんと従兄弟がやってきた。

二十一日、水曜、ペール＝ラシェーズに行った。帰宅後、前の週の耐え難い出来事を「日記」に記した。

二十二日、木曜、王立図書館に行った。

二十三日、金曜、ポレに手紙を書き、体調が悪く会いに行けないと伝えた。遅くなってから彼の方がやってきた。ぼくらは碑銘のデッサンを一緒に見に行った。

二十四日、土曜、ド・ジェランド[1]二巻目からの抜粋を終えた。薬を三錠飲んだ。

二十五日、日曜、終日家で大いに勉強した。月曜もさらに勉強した。トゥキュディデスの「アテナイ人の出発[2]」を読みだした。

きょう二十七日、火曜〔…〕ヴィルマン先生のお宅を訪ねた。が、先生はいらっしゃらなかった。〔…〕

（1）一八二〇年十月三十一日の「日記」、注（2）（一八一頁）参照。

（2）トゥキュディデス『歴史』第六巻三〇—三二節「遠征艦隊がアテナイを出発」をさしているものと思われる。トゥキュディデス『歴史』二（城江良和訳、京都大学出版会、二〇〇三）参照。

二十八日（水曜）

かなり好天だったので墓地へ行った。そこからポレの家に行った。彼のところではポワンソ嬢がぼくを待っていた。ペール＝ラシェーズへ連れて行ってほしいと言う。拒むことはできなかった。彼女の兄のこと、家族のことを道々話しながら行った。ぼくは彼女にいかなる優しい言葉もかけなかったし、愛さなければならない女性のことをいつも通り愛しているには違いなかったのだが、美しい空のもと、感じよい女性と二人きりでずっといられるなんて、幸運めいたものに恵まれたのだと、そんなことを漠然と感じていた。〔…〕

三月五日（月曜）

フルシー氏[1]、フルシー夫人、アンブロワジー[2]、それにぼくの叔母とルフェーヴルが夕食を取りに来た。ぼくは朝の内、ひどい泥道を通って墓地まで行ってきた。それからロランのところへ行ったが、会えなかった。〔…〕夕食はとても楽しかった。が、ポーリーヌが激しい頭痛を起こして食卓を離れねばならなかった。彼女はまだ食べていなかったのに、ひどく吐いた。

（1）フルシー夫人の亡き夫の兄弟。
（2）フルシー夫人の孫娘。

七日（水曜）

ポーリーヌとともにペール＝ラシェーズを訪ねる。彼女は、容易にはそこから戻れなかった。〔…〕

十二日（月曜）

ルッセル夫人のところへ行った。が、会えなかった。そこから墓地に行った。うっとりするような天気だった。ぼくは『ポールとヴィルジニー』を読んだ。行きがけにポワンソ嬢にあったが、彼女の姿にひどく心打たれた。

十九日（日曜）

頭痛がひどい。節々も痛む。胸と胃のあいだにも痛み。でも、ラ・フォンテーヌの『フィロメール』[1]を韻文で書く。それから寝る。ベッドの中で、ピエモンテの事件[2]を読む。〔…〕

（1）ジャン・ド・ラ・フォンテーヌ（一六二一—九五）の作品『フィロメラ〔＝アテナイの王女で、神々により鳥（西欧ではウグイスとされる）に変えられた〕へのオード』を、当時ミシュレは大学教授資格試験にそなえて、ラテン語に訳していた。

（2）一八二一年三月トリノの自由主義者たちが、ピエモンテの反動的老王ヴィットトリオ・エンマヌエーレ一世（一七五九—一八二四、サルデーニャ王としての在位は一八〇二—二一）に対し反乱を起こした。ミシュレはこの事件のことを新聞で読んだのだろう。その後の経緯を略述すると、王は三月十三日に退位し、従弟カルロ＝アルベルト（一七九八—一八四九、在位一八三一—四九）に摂政職をゆだねた。若いころフランス思想に影響を受けたこの摂政は一時リベラル派に譲歩したが、ほどなくオーストリアと手を結び、旧王の軍隊とも一体となってリベラル派を弾圧、カルロ＝フェリーチェ（一七六五―一八三一、在位一八二一―三一）に王位をゆずった。

二十七日（火曜）

体調を崩して以来、初めて墓地に行った。自分がとても弱くなっていると感じた。下半身で両脚が弱っていた。帰路、ぶどう酒を一杯やったが、あまりにも強烈にきた。

二十九日（木曜）

〔…〕ポレのところでナポリの敗戦[1]を知った。

（1）ナポリ王国＝両シチリア王国の自由主義者とカルボナリ党員は、フェルディナンド一世（一七五一―一八二五）（ただしナポリ王としてはフェルディナンド四世）に対し反乱を起こしていたが、（王の妻がオーストリア王家の出ということからか）オーストリア軍が介入し、一八二一年三月二十四日ナポリに入城、反乱を鎮圧した。これは、翌年からオーストリア宰相となるメッテルニヒの勝利を意味し、オーストリアがイタリア全体を配下に置くきっかけとなった。

三十一日（土曜）

午前中レタンダール先生のところへ行き、ポワンソ〔の死〕以来初めて植物園とサルペトリエールの眺めに真正面から向き合った。〔…〕植物園では、ポレと散歩したおりに感じたことをまた感じた。春とその香りがぼくを傷つけたのだ。空を見上げていると、目が涙でぬれてきた。彼は今どこにいるのか？

「……ダガタシカニ、ボクハツネニアイスルダロウ」。

この瞬間、わが友の思い出にどうして心ゆくまで浸ることができないのだろう？

レタンダール先生は、ぼくの学位論文を修正してあげると約束してくださった。[1]〔…〕

（1）ミシュレは前々年（一八一九年）七月、プルタルコスにかんするフランス語論文とロックにかんするラテン語論文をソルボンヌに提出、文学博士号を授与された。彼はそのうちのプルタルコス論を修正して、出版しようと考えていたのである。しかしこの計画は実現されなかった。なおレタンダール先生は、ミシュレがシャルルマーニュ高等中学校の修辞学級にいたとき（一八一五―一六）のラテン語とギリシア語の先生。

四月八日（日曜）

〔…〕ぼくがダガルド・スチュアート[1]を読んでいるところにポレ君がやってきた。彼はバンジャマン・コンスタンのシリエス・ド・メリナック氏の提案[2]への反対論を読んでくれた。ぼくらは彼に夕食を取っていってもらおうと思った。この夕食のさなか、墓地からの帰りのポワンソのお母さんが、それから少しあとお父さんと弟さんがやってきた。食事も、食後の時間も、たいへんにぎやかなものになった。〔…〕

（1）ダガルド・スチュアート（一七五三―一八二八）はスコットランドの哲学者。当時ミシュレはスチュアートの『人間精神の哲学〔初歩〕』(の一巻目)を読んでいた。

(2) 一八二〇年三月八日シリエス・ド・メリナックが、議会に検閲等を強化し自由主義者を沈黙させようとの法案を提出した。その後長期間論争が続いたが、中でもバンジャマン・コンスタンとロワイエ゠コラールが激しい反論を展開した。

十二日(木曜)

〔…〕きのういっしょに散歩しながら、ポレにぼくの見た夢の話をした。母親によりリシュリュー氏に売りとばされた若い娘を、ぼくが救うことになったという夢の話だ。もう一つの夢は話さなかった。その夢で、ぼくは棺の中で生きているポワンソを見ていると思っていた。彼は頭を動かしほほえんで、ぼくらを安心させていた。またもう一つ別の夢も話さなかった。その夢では、地下埋葬場にバラバラになった手足が見えていたが、それはポワンソのものだと人々は言った。ガラスの下にある青白い顔を見せながら、「ほら、君の友達の頭部だよ」と言っていた。あんな苦痛と恐怖を感じたことはかつてなかった。

十六日(月曜)

〔…〕ポーリーヌはリーズのところに出かけたが、夕食に戻ってこなかった。そこで、かつてのぼくの弱さすべてが思い出されることになった。そしてぼくは自分が彼女をすごく愛しているのを感じた。幸い彼女はリーズに伴われて戻ってきた。

二十三日（月曜）

〔…〕ポワンソのお母さんがペール＝ラシェーズに行きたいとやってきた。ぼくは人を待っているからと話し、ポーリーヌがお母さんを墓地まで案内した。

二十八日（土曜）

陰鬱で雨がちな天気だった。半期分の褒賞として、(1) またボルドー公の洗礼式(2)のため、長期の休暇がもらえるだろうと予測しながら帰宅した。

（1）当時ミシュレはブリアン塾という私立の学校で復習教師をしていたから、そこで半年分の学期が終了したということを言っているのだろう。

（2）ボルドー公アンリ・ダルトワは、父ベリー公が暗殺された七カ月後の一八二〇年九月二十日に誕生した。のちのシャルル十世のこの孫は、王家の血筋を確保継承するものとして、王政支持者から大歓迎された。この「奇跡の子」の洗礼式は一八二一年五月一日と定められ、政府はいうなれば戴冠式に代わるような大式典を催そうとしていた。

二十九日（日曜）

雨が止んだのを利用して墓地まで行った。ポワンソの夢をすごく見たのだ。どういうわけかぼくらは屋根裏部屋にいた。ぼくは彼に熱意をこめて奉仕を申し出ていた。だが彼は受け入れようとしなかった。ところで墓地への散歩に戻ると、かつて墓地があんなに詩的に思えたことはなかった。若葉、やわらかな芝草、すべてが生命と愛にあふれ、なまめかしい春の盛りだった。しかも墓石の上までそうだったのだ！

これ以上詩的で哲学的なものは何一つない。ぼくは友のためにバラの花輪をもっていった。帰ってくると、見てきたばかりのものに関してラテン語の詩をつくった。エウリピデスの『アンドロマケ』[1]を終了。クラウディアヌス[2]を読んだ。ルフェーヴルが四時にやってきた。彼は吐剤を飲んでいた。とても弱っているように見えた。夕食後コスラン夫人[3]と遊んだ。ぼくは十時半まで、ばかみたいにそこにとどまっていた。寝ようとしたとき、ルフェーヴルが火曜日、婦人たちを花火につれてゆくことになっているのを知った。ぼくは陰鬱な空想をして、胃はほとんど空（から）になり、夜の一部をいま眠れないまま過ごしている。

(1) エウリピデス（前四八五頃—前四〇六頃）は古代ギリシアの三大悲劇詩人の一人。『アンドロマケ』はその作品の一つ。
(2) クラウディアヌス（三七〇頃—四〇四頃）。ラテン末期の代表的詩人。
(3) コスラン夫人はデュシュマン博士の療養院に入っていた最後の療養者のひとりで、フルシー夫人やポーリーヌの世話を受けていた。

五月一日（火曜）

「日記」、二年目になる。

午前中ヴィルマン先生を訪ねた。先生のお母様の話では、先生はお祝い[1]に行くために着替えをしていらっしゃるとのこと。先生のところから、この前食事に招いていただいたお礼にポワンソのお母さんのところを訪問。ただしお母さんはいなかった。ポレに会いに行ったが、初めのうち彼は外出したがらなかった。

一時間後、出かけてみようということになり、ヴァンセンヌの森まで行った。帰ってきて、彼は家に入ってから、ヴァンセンヌの森でひどく悩まされた羽虫どものことで、ぼくといっしょにギリシア語の詩を作った。ルフェーヴルが夕食にやってきた。長いこと侃々諤々（かんかんがくがく）議論して、そして彼らといっしょに花火に行った。テュイルリーの橋の下では〔花火の煙で〕息が詰まるかと思った。ぼくはずっと長いことポーリーヌを両腕に抱いていた。ルフェーヴルは家までぼくらといっしょに戻ってきた。

（1）ボルドー公の洗礼式のこと。四月二十八日の「日記」の注（2）（二〇〇頁）参照。

七日（月曜）

ポワンソのお母さんのところと、ポレのところへ行った。ポレと二人でまたヴァンセンヌの森を訪ねた。森はすばらしく魅力的だった。ぼくはポレに宗教的想念について話した。と、彼は、ぼくがもうカトリックを信じているのだと思い込んだのだ。ぼくは、ぼくのことをいつでも、とてもよく理解してくれていた人〔ポワンソ〕のことを考えていた。

八日（火曜）

今日はずっと前から切望されていた日だ[1]。時、到来する……〔…〕

（1）先延ばしされてきた愛の営みの約束を、この日ポーリーヌが果たしたのだろうとヴィアラネは注記している。

九日（水曜）

夕方、墓地に行った。天気はぼくの心のように悲しく、いまにも泣き出しそうだった。

十二日（土曜）

現実の快楽は、想像力が約束するものを何と下回るのか！

十三日（日曜）

（朝八時）〔…〕

きょうは見たばかりの夢をすぐに書いておこうと「日記」をつけた。すぐそばに薬学部の生徒たちが何人か住んでいる大きな部屋の中で、ぼくはかわいそうなポワンソを見ていた。埋葬され、皆が泣いた後、どうして彼とそこで会えるのかと、ぼくは彼に尋ねた。「ぼくを土の中に入れたあと、皆はすぐさまぼくの近くに穴を掘って、他の人間を埋葬したのさ。ぼくは死んでいなかったから、逃げ出してきたのさ」と、彼は言った。それからぼくらのそばにいる若者たちのことを、彼はずいぶんと話した。あの連中がぼくの悪口を言っているというのだ。「ぼくが独り者で、パパにも無用な人間だったら、そういうことにも気をつけるんだろうけど。ぼくはケンカできないんだよ」と、ぼくは彼に言った。まったく支離滅裂なこんな会話をしたあと、どういうわけだか、ポワンソのお母さんといっしょに、パリの外側の大通りを歩いていた。「さあ、あの大切な子が埋められているらしい場所を見に行きましょう」と、お母さんは言った。そのあとぼくはフルシー夫人とヴィクトワール(1)といっしょに、ポワンソと会っていた家から出ようとしていた。その家は、なんだか分からない、表現しようのない魔術のようなものをもっていた。家から出ると、雹の混じった雷雨に見舞われた。ぼくらは今回もポワンソを、またも失くしてしまったみたいに、ひどく悲しんでいた。こうした夢は、どんなに不安がらせるように見えても、ぼくにとってはとても貴重だ。

（1）ヴィクトワールはポワンソ夫人（＝ポワンソのお母さん）の従妹。

十六日（水曜）

夕方、ペール＝ラシェーズに行った。昼間のうち、婦人たちが行っていたところだ。空は曇っていて、ただビセートルの丘だけが日に照らされていた。あの家が初めて見分けられた。おお、わが友よ、君はもうあそこにいないのだ。目に涙があふれてきた。

二十一日（月曜）

授業を終えるころ、二時、約束どおりにポレを待つ。が、彼は来なかった。家に戻ったところ、ほどなく彼がやってきた。カミーユ・ジョルダン[1]の葬儀からもどってきたのだという。葬式に参列していたというソトゥレとロル[2]のことをポレは話してくれた。ぼくらは一緒にソルボンヌまで大学教授資格試験の受験手続きをしに行った。そこからレタンダール先生のお宅へ行ったが、先生はいなかった。先生のところからリュクサンブール宮殿に行ったが、謀反人の裁判[3]をしているところで、パトロール隊であふれていた。最後に、植物園の、ぼくらが六年前『エロイーズ』を読んでいた美しい小道にまで足を伸ばした。

（1）カミーユ・ジョルダン（一七七一—一八二一）は二日前の五月十九日に亡くなった政治家。もともと立憲王党派で、一八〇〇年にはボナパルトへの反対演説をして知られた。その後自由主義者と極右王党派の間にあって中道をとなえるドクトリネール（＝純理派）の代表的指導者の一人となり、人気が高かった。その葬議には自由主義者が大挙して参列し、ロワイエ＝コラールが涙声で別れの言葉を述べた。

（2）ソトゥレとロルはシャルルマーニュ校でのミシュレとポレの同級生。

（3）前年の一八二〇年八月十九日、反政府の陰謀をたくらんだボナパルト派の将校と民主派の青年たちが逮捕された。彼らの裁判が二一年五月十日から六月八日まで、当時貴族院が置かれていたリュクサンブール宮殿で行われたのである。

二十四日（木曜）

なぜかあんまり勉強しなかった。ペール＝ラシェーズへいってきたところだ。心ゆくまで彼の思い出に浸れたら、ぼくはもっと楽しい気分になれるのだが。

六月一日（金曜）、二日（土曜）

変わったことは何一つない。金曜日、墓地に行ってきた。友が残してくれた貴重な手帳を、そこで読んできた。

八日（金曜）

ポレのところへ行った。彼は、弔意を表す若者たちの行列がどんなふうに行われるかを見ようと、ペール＝ラシェーズに行く気になっていた。ぼくはそれを思いとどまらせ、メニルモンタン(1)の入市税取立所（バリエール）のほうへ出かけた。そこで、坂道を上ってくる若者たちの縦列[2]を見つけた。いたるところ、ものすごい数の憲兵隊。ぼくらは運河[3]のほうに行った。だがコンバの入市税取立所[4]で、激しい雨にあい、足止めをくった。

（1）当時はパリ郊外の村で、一八六〇年パリに併合され、現在はパリ二十区にある一区域。ベルヴィル公園とペール＝ラシェーズ墓地の中間に位置する。

（2）学生を中心とする若者たちはラルマンの埋葬一周年（二日遅れだが）と、現在裁判にかけられている一八二〇年八月十九日の謀反人たちへの共感を表すため、この日ペール＝ラシェーズに集合したのである。

（3）ミシュレとポレはセーヌ川から続くサン＝マルタン運河がラ・ヴィレット池となり、さらに伸びてサン＝ドニ運河となっているあたりに向かっていたと思われる。

（4）当時パリとラ・ヴィレット村との間にあった城壁にうがたれていた三つの門の一つ。一八七一年のパリ・コミューンの戦いで壊された。現在パリ十区と十九区の境界にあるコロネル・ファビアン広場がその場所である。

十一日（月曜）

午前中ドヴィリエ氏[1]のところへ行った。彼はとても珍妙な普段着姿でいた。ぼくにたいそう興味をもってくれて、ミロン氏[2]を介してニコル氏[3]のところに行けるようにしてくれると約束してくれた。

昼間ポレ君がやってきた。ぼくは自分が作ったギリシア語の詩を彼に見せた。

（1）ミシュレは、フルシー氏によって紹介されたこのアレクサンドル・ドヴィリエ氏のもつ大学関係のコネを利用して、大学への就職を図り、どうにかして復習教師という不安定な地位を脱しようと思っていたのだろう。

（2）シャルル・ミロン（一七五四―一八三九）は一八〇九年からソルボンヌで哲学を教えていた。一八二一年当時、ルクレールの推薦により、ミシュレを臨時教員として採用しようと考えたこともあったらしい。

（3）一八二〇年に公教育評議会の一員となったシャルル・ドミニク・ニコル（一七五八―一八三五）のこと。聖職者で、サント＝バルブ校の教師をしていたこともある。

十八日（月曜）

二時にドヴィリエ氏のところへ行く。翌日ミロン氏のところへぼくを連れて行くと約束してくれた。ぼくらは、科学を研究するのに最も価値ある次元について話をした。諸々の自然科学の中で見つけるべき関連（かわいそうなわがポワンソの偉大な考え）についても話した。ドヴィリエ氏が言うには、ぼくが思う以上にそうした関連は進んでいて、すでに芸術に適用される化学という講義もあるという。それが完全にぼくの考えとなるとはいえない。何に関連してだかわからないが、ぼくは魂の不滅についての話をした。彼は面と向かってぼくをあざ笑い、自らの物質主義を、可能な限り詳しく述べてくれた。

十九日（火曜）

夕方六時、ドヴィリエ氏を迎えに行った。彼はぼくをミロン氏のところへ連れて行ってくれた。ミロン氏は牡蠣（かき）と人間の中間的存在のように見えた。退屈なものの極致だ。

……と大いに言い争う。夕方ぼくが顔を洗っていると、また言い争いが、とても愉快な具合に始まった。

忘れていたが、朝のうち、ルクレール先生をお宅にたずねた。が、お会いできなかったので、そこからフルシー氏のところへ行った。氏は奥さんと同じようにぼくを大歓迎してくださった。植物園で、ビセートルでのポワンソの友人イドゥ[1]と出会ったが、声をかけなかった。

（1）一八二〇年七月十八日の「日記」の注（2）（一六三頁）参照。

二十日（水曜）

テリー[1]を急いで筆写する。きょうの夕方ペール＝ラシェーズへ行った。大きな貯水槽を見つけてうれしかった。埋葬の翌日彼の墓穴の上に置いた花冠は、すっかりしなびてしまっていた。土の中にあるものはどんなふうになっているのか！　わが友が、しかし、そこにいるなんてありえない。いったい君はどこにいるの？　ぼくの言うことが聞こえるかい？　帰りがけ、ラルマンの墓を見た。

（1）オーギュスタン＝フランソワ・テリーは、ミシュレやポレのシャルルマーニュ校時代の学友（ミシュレより二歳年上）。テリーは一八一八年に博士論文を提出、二一年にはコレージュ・ド・ヴェルサイユの教師となった。ミシュレは彼の博士論文を借りて読み、その抜粋を数日前からしているところだった。

二十八日（木曜）

ポレがやってきて、バンジャマン・コンスタンの奴隷貿易に関する演説[1]を読んでくれた。それは、ぞっとするようなことだ。ボダン[2]〔の授業〕はなかった。ある若者がブリアンさん[3]のところにやってきて、ぼくの授業を頼んだという。一日二回の授業をやってもらいたいのだそうだ。ブリアンさんと検討したが、うまく時間が調整できない。

（1）この六月の議会で海軍予算の検討がなされていた。そのおり、当時のフランス政府が処罰対象としていなかった黒人奴隷売買の問題を、自由主義者陣営が取り上げた。バンジャマン・コンスタンは、奴隷貿易に従事していた船長たちが、一八〇七年に奴隷貿易廃止法をすでに制定していたイギリス艦隊に見つかりそうになったとき、運搬中の黒人奴隷たちを海に投げ入れて殺し、奴隷貿易そのものを隠蔽しようとした事実をとりあげ、フランス政府を糾弾したのである。

（2）アレクサンドル・ボダンは、すでに数年前からミシュレの個人授業をうけていた生徒。

（3）ミシュレが務めていたブリアン塾の塾長。

七月六日（金曜）

ぼくはフロット(1)を読んでいる。きのう、あることがぼくの心を心地よく打った。朝六時に背中に背負子（しょいこ）を背負った一人の男に会うが、彼は身なりがきちんとしていて、そして片方の腕を二人の娘に貸していた。一人は十二歳、もう一人は十六歳ほどの娘たちだった。この男は、たぶん父親だろうが、その尊敬すべき様子にぼくは感動した。彼は二人を日中連れ歩いていたのだ。そのことがぼくの心に大いに響いた。大きいほうの娘は喪服を着ていた。貧困と、不幸と、労働への愛と、徳性との生きた姿を見たように思った。おお！　もしベルナルダン・ド・サン゠ピエールが、このような和合（ハーモニー）を見ていたとしたら。

先週のどの夜だったかもう思い出せないが、夢でポワンソに会ったと思った。彼は矢のようにぼくの前を通り過ぎた。いつもよりさらに痩せこけていた。「おお、かわいそうな友、君は死んだと思っていたが」とぼくは声をかけた（それはぼくの心の動きだったと完璧に覚えている）。そしてぼくは泣き崩れた。

きょう墓地へ行った。墓地から出ようとしたとき、まことに優雅で美しく、かつきわめてかわいい女性が、若い男と一緒に入ってくるのが見えた。かの地の陰鬱さ、空模様、そしてぼくの心の状態と不釣り合いで不快だった。ねえ、奥さん、ここに何しにみえたのです。あなたの美しさで困惑させるのは、ほかの場所にしていただけません？　ぼくはポワンソを、それからぼくの母が土に降ろされたと推測される場所を訪ねてきたところです。母がぼくに言っていた口調、「お前が大好きだよ」が心の中に蘇える。ああ、神よ、なぜ人間には、こんなにむごい情愛がありうるのでしょう？　「ソノヨウニシテ、苦キ死ヲワカチモツノカ」。

あの悲しい谷を横切りながら、ぼくは一つの墓石の上に「……の記念に」という文字を読んだ。墓掘人たちは記念碑をほとんど埋めてしまっていた。半分壊れているような他の墓たちは、ほどなく消え去ってしまうに違いないと思えた。柵は落ち、木々だけが墓を守っているように見えた。ぼくは、「大地、われらが母」という言葉が大好きだ。

（1）J・S・フロットはアミアン大学の哲学教師。一八一二年に『哲学基礎講義』を出している。

九日（月曜）

〔…〕ぼくらは森の中にちょっぴりすわり、ほどなく激しい夕立に遭う。ポレは上天気が約束されていると予言していたのだが。

ボナパルトが死んだ。[1]

（1）ナポレオンは一八二一年五月五日、セント＝ヘレナ島で死んだ。が、その死がヨーロッパに伝わったのは、やっと七月初旬になってからである。

十八日（水曜）

午前中ミロン氏に会いに行った。彼は最初のときよりは暖かく迎えてくれた。そこからヴィルジニーのところへ行く。うちの婦人たちが月曜日に会いに行って、彼女がまた病気だと知ったのだ。ヴィルジニーが言うには、もう苦しくはないとのこと。でも、あの可哀そうな子は、とてもうつろな目をしていた。〔…〕

二十日（金曜）

授業をする。子供たちに優しいやり方を試す。夕方、〔墓に〕水をやりに行き、風邪をひく。

二十二日（日曜）

午前中かなり体調が悪かったが、〔墓地のある〕丘にまで散歩に行く。天気は雨模様。墓地を完全に一めぐりする。〔…〕

ヴィルジニーが夕食に来る。顔色はずっと良くなっている。が、ひどく痩せ、ポワンソにずっと似てきてしまった。このそっくりぶりが、一度ならずぼくの心を動揺させた。

二十三日（月曜）

午前と夕方授業。ぼくの厳しさが、つねに増してゆく。

二十九日（日曜）

〔…〕ポワンソのお母さんが花束を贈ってきた。「あの子の最も親しき友へ」と書き添えてあった。〔…〕

三十日（月曜）、三十一日（火曜）

先週と同様、モジュレ先生のクラスを暗い気持ちで〔代行〕授業する。火曜夕方ヴィルジニーがやってきて、母親の家に戻ることにしたと教えてくれる。なぜだか、それを聞いても、あまり嬉しくならない。

八月五日（日曜）

かなり強烈な暑さの中、午前中、久々にペール＝ラシェーズへ行った。トロヌ[1]やビセートルの入市税取立所（バリエール）に向いている側にすわった。ぼくは『ポールとヴィルジニー』を読んで、子供のように泣いた。帰宅してから、フロット[2]〔を読み〕、プリ君[3]〔が来る〕。夕食後にはフルシー夫妻が来た。彼はギリシアの自由を謳うオードを始めた。ぼくらはそれをギリシア語に訳してギリシアに送ることに決めた[4]。

（1）現在パリ十一区と十二区の間にあるナシオン広場が、一八八〇年までトロヌ広場と呼ばれていた。その広場にバリエールがあった。ビセートルとともに、ペール＝ラシェーズのほぼ南に位置する。
（2）七月六日の「日記」の注（二一〇頁）参照。
（3）フランシスク・プリはブリアン塾でのミシュレの生徒。
（4）オスマン・トルコに対するギリシア独立戦争は、この一八二一年三月、トルコ内の反乱に乗じて独立軍が蜂起したことで大きな高まりをみせた。しかし蜂起軍は敗北、その指導者がオーストリアに脱出するなど混乱が続いた。この数日後の八月九日には、キオス島に集まったエーゲ海諸島に住むギリシア人が、自らの独立を宣言する。バイロンをはじめ、ヨーロッパ諸国からのギリシア独立支援の動きが急速に高まってゆく。

六日（月曜）

〔…〕風呂[1]に行き、ドゥヴィリエ氏のところへ行く。彼はいた。ぼくらは魂の霊性と磁気説[2]について議論した。こんなことは決して議論すべきでないと感じた。

（1）西欧でも公共の風呂は十一世紀からあったと思われる。パリでは革命後水道の整備が進み、ルイ十四世時代には二カ所しかなかった公共風呂が、かなりの数になっていたらしい。ミシュレも「日記」に時折、この日のように「風呂に行く」と記している。

（2）万物は、宇宙に充満している目に見えぬ磁気の作用下にあり、天体と人間も相互に作用しあっているという説。

十二日（日曜）

きょうは、これをわが友の墓の上で書いている。彼の美徳の思い出が、ぼくの心に役立つことがありますように。ぼくは自分が去年と全く同じであることに気付いている。自ら適切な決意をすることが、同じようにうまくできず、つまりは同じように不完全な人間だということに気付いている。おお、わが友よ、ぼくの狂気(フォリ)を分けもつことなく、おおくの同情を示してくれた君が、どうして今はいないのだ！　おお、親しき君よ、君はどうなったのだ？　君の墓はなぜしゃべってくれないのか！　どうして、純粋な霊がぼくらと意思を通じ合えないのか？

ぼくの心のざわめきを、どう言えばよいのだろう？　近頃、いかなる原理原則ももたないでいようと、意気地なく何回となく願ったことか！　こうしたつらい状況におちいるたび、おそるべき残酷さをもって心にやってくるのは次の言葉だ、「ポワンソは死んだ」。

先週は不快な夢のようにして過ぎてしまった。この状態以上に苦しいものはない。ポーリーヌが最近言った次の言葉が、ぼくには衝撃だった、「あなたがわたしみたいに幸せでないのは、魂の平安をもっていないからよ」。

十五日（水曜）

クリストファ・コロンブスに関して詩を作る。少なくともそうしている間は幸せだ。ペール＝ラシェーズに行き、墓の上に傾くように柳を結びつける。バリーやラフィット等々の墓があるアカシアの小道を通って戻る。帰ってからラロミギエール[1]……を抜粋。ぼくはまだ傷心のままだ。

（1）ピエール・ラロミギエール（一七五六―一八三七）はソルボンヌの哲学教師をしたあと、大学図書館の上級司書の仕事をしていた。ミシュレは彼の『知性の原理に関する哲学講義』を、この一八二一年に読んでいた。

十七日（金曜）

ぼくに英語を教えてくれている女の先生と、すこしスターン[1]を読む。大変楽しかった。とりわけイライザの思い出が、彼にブリュッセルへ行かないように決心させるところが。「幸せの泉（ファウンテン・オブ・ハッピネス）」。ポレが来る。二人でサン＝マンデ[2]の裏手の草の上に寝転びに行く。そこに行く途中、彼は「起きるかもしれないことが、とても怖かったんだ」と言っていた。

帰ってから、何とも定義しようのない潑剌（はつらつ）とした喜びに包まれて夕食。食後勉強しようとしていたら、ルフェーヴルとセジュリュックがぼくらに会いに来る。

（1）イギリスの作家ローレンス・スターン（一七一三―六八）の紀行文『センチメンタル・ジャーニー』のアミアンでのエピソードをミシュレは読んでいた。晩年スターンは年下の人妻イライザに恋していて、ブリュッセルに住む某婦人からの誘いを、恋人を思って断るという場面がある。

（2）サン＝マンデはパリの東の郊外、ヴァンセンヌの森のすぐ北側にある村。

十九日（日曜）

今日、ペール＝ラシェーズへ行った。ヴァンセンヌへの道を真向かいにして、足下にはヴァンセンヌからアンヴァリッドまで広がる広大な盆地があり、正面にビセートルが見える場所で、「日記」を書いた。〔…〕

二十七日（月曜）

（墓のところで）。この週は水曜日以前は何をしていたか、またも思い出せない。水曜にはポレに会いに行った。彼は暑さに弱っていた。ぼくらは外出できなかった。ぼくは彼にぼくの狂気(フォリ)について話した。金曜日、午前中、彼がブリアンさんの塾にまでぼくに会いに来て、すべての作文が一日でできるかどうかレタンダール先生に尋ねにゆくようにと言う。[1] ぼくは昼食後ひどい暑さの中、先生のところへ行った。〔…〕

二十五日、土曜日はサン・ルイの日。[2] ぼくは朝早く墓地に行き、墓に水をかけ、それからヴァンセンヌとビセートルとモンマルトルが同時に見える丘の頂に行って、書き物をしようとした。ところがインク壺を忘れてきていた。〔…〕

日曜日、かなり一生懸命勉強した。エドワール・パティノが会いに来た。彼の兄弟に手紙を書いているときだった。

きょうもわが友の墓にやってきた。注ぐべき水が見つからなかった。夕方かなり遅くポレが迎えに来てくれた。ぼくらはサン＝マンデへの道をたどっていって、帰りに、真っ暗な夜の中、入市税取立所から遠くないところにある美しい木立の下にすわってきた。

（1）ミシュレは大学教授資格試験を受けようとしていて、レタンダール先生に、試験科目として課されている作文のことで相談しようとしたのだろう。一八二一年三月三十一日にも、別の作文のことでレタンダール先生に相談した記述がある。当日の「日記」（一九七—一九八頁）参照。

（2）フランス王ルイ九世（一二一四—七〇）はその善政と、第七回、第八回の二回の十字軍遠征での活躍等により、死後聖人に列せられ、聖王ルイ（＝サン・ルイ）とあがめられている。第八回十字軍の途上、一二七〇年八月二十五日、遠征地チュニスで病死したため、この日がサン・ルイの日とされる。

三十一日（水曜）

きょうルフェーヴルがやってきて、ペルテュイ嬢とともに皆でいっしょに昼食をとる。そのあと、ぼくの見たところ、かなり感慨深げなようすで別れを告げる。彼はひたすら名残惜しそうにパリを去ってゆくように見える。

今晩、ペール＝ラシェーズへ行ってきたところだ。墓地があんなに陰鬱で威厳あるものに見えたことは、かつてなかった。ぼくの親しき友を、かつてあれ以上懐かしんだこともなかった。あの墓から立ち去ることができなかった。近づいてくる夜に、墓を一人ぼっち、ポツンとさらしておくのが忍び難かったのだ。空の大部分には雲がなかった。ただ西の方が真っ黒におおわれていた。ぼくのかわいそうな友！「ソノヨウニシテ、カレハ苦キ死ヲワカチモツノカ！」〔…〕

九月七日（金曜）

月曜日、ラテン語小論文を作成。ひどい暑さですごく疲れた。火曜日、フランス語小論文を作成。ぼくら、ポレとぼくは、課題が終わった後レタンダール先生のところへ行く。が、奥様しかいらっしゃらなかった。しかも奥様はご病気だった。この両日とその翌日、ぼくらはいっしょに植物園に行った。水曜日、午前中先生に会う。そのあと、ぼくらは詩の創作にかかろうとする。木曜日、哲学に関する最初の試験。うまく通過。ぼくは因果性（コーザリテ）について、うまい具合に答える。思わずぼくのかわいそうなライヴァルを抱きしめる。〔…〕

きょうは文学全般についての試験。ぼくはライヴァルの一人に、植物園で取り決めたのとは違う質問をする。ぼくは相手を大いに当惑させ、相手に対し大いに才気があるようにみせる答え方をする。ポレと昼食をとっているとき、突如驚いたことに、自分が不実なことをしたという思いに襲われる。もう心が落ち着かない。これまでにもそれを守るために何らかの犠牲を払ったことのある信条を、ぼくは破ってしまったのだ！　もはや自分の競争相手になすべき償いについてしか考えられなくなる。コレージュ・ド・ジルランデ(1)に至ると、ぼくは彼のところに駆け寄り、熱い涙をこぼしながら、ごめんねと言う。止めることができなかったのだ。彼はまったく気にしていないようで、彼の方もごめんねと言ってくれた。もっとも今では、ぼくが多くの過ちをしたとも思えない。あそこでは、きわめて明確な取り決めをしたわけではなかった。ぼくは何も悔いてはいない。それに取り決めていたことに背いたとしても、それを忘れてしまっていたということだと思う。〔…〕

（1）コレージュ・ド・ジルランデはルイ十四世によってアイルランド人のコミュニティーに与えられた施設で、一七六〇年からはパリ五区のパンテオン南にあるイルランデ通りに移設された。外国人の財産として革命期にも破壊をまぬがれ、ルイ十八世により英国国教会に返却され、一八一八年からはイギリス人学生を受け入れるようになっていたが、夏休みのこの時期、大学教授資格試験の試験場となっていたのだろうとヴィアラネは推測している。

八日（土曜）

正午、ぼくらは課題のテーマを選ぶ、くじ引きに行く。

今日はうんざりするような雨の中、ミロン氏(1)の所と、風呂と、ギリシア人支援署名(2)とに行ってきた。と

ころが閉まっていて、腹立たしかった。〔…〕

(1) ミロン氏。一八二一年六月十一日の日記、注(2)(二〇七頁)参照。

(2) 独立運動に立ち上がったが苦戦を強いられているギリシア人のために、ヴィルマン等の自由主義者の団体が支援活動を始めていたところだった。

十二日(水曜)

きょう九時十五分、ルフェーヴル家の一人とともに試問を受ける。ぼくはホラティウスのオードの一つ(「タレカニオマエガ植エラレタノハ、フキツナ日ダッタ」[1])と『ヘカベ』[2]の詩句一二行ほどを説明する。たいそううまくできる。あそこからポレと植物園を通ってブリアンさんのところへ行く。あそこで痔がひどく痛くなる。

夕方、雨の中、丘のほうに登る。とても悲しくなってしまい、戻ってくるとポワンソの思い出を書き始めるようせかされている気分になる。でも「日記」のほうが優先だ。最近起きたことをすべて忘れていないかと心配だ。

(1) ホラティウス『オード集』第二巻、第一三句。詩人は自らを押しつぶしかかった木を責めている。

(2) 古代ギリシアの悲劇作家エウリピデス(前四八〇頃―前四〇六)の前四二五年ころの作品。

十三日(木曜)

〔…〕夕方、ポワンソに関するぼくの思い出〔十八日の日記(二二一頁)に出てくる「ポワンソの生涯」のこと〕

を書き始める。

十六日（日曜）

きょうは濃い霧の中、ぼくの審判員たちに会うために出かける。植物園を横切るが、とても美しくてとても静かだった。ぼくは心の中にあらゆる優しい情熱を感じた。あれらの花々は、その所有権がすっかり忘れられていて、大多数が用途もないままになっているが、ぼくには、あれらは、自らを示す機会もないまま、生まれた心の中で死んでゆく数知れぬ善意を思わせたのだ。ああしたものは、多くの悪を癒し、慰めてくれるだろうに。

あそこから、ルクレール先生のところへ行った。先生が冷淡だったので、ぼくの自慢話は少し腰を折られた。レタンダール先生はぼくの欠点を指摘してくださり、他人の誠実さを疑うようにさせてくれた。とりわけ、ぼくのフランス語の書き方が、先生に腹立たしさを与えていたということを話してくださった点で、だ。先生はニコル氏がポスト街の施設[1]のことで、ぼくら〔ミシュレとポレ〕のことを考えてくださっていると匂わしてくれた。〔…〕

（1）かってのコレージュ・ド・サント＝バルブは、一七八九年に革命により廃止されたが、新しい学校として一七九八年に再開され、王政復古期の一八〇八年ポスト街（現在、パリ五区のローモンド街となっている）に再建された。一八二〇年ニコル師が責任者となり、自分の弟でジャーナリストだったアンリ・ニコル（一七六七―一八二九）をそこの校長とした。一八二一年夏、まさにこの時期、コレージュの改革により一～二名の新しい教授を迎える必要が生じていたのである。

十七日（月曜）

一時にわが友のところへ、ぼくの知っていることを、とくに彼に希望を与えるに違いないことを報告しに行った。彼がぼくから、そうしたことすべてを知ったということが嬉しかった。彼はできることならポスト街をうまくやって避けたい[1]と、すぐに手紙を書いた。〔…〕

（1）ミシュレと同様にリベラルな考えを持っていたポレは、過激王党派を支持していたアンリ・ニコルの配下となることを望まなかったのだろうと、ヴィアラネは注記している。

十八日（火曜）

すでに何日か前、ぼくは季節が悪くならないうちに、一年来訪ねていないビセートルの田園地帯を、もう一度見てみたいものだと思った。〔…〕

ビセートルに入って、泉を探したが見つからなかった。ただ薬局の少年にだけ話しかけることができたが、大した話は聞き出せなかった。戻って来るとき、イヴリー街道からオーステルリッツ村に至る道路の登り切ったあたりに座り、ちょっぴり日記を書いた。とても疲れていていつもより調子がでなかった。「ポワンソの生涯」を書き始めていた紙の上に、日記を書くというへまをした。「日記」の一部になっているその紙片を切り取ってもってきていたのだ。

ほぼ十四カ月前、わが友とすわったまさにその場所[1]にぼくは座ろうと思った。斜面はひどい状態になっていて、チクチクする草でてっぺんがおおわれている。この変化には、驚くというよりイライラさせられてしまった。まさに自然なことだと思えた。あの神聖な場所に当時ぼくがすわったとき、何とぼくは違うものだったか。甘い優しい情景に何とぼくは感じやすくなっていたか。ぼくにとって永遠に最高に貴重となるだろうその場所を再び見てきたばかりなのに、ぼくは一滴の涙も流さなかった。ぼくは堕落したのだ。ぼくの一部は死んでしまった。

彼の思い出は、しかしながらいまでも、まことに生き生きとしている。緑色のフロックコートを着て、身なりにはひどく無頓着で、でもとても優雅な彼の姿が見える。彼の顔には力強さは別にして、あらゆる美徳が表れている。オーステルリッツへのあの道にいる彼の姿が見える。ひどく長いことお互いを目で追いかけ、ぼくがしょっちゅう両目を涙で一杯にし、彼と別れたあの街道だ。まさしくここで彼は何本かの草を摘んで、それらの繊維の強さをぼくに気付かせ、そしてそれらの繊維を人間の神経の糸と比較してくれた。そこから、ぼくらの会話にしばしば登場した宗教的思想へと、ぼくらは自らを高めていった。この場所は、ぼくにとって真に神聖に思える。そうだ、ああいった語らいをした者が、無に帰してしまうなんてありえないし、ぼくらが二度と会い見ることがないなんてありえない。

（1）一八二〇年七月二十六日の「日記」（一六四―一六六頁）参照。

二十日（木曜）

火曜夕方、レタンダール先生から手紙を受け取る。ポレといっしょにポスト街のニコル氏のところへ、できるだけ早く行くようにとせっつく手紙だった。翌日ポレと出かけたが、彼は中に入らずぼくをパンテオンで待っていた。彼はとてもさめていたが、ぼくだって同様で、幸いなことに何も契約せずに出てきた。

きょうはいつものようにテリー[1]を待っていたが、無駄だった。この夕方は墓地に行った、悲しみと寂しさにおびえながら。墓の窪んだ穴の中に水がなかった。

ぼくの「日記」の初めのほうを読み返してみて、日記が何と変わってしまったことか、はじめのプランから少しずつだが何と離れてしまったことかと気付いた。最初は次のようなことを書こうとしていた。

一、日々の主な出来事（それこそあきらめなかったことだ）。

二、なした読書をめぐる思索。これこそ、いま「検討」と名付けているノート[2]で書こうとしていることだ。

三、精神的経験、この部分は、いつも大急ぎで書いている日記から、百パーセント出てきたものだ。しかしながらもっとも有益な部分だ。日記をそこへと引き戻すよう努力しているところだ。

日記はそのとき、ぼくの魂を養う最良の手段だった。ぼくは自分を、きのうよりも良くないもの、道徳的に劣ったものと感じているが、おそらくこうした変化は、ぼくがこの有効な実践を断念したことに帰せねばならないだろう。だから、もしもできるならば、始めようではないか。

（1）オーギュスタン＝フランソワ・テリー（一七九六―一八七八）。一八二一年六月二十日の注（二〇八頁）参照。この当時はコレージュ・ド・ヴェルサイユで修辞学の教師をしていた。

（2）ヴィアラネによると、このノートがのちに「アイデア日記」（本書所収）となった。

二十一日（金曜）

ポレが会いに来て、彼が一番だったと告げた。それを聞いた時のぼくの心理状態を検討すると、そこには喜びと悲しみが見分けられるが、いかなる羨望もなかったと思う。彼はというと、ぼくの負けを教えるのに、当初少々困惑した様子をしていた。ぼくは十分間わざと陽気にしていた。と、十分したら自然に陽気な気分に戻って、ぼくらは全くいつもの気安い気分になった。それだけでも、ぼくの野心にとって良い教訓だった。十分ではなかったけれど。

夕食の間、ぼくは二番でもないらしい、ダヴリュイ[1]がぼくの前にいるらしいという思いに、心静かでいられなかった。寝るまでその思いに付きまとわれた。朝になって、それが確かなように思われてきた。またルクレール先生が、ぼくが三番だと言ってきたとき、すでにそのことを知っているような気になった。しかしド・リュイヌ[2]の名を聞いてぼくの憤りが蘇ってきた。ルクレール先生にそのことを、思った通り話さざるをえなかった。そこからレタンダール先生のところへ行ったら、先生はぼくの幸せを祝福してくださった。ただレタンダール先生は、ルクレール先生が大学教授資格試験で示した優位を前に、ぼくが自分の負けで感じられたのと同様の不満を、感じられたことがあったように見受けられた。

リセの校長先生[3]のところで、ぼくは最善を尽くし、満足を演じて見せた。これこそ実務の生活では、各瞬間に自己を変えてみる必要があるということなのだ。こうやっていくつもの役柄を作ることで、自らの価値を減じてしまうのだ。

(1) アメデ・ダヴリュイ（一七九九―一八六九）。高等師範学校卒業生。大学教授資格試験合格後、リヨンのコレージュで文学を教えた。
(2) オノレ・ダルベール・ド・リュイヌ男爵（一八〇二―六七）。フランス貴族議員の息子。
(3) この年の十月からミシュレを採用することになる、コレージュ・シャルルマーニュの校長バゼ氏のことであろうかと、ヴィアラネは記している。

二十七日（木曜）

今年の二月十四日、死がぼくからわが友を奪った。死のみが彼からぼくを分かつことができた。ほんの少しあと、ぼくは心の中に残っている数知れぬ思い出を、注意深く集めておくという計画を思いついた。大多数はぼくの心に消えがたいものとしてあるが、何らかの状況で心から抜け出してしまうこともありうる。そして何物も、もはやその忘却を補うことはできないだろう。年月が、わが友の貴重な名残のいくつかを、絶えずぼくから奪ってしまうということになろう。そもそもこの〔ポワンソに関する〕文集は、役にたたないだろうときでも、ぼくはやっぱり作ろうとするだろう。まず第一に、もはや戻ることのないに違いないものごとをもう一度楽しむために、それから、ぼく以上によく知る者のないきわめて善良で仁徳あふれた男の思い出から、そのいくつかを救い出しておくために。この最後のほうの欲求は、ぼくの精神の中ではきわめて漠としたものである。というのも（少なくともぼくの意志における）欲求は、決して日の目を見ることはないだろうし、日の目を見るのに値する何かをなそうという気も起こらないからだ。せいぜい一人の人がそれを読まなければならない。ぼくはすべてに注意を向けるだろう。ここではすべてが等しい価値をもつ……これが、ぼくが建てた計画がどんなものだったかということだ。大学教授資格試験が始まって、もしかしたら大学の門をくぐれるのではないかと思えたとき、その計画の実行は中断してしまった。試験に必要な準備を始める前に、この文集を作るべきではないかと、最初に躊躇した。よくよく考え、いかにつらいことがあっても、待つべきだと信じた。わが友がぼくの状況について何か感じてくれたら、彼の意志もそうだろうとさえ思えた。この入試がぼくに強いたのは、この比類ない最も心に響く中断の決意だった。

試験はすんだ。それに何らかの成功を収めるなら、ぼくのもっている二人の友人の内の一人だけが賞賛してくれることになるだろう。少なくとも時間があるのだから、ぼくが自分の自由な時間を最初に使うのは、ポワンソがここに残していった彼自身のわずかな一部、彼の記憶を保存するということになるだろう。二十年間にわたり道徳的で、恩恵をもたらし、思いやりにあふれていた一つの存在は、おそらく、彼が愛した者の思い出の中とは別のところで、まだ生きているのだ。だから忍耐と希望をもとう。ぼくは神の正義とぼくらの不死を、かつてこれ以上強く信じたことはなかった。

ポワンソは一七九八年六月二日に生まれた。したがって彼の生涯は二二年と八カ月半だった。この時間的広がりを、ぼくは五つの時期に分けたいと思う。五つの内、終わりの方の四つはぼくらの友情で満たされるだろう。友情は彼の生涯の中で十年以上にわたる。メロ先生のところに入学するまでの第一の時期、ムランから戻ってくるまでの第二の時期、『ポールとヴィルジニー』の読書が彼の中に生み出した革命までの第三の時期、ぼくといっしょに暮らしに来た時までの第四の時期、そして死までの第五の時期。これら五つの部分を、一続きで思い出すだろうすべてで満たしてしまったときには、さらに見つけ出せるだろうすべてを、ぼくはおそらく順不同で付け加えるだろう。

ポワンソはキュルテュール・サント＝カトリーヌ街六七番地で生まれた。彼の父はまだ樽商売をやっていたと思う。両親ともオーセール近くのブルゴーニュの村、ヴェルマントンのブドウ栽培者の家の出だった。夫は疲れを知らぬ大いなる労働者で、読み書きもできず、完全に野性的なままでいた。妻はそれより洗練され如才はなかったが、世間づきあいをもっと頻繁にしていて、すべてで得していたということはなかったように思う。ポワンソは父のほうにはるかに似ていたと言えよう。

彼の代父[1]は金持ちの馬商人ジョフロワ氏だったが、ポワンソは死ぬまでこの代父をなおざりにしなかった。またブリアン塾のぼくの生徒二人の、母親かあるいは少なくとも親族だったコカール夫人のことも、彼はなおざりにしなかった。ポワンソはポールと名付けられた。すぐあとに生まれた妹がヴィルジニーと名付けられたように。この名前に関して、いくつかの比較をしてみたくなる。彼がぼくの代父になったとき、[2]ぼくに与えた名前もこれだった。彼の生涯での最大の出来事だったあの奇妙な革命をもたらしたのは、ベルナルダン・ド・サン＝ピエールのあのポールだったのだし、それについては語らなければならないだろう。あの著者が若きクレオル[3]に付与している素朴かつ高潔な性格を、彼自身実現しているようにぼくには見えた。

彼の母は自分の商いに忙しく、彼をブルゴーニュのサンス[4]にいた乳母にあずけた。彼はそこに三歳のときまでいた。生涯のこの最初期について、ぼくは何も知らない。ただ、戻ってきたときには繊細な子になっていて、たくましいというよりすらりとした背格好になっていた。彼の弟の話によると、工事現場で遊んでいる小さな男の子たちとけんかをしたとき、ポワンソはしばしば負かされてしまい、二〜三歳年下の弟のほうが相手を追いかけていって、やっつけたものだという。

そうこうする間、ポワンソはシマーヌ先生とかの学校に行くようになった。そこで文字の書き方を習ったのだが、その文字がヴィルジニー[5]が書いてきたいくつかの書付けを見て、ぼくは思わずびくっとしてしまった。九歳のとき、彼はコルベイユの寄宿舎へ送り込まれ、十二歳までそこにとどまった。父の家からはじめて離れるというこの別れによって、たぶん彼の中のあのメランコリーへの傾向が始まったのだろう。あの傾向が青春時代の彼を非常に興味深い人間にしていたのだが、しかし彼の体質をおそらくは変質させ、その生涯を縮めてしまったのだ。彼は誰かを愛する必要をすでに感じていた。寄宿舎で友人を探した。ぼくの見るところ、彼にとってとても名誉になるだろうが、あそこで仲良くなった友人二人は、彼のことを完全に忘れたりはしていなかった。彼がなくなる六週間前、ポトニエ君がサン＝ルイまで彼に会いに来てくれた。そして彼がなくなってしばらくして、エソンヌのX……君がお父さんを見舞いにきた。お父さんは、その当時シャリテにいたポワンソに頼まれ、X君がギターを買うのをかつて援助してやったというのだ。

ビセートルから来た彼の手紙の一つで知ったのは、コルベイユ付近にいた家族ぐるみで親しい婦人をポワンソはよく訪ねに行っていたが、帰りがけにその婦人からいつも果物をもたせてもらっていたということだ。ビセートルからのその手紙の中で、彼は、その果物をすぐに食べるかわりに寄宿舎までもって行って、翌日それを食べては喜びを味わっていたが、その喜びを、ぼくの手紙を読むのを夕方ではなく先延ばしして、翌日朝もっとゆっくりと味読して味わう喜びと比較している。

あの寄宿舎での二年目、彼はフランス語（フレシエの『テオドシウスの生涯』[8]）で準優秀賞を、三等賞をもらった。あの寄宿舎から出されたときは、何をするか分からなくてとまどったという。あの寄宿舎からは、通常ひとがあらゆる寄宿舎からもち帰ってくるものをもち帰った。彼は大変遊び好きな、ひどく軽い間抜けな人間になっていた。いつも広い視野をもっていたお母さんは、彼をある公証人のところに住み込みに行かせた。その場所で数年間、彼は使い走りをした。長くいたわけではないが、大いに不幸なこととは言えなかった。というのも彼がメロ先生のところでぼくに話してくれたところによると、それまでまことに純粋だった彼の品性は、その場所で奇妙に悪くさせられたらしいのだ。とくに第二書記をやっていたローモンという名の男が、自分の堕落ぶりを見せびらかし、梅毒のしるしをも見せてくれたという。

そこから出て、たしかクロワ＝ルージュ交差点[9]にあったはずの文房具商のところに行かされた。コルベイユで身につけたあの奇妙な軽さゆえに、そこに、もっととどまることができなかった。このような子供を何かにすることなど決してできないと、皆絶望していた。二十歳で、最も堅実な、最も理性的な、秩序を最高に愛し続ける男になるだろうと、いったい誰に言えたろうか。

一八一一年だった。永遠に続くような戦争が現前していた。彼の両親は（おそらく今ではぼくも知っている、彼らの知り合いの女性からの助言で）、戦争からではなくとも、少なくとも戦争の危険からは息子を守ろうと考え、そして彼に薬学を学ばせることにしたのだ。

（1）代父というのは、キリスト教で洗礼を受けようとする者の生活や信仰に関し教会に証言する男性で、受洗者の信仰生活の案内人となる役割も担う。女性がこの任務につけば、代母となる。

（2）ミシュレは一八一六年六月二十三日パリ五区のサン＝メダール教会で、ポール・ポワンソを代父にして洗礼を受けた。なお代母はフルシー夫人だった。

（3）クレオルというのは、西インド諸島やギアナ等、フランスの旧植民地で生まれた生粋の白人とその子孫を指す。ベルナルダン・ド・サン＝ピエールの『ポールとヴィルジニー』（一七八七）は、インド洋にあるフランス島（現在のモーリシャス島）に生まれた少年と少女の汚れない初恋と、少女ヴィルジニーの遭難死を描いている。

（4）サンスはブルゴーニュ地方最北端ヨンヌ県の町。ヨンヌ川沿いにあって郡庁所在地となっている。

（5）パリ南郊、セーヌ川とエソンヌ川の合流点にある町コルベイユ＝エソンヌのことだろう。
（6）注（5）と同じ町のことか、あるいはその町のあるエソンヌ県のことだろう。
（7）フランス中部ニエーヴル県の町シャリテ＝シュール＝ロワールのことだろう。
（8）エスプリ・フレシエ（一六三二―一七一〇）が一六七九年に出した作品。なおテオドシウス一世（三四七頃―三九五）はローマ帝国最後の皇帝。
（9）クロワ＝ルージュ（＝赤十字）交差点はパリ六区、サン＝シュルピス教会近くにある。

十月二日（火曜）

シャルルマーニュ校で行われる人事異動の全貌を今朝知った。ドヴィリエ氏[1]から教わったのだが、ぼくを参らせたことに、ミロン氏[2]はぼくを若すぎると思ったというのだ。ぼくは女みたいに打ちのめされてしまった。不安にかられ、レタンダール先生にわが身の不幸すべてを訴える手紙を書いた。

（1）一八二一年六月十一日の注（1）（二〇六頁）参照。
（2）同じく一八二一年六月十一日の注（2）（二〇七頁）参照。今回ミロン氏はミシュレを臨時教師に採用するのを断念したのである。

四日（木曜）

ニコル氏[1]だけがいらっしゃった。ぼくを申し分なく歓迎してくださり、ぼくが低い段階の教師にすでに任命されているのではないかという恐怖を、取り去ってくださった。

（1）一八二一年六月十一日の注（3）（二〇七頁）参照。

七日（日曜）

ニコル氏のためにラテン語の詩句を筆写した。

午前中ペール＝ラシェーズを訪ねに行き一回りしてきた。道のわきに、ワーテルローで亡くなった若い男の墓を見つけたが、リーズ（現在のドルヴィル夫人）がぼくらにしょっちゅう話してくれていた男だ。

十七日（水曜）

フルシー氏のところに行った。夫人にぼくの今の立場を話した。オーヴレ氏[1]に会った。彼はぼくにニコル氏への手紙を書くよう求めた。ルコント君に授業したあと、サント＝バルブ校まで行った。そしてポレと植物園まで長い散歩をした。彼のお父さんが、もし結婚すれば一〇万リーヴルをもたらすだろう大遺産をもった女性の話をしたと、ポレは語った。ぼくらはたくさん詩を作った。

（1）オーヴレ氏は当時アンリ四世校の校長をしていたが、のちに大学で教え『ラテン語辞典』等を出している。

十八日（木曜）、十九日（金曜）

大変な熱意でリード氏[1]の抜粋を作るのに躍起となる。

（1）トマス・リード（一七一〇―九六）。イギリスの哲学者。スコットランド学派の創始者。

二十日（土曜）

昼ごはんを食べているとき、デュボワがやってきて、ぼくがシャルルマーニュ校に任命されたというグッド・ニュースを知らせてくれた[1]。〔…〕

（1）一八二一年十月十三日付でミシュレはシャルルマーニュ校の代理教授（アグレジェ＝シュプレアン）に任命された。

二十五日（木曜）

親しきポレ君に、彼の家まで会いに行った。

「イイヤ、ワレハ好ム……」

ぼくがそこにいる間、ポレはサント＝バルブ校の同僚の訪問を受けた。彼のところに行く前、ぼくはニコル氏のところへ行ったのだ。ニコル氏は申し分なく歓迎してくれて、ぼくがシャルルマーニュ校に任命されたということを伝えてくれた。

十一月一日（木曜）、諸聖人の祝日[1]

わが友に会いに行った。ぼくらは大勢の人々に混じって新しい大通りを歩いて行った。ペール＝ラシェーズまでとても陽気に歩いてゆく人々だった。ぼくらはサン＝マンデの小道に入るところで休んだ。それから彼のもっているヴォルテールから、最初の四巻を〔借りて〕家までもち帰った。

（1）すべての聖人を記念する日。フランス等カトリックが信じられている地域では十一月一日で、翌二日の「死者の日」まで、すべての死者をまつる日とされ、日本におけるお盆のように皆で墓参りすることになっている。

十一日（日曜）

今日ペール＝ラシェーズに登ってきた。[1] 物事は長く見ていないと、何と感銘深くなるものかと感じた。同じ理由により、植物園はいまや毎日横切っているので、あまり感銘を与えてくれず、そこにまつわるすべての思い出は消え去ってしまった。

今週[2]は英語で「日記」を書こうと決意した。一つの作業で二つの利益を得るためだ。文法的誤りを多くやるだろうが。

今週初めは取るに足りないことしか起きなかった。ぼくのまじめかつきわめて重要なこの「日記」に、書くに値しないようなことばかりだった。〔…〕

（1）「登る」と書いているのは、ペール＝ラシェーズが丘になっているため。

（2）この段落以降、英語で書かれている。なおこのあと、本書で訳出した一八二三年二月二日までの日記は、すべて英語で綴られている。

十五日（木曜）

若い侯爵夫人[1]の許を辞去して、ルーヴルと、セーヌ川沿いの道と、フォッセ＝ムッシュー＝ル＝プランス[2]を経由し、ソルボンヌまでニコル氏を訪ねに歩いた。ニコル氏はぼくを大歓迎してくれた。ぼくが歴史も教えることができると知って満足してくれたようだし、ぼくとポレがともにギリシアの歴史家たちを読んでいると分かって大変喜んでくれた。打ち明け話が時にきわめて有益なものとなるのを、何と明白に示しているか。

（1）十月上旬からミシュレは、ロシアのアレクサンドル・オステルマン＝トルストイ伯爵（一七七〇―一八三七）の夫人に個人授業をしていた。なおこの伯爵は将軍でもあり、ナポレオンと勇敢に戦ったことで知られ、余生をフランス、ドイツ、イタリアを旅して過ごしていた。

（2）パリ六区にある、今日のムッシュー＝ル＝プランス通りのことであろう。

十二月十七日（金曜）

ぼくのつまらぬ「日記」をひどく怠っていた。先週はローラン先生[1]の代わりを務めた。何かを書こうとしただろうか？　ぼくは読んでばかりいた。ここではほんのエッセンスだけを並べて見せることができる。もしも素晴らしい仲間を訪ねていたなら、教訓的な観察も書けただろうが。いまや哲学がわが人生だ。

書くのを忘れていたが、日曜日の午後五時、従兄弟をヴィルマン先生のところまで案内した。アニソン夫人[2]に宛てたとても好意にあふれた手紙を、従兄弟は先生から受け取った。〔…〕

今週はもっと穏やかだったというわけでもない。ニコル氏から聞いたところだと、高等教育教授資格に、とりわけ哲学を教えるための資格を付け加えるのは最高に難しいということだ。ぼくは、ことを容易にするために多くの人々を訪ね、校長先生にいくらかの意見を申し述べた。ビュルニエ＝フォンタネル氏[3]が話してくれたが、この冬、彼の地元の寄宿女学校には哲学の若い教師が多数いるだろうという。彼とラロミギエール氏[4]が、彼らの研究を指導するだろうという。

きのうペール＝ラシェーズに行ったとき、わがかわいそうなポレが、ずっとぼくを待っていた。

（1）シャルルマーニュ校の教師で、ミシュレがその代理を務めたのである。
（2）国立印刷所を監督していたアレクサンドル・アニソン＝デュペロン（一七七六—一八五二）の夫人。
（3）ビュルニエ＝フォンタネルは一八〇六年からアイルランド校で哲学を教えていた。
（4）一八二一年八月十五日の注（1）（二一四頁）参照。

一八二二年

一月八日（火曜）

きょうまで何一つ決まらなかった、ぼくが（とりわけ哲学のそれ）[1]を要求した肩書きの関連では。ぼくの生活は平穏でとても静かだ。読書し、ダガルド・スチュアートの基本概念を抜書きしている。

（1）この日の日記も英語で書かれているが、（　）内のみフランス語である。

二月二日（土曜）

この「日記」を書いてから一月経ってしまった。記録に値する出来事がほとんどなかった。ダガルド・スチュアート、ギボン、ブレア、ヴォルテール[1]だけがぼくの心を占めていた。多くの現実的知識を身につけるも、自分自身のことや、倫理的問題については考えないでいる。

（1）このころの「読書日記」（本書所収）を見ると、ミシュレはギボン（一七三七―九四）の『ローマ帝国衰亡史』をフランス語訳で読み、スコットランド人ヒューグ・ブレア（一七一八―一八〇〇）の『修辞学および文芸の講義』をやはり仏訳で読んでいる。スチュアートやヴォルテールについては、これまでの日記参照。

五月[1]

ポーリーヌとのかわいい会話。

ポーリーヌ――　この世における一番の幸福って、いつも愛していること、それも優しく気の向くままになんていうんじゃなくて、すべての人が初めて愛するときのように愛するってことじゃないかと、私には思えるの。

ぼく――　そうだね。でもそうするには、ただひとつのことが必要だろう。神様みたいに完璧だってことが……それだけじゃ十分じゃないよ。その上、完璧なものを愛することが必要だろう。

ポーリーヌ――　でも、どんなものだって愛すれば完璧なものに見えないかしら？

ぼく――　うん、最初はね。でもだんだんと色々のことが見えてくるんだ。それに、その完璧さが本物のときには、それを見つめている不完全な方が、たぶんいつか疲れてきちゃうよ。

ポーリーヌ―― まあ！ 私、それじゃ他の人とは違うんだわ。私、決して冷めない情熱でできると感じているわ。もっとずっと幼かったころ、他の人が遊んでいるのに、しょっちゅう一人すみっこにいて、誰かのこと、私の知らない、でも、無限の愛でずっと愛せるような人のことを想っていたわ。そして時々泣きそうになったの……でも、そんなふうに愛そうと想ったのは、必ずしも男の人とは限らなかったのよ。

（1） 日付はない。この年には、これ以降日記は書かれていない。なおここからはフランス語で書かれている。

一八二三年

七月十二日（金曜）[1]

ぼくの歴史授業[2]の一年目が終了。

この一年間送ってきた味気ない生活をついに逃れて、ぼく自身とおしゃべりできるようになって、すごく幸せに感じる。自らを振り返って眺める時間が決してもてないような生活は、眠りであり死だ。

この長い期間のあとで自らを検討してみると、自分がより良いものになったとは感じられない。相変わらず同じように魂はものうい、行動も成り行きまかせで定まらない。ぼくはつねに美徳について熱心に感動こめて話している。マルクス・アウレリウスを読んでいる。なのに、ぼくは気が弱く悪徳に染まりやすい！　だからもっと定かな姿勢を取るよう努力しよう。そしていくつかの決意を固め、それを守り続けるよう努めよう。

一、まず言葉から、個人的なものすべてを取り除こう。情熱を語るとは、それをはぐくむことだ。発言の中に、うぬぼれて自己顕示するようなものを何一つ入れないようにしよう。

二、感覚の点では、自然が求めているもののみを感覚に与えよう。そして自然の願望に従うことのできるような瞬間が、早く来るようにしよう。

（1）この年はこの日しか日記はない。この記述をもって青春時代の日記は終わっている。

（2）一八二二年の新学期（十月）から、ミシュレはサント＝バルブ校で歴史の授業を受けもっていた。

アイデア日記 一八一八―一八二九（抄）

ミシュレが通ったコレージュ・シャルルマーニュ
（1850 年頃、版画）

これはさまざまの知的試みを記した「アイデア日記」である。情念や感動を記した「日記」〔「覚え書」を含む〕（一七九八—一八二二）を見ること。また私がサント＝バルブやエコール・ノルマルの講義の典拠にしたものの「日記」〔「読書日記」のこと〕、つまり参考文献カードを見ること。

一八一八年

六月

『ラテンの歴史家たちに関する文学的エセー』。ぼくはすでにサルスティウス[1]、リウィウス、マキャヴェリからいくつかの考察を抜書きしていた。かわいそうなポワンソは[2]、ぼくがそうしたものすべてをコピーするのを手伝ってくれた。だがぼくは、まだ美文調の文章をつくることしかできなかったと感じている。その後ぼくは最初の法律の試験[3]の準備のために、この試みを中断してしまった。次の夏は博士論文の作成に充てた。

（1）サルスティウス（前八五—前三五頃）。古代ローマの歴史家、政治家。『カティリナ戦記』ほか。
（2）ミシュレがこの「アイデア日記」を始めたのが、一八二一年二月十四日のポワンソの死以降であることが、この表現から分かるとヴィアラネは記している。
（3）一八一八年夏のバカロレア試験のこと。

一八一九年

六月

ポレとぼくは新聞を作るという大胆な計画を思いついた。つまり、ほとんど何もないまま、ぼくらは万事に通じたものになろうと決意したのだ。ぼくらは、ぼくらの新聞のために前もって記事のストックを作るつもりだった。そこでぼくは、フェルディナンド[1]とプロシア王[2]に反対するいくつかの美文調の論文を書いた。当時バンジャマン・コンスタンの後援で出されていた「ファーマ[3]」は、ぼくらの興味をひかなかったが、それがとても幸いだった。

同じ年の初め、ぼくらはギリシアやイギリスの雄弁家や歴史家から抜粋した『一連の言説』を編纂し、翻訳し、整理しようと企てた。これは、ぼくらも購入を申し込んでいたフランス議会での『言説選』が出されることになっていたので、それに先行してやろうとしたのだ。ポワンソも、すでにぼくの手伝いをしてくれていた。しかしヴィルマン先生が、こうした金儲けの企ては恥ずかしいことだと、ぼくに思い知らせてくださった。

（1）スペイン王フェルディナンド七世（一七八四―一八三三）は、ナポレオン占領からの独立を獲得した議会を弾圧、絶対主義的反動政治を行った。

（2）プロシア王フリードリヒ＝ヴィルヘルム三世（一七七〇―一八四〇）は、特に大学から自由主義者を追放、『ドイツ民話集』の作家ゲレスも、ストラスブールに逃げねばならなかった。

(3) ギリシア・ローマ神話でうわさや世論をつかさどる女神。普通名詞として「風評」の意あり。

一八二二年

ポレとぼくはトゥキュディデスの『撰文集』の翻訳を企てていた。すでに断片を選び出し、少し訳出していた。

一八二二年夏、ぼくがポワンソを失ってしまった年だが、ぼくはより多産になっていた。というより、いっそうしばしば生み出そうという気になっていた。まずコンクール[1]のあと、ずっと前から思っていたことだが、「ポワンソの生涯[2]」を書き始めた。そしてぼくの「覚え書」の中で、それをまるごともう一度語らざるを得なくなろうと気づいて、この計画を放棄した。

ぼくはまた二つの中編小説のアイデアを思いついた。ひとつは『押し込み強盗』というアイデアで、ちょっぴりリッコボーニ夫人[3]の『エルネスティーヌ』に似通ったものだ(ぼくの「日記」を見ること)。もうひとつは『コンスタンティノープルの二人の囚人』というアイデアだ。ぼくは最初の虐殺の時代に、一人のフランス人男性と一人のギリシア人女性とを投獄することにしていた[4]。ぼくはまた、ぼくの精神におけるよりも心において、『女性の運命を改善する諸方策[5]』について一冊書く欲求を感じていた。最後に頭の中で、『一滴の水の物語』を作ろうという気になっていた。ぼくはこうした狂気じみたことをするだろうと思っている。

（1）当時始まったばかりの大学教授資格試験＝アグレガシオンのこと。この年九月、ミシュレはこの試験＝コンクール（の文学部門）に三位で合格した。一位はポレだった。
（2）「日記」一八二一年九月二十七日（二二五―二二九頁）参照。
（3）「読書日記」一八二〇年八月二十五日（二六七頁）参照。
（4）コンスタンティノープルにおいてギリシア人が血の弾圧を受けたばかりのところだったが、ミシュレはその事件と、翌一八二二年、独立を図ったギリシア人がキオス島で大虐殺されたこととを重ね合わせようとしていると、ヴィアラネは注記している。ここから、この「アイデア日記」が、一八二二年以降に書き始められていることが分かる。
（5）のちに『女』（一八五九）においてミシュレが試みることである。

一八二二年

今年は『人間文化に関する試論』[1]のプランを立てた。ぼくは老後のためにそれを取っておく。『キリスト教の哲学史』と同様だ。後者では、保持すべきものを見るよう努められるだろう[2]。

（1）のちに『人類の聖書』（一八六四）で実現するプランであろう。
（2）キリスト教を哲学的に眺めるというこの二十四歳時の姿勢から、自らの宗教思想や人生観の展開を預言者的に感じ取っていたらしいことが分かると、ヴィアラネは注記している。

一八二三年

十二月

ぼくが再び始めたのは、『語彙の中で見出される諸民族の性格』、あるいは『言語の中で（または語彙の中で、か？）見出される諸民族の性格と歴史』、あるいは『諸言語の中で見出される歴史』、あるいは『言語の中で見出される諸民族の特性』、あるいは『諸言語の中で見出される制度と習俗の歴史』、あるいは『文明との関連における語法について』、あるいは『諸言語の中で見出された文明史』とでも名付けられるものだ。〔…〕

良く選ばれた一定数の実例があれば、ある民族の特性をその語彙の中で見出すことができる。しかしその民族の歴史をそこに見出すためには、次のことを知らなければならない。一．民族の歴史。二．言語の歴史。後者の歴史は、あらゆる時代の著者たちを注意深く読むことが前提となる。諸言語の歴史に関する本はあるだろうか？〔…〕

どんな手順を踏んでゆくのが最良のことになろうか？　まずは、ぼくのテーマに関連しそうなタイトルを持つ著作を読んでみることだ。テーマがより良く分かったときにこそ、この手順を決めることができるだろう。まずは全般を見渡す著作、哲学の著作から始めることだ。ぼくが最初に抱いたアイデアは偏狭なものだった。引用をふやし、それらをつぎはぎしてゆくことが問題ではない。いくつかの考察を一般化し、ある種の原理を手に入れるよう努めなければならない。そしてもし可能なら、実例は、おのずと現れ出るだろう時にのみ、さしはさむよう努めなければならない。語彙の中でのみではなく、言語の中でもまた選択せねばならない。諸言語がこうむった変革を、諸言語の中で示すよう努めなければならない。そうした変革は、社会がこうむった変革に対応するものなのだから。〔…〕

『諸言語の中で見出された文明史』（執筆の試み）。人間精神はその一般的な歩みにおいて、諸個人の独自の仕事を模倣する。子供はまず対象をかたまりとして見る。そのあとでじっと眺め、分析し、対象の目立ったところを見分け、ますます良く知るために分析を始める。より厳格な分析を行い始めるとき、細部をより良く知るにつれて、諸科学はたがいに離れあい、分離してゆくように見える。こうしたことが最初に一瞥したときの印象であるに違いない。相違がまず目に付くのだ。だが、より注意深く検討してみると、類似が示されてくるだろう。諸対象は、それらの本来的関係によって、再び結び合わされて現れてくるだろう。これらの諸関係から、諸科学の間で、新しい学が形成され立ち上がってくるだろう。そして人間は、決してそれに到達することがなくても、知の完成を追い求めてゆくことだろう。そこでは諸科学は、もはや相違も関連も隠すことなく、かつて完璧な無知が諸科学をそう呼んでいたように、みずからを再び「学」と呼ぶかもしれない。

　諸科学のこうした関係の中で、最高に目につき、最高に無視されてきたのは、習俗の歴史と文献学との関係である。それぞれの民族がその語彙の中に、またその統辞法の中に、自らの習俗と文明の性格を取り入れているのである。〔…〕

一八二五年

五月

『詩人たちの哲学研究』。とりわけウェルギリウス、ホメロス、ギリシア悲劇、ダンテ、ミルトン、シェイクスピア。眠りながら作るべき作品だ。

悲劇の原動力は、アリストテレスが欲しているような憐れみの心や恐怖にではなく、無限に対する有限の闘いにある。有限なるものが自らの権利を感じているのに、無限なるものが有限なるものを押しつぶしつつ、その権利を正しく認めないというところにある。ソクラテスの死が関心を呼ぶのも、そういうことである。つまりソクラテスが無実だということからではなく、彼の死が二つの精神的権力の闘いを、すなわち主観的なもの（個人）と、客観的なもの（国家）との闘いを象徴しているからである。主観的なものはいまだ自意識に浮かび出ることなく、当時は一つの解体原理でしかなく、その原理を客観的なもの（国家）が叩きのめすことになっていたのだ。

プロメテウス、それはミルトンのサタンである。[1] というよりむしろ、善と悪の学問の成果を食らってしまったために、罰せられる人間の歴史である。プロメテウスは同時に人間であり神であり、古くかつ新しいアダムである。ギリシアはエトルリアやスカンディナヴィアのように、問題を説明することができなかった。それらの民は反抗し、そして言った。「神々は死ぬだろう。そしてその時、より良い世界がやってくるだろう……」と。そこにもまた悪魔派のイギリスの詩人たち、シェイクスピア（ハムレット）、ミルトン（サタン）、バイロン（カイン）の英雄的絶望の理由があるのだ。キリスト教は言った。「神は死んだ。そして神は生きている。あなた方が求めるより良い世界を、神は始めたのだ」と。

プロメテウスは火と産業と希望を与える。二六八行。四四〇行、そしてハジメニ。二三四行、彼はユピテルの意に反して死すべきものたちを乗り越えた。彼はユピテルを脅かす。一七〇、五一五、七六三、七七三、八五〇、八七一、九二〇、九三六、九五六、一〇五一、一〇九〇行。大洋は、ここでは物質的かつ無関心な自然を象徴する。イオ[2]は人類を象徴する。四八〇行。洞察力に関する重要な一節だ[3]。

カントは言った。人間は自らの堕落によって救われたのだと。人間は労働することを、また発展することを余儀なくされたからだ。こうしてプロメテウスとサタンは一体化するかもしれない。

サタン。まず、たけり狂って、みずからを権利において神と同等と思い、歴史を自分なりのやり方で語り、すこしずつ輝きを失う。日々弱ってゆく彼を示す必要もあろう。彼は思っているよりも自らが罪ないものだと感じ、神に吸収される。サタンは神の一形態でしかないのか？　ヘンリク・シュテッフェンス[4]の『聖なるもののカリカチュア』〔原文ドイツ語〕を見ること。

（1）ヴィアラネは、ミルトン『失楽園』の中で神への反逆をくわだてるこのサタンへの言及に、のちにミシュレが『魔女』（一八六二）を構想する萌芽を見ている。

（2）イオはアルゴスのイナコス河神の娘。ゼウス（＝ユピテル）に愛されたが、ゼウスの妻ヘラの嫉妬を避けるために牝牛に変えられた。

（3）この段落からは、ミシュレがアイスキュロスの悲劇『縛られたプロメテウス』にいかに親しんでいたかが分かる。のちに『フランス史』の「一八六九年の序文」で、「人間は自分自身のプロメテウスである」とミシュレは述べるが、その源泉がここにあると言えよう。

(4) シュテッフェンス(一七七三―一八四五)。ドイツの哲学者、自然科学者。ロマン派の自然哲学者として、世界を一個の大有機体とみなし、人間は全自然の鏡であるとした。

九月二十日(火曜)

ぼくのスピーチ[1]の五ページと六ページに、いくつもの意味で、展開させると有益となりうる一つの概念がある。文学と歴史との結合である。それこそが育てねばならない芽なのだ。そこから終業式のスピーチのテーマが作れるだろうし、それはおそらくポレのスピーチや、スタール夫人の作品[2]にも含まれているものだろうし、やがて大学に、文学史の教育に政治史の教育を結びつけるよう決意させるかもしれない。それはいくつもの有益な仕事のきっかけとなるかもしれない。ニコル先生を説得すれば十分かもしれない。それはおそらく修辞学の特別講義がそこからできるだろう。その中で人間精神の文学的歴史を作ることで、歴史全体を要約することになろう。文学は、そこでは、習俗の表現としてとりわけ考察されるだろう。それは生徒たちに、それまで学んできたもののすべてが同じ学問なのだと感じさせるような、結節点のようなものとなるだろう。

(1) 一八二五年八月十七日、コレージュ・サント=バルブの賞与授与式(=終業式)で、ミシュレが行ったスピーチ。本書に「学問とは何か」として全文掲載。

(2) スタール夫人『社会制度との関係において考察された文学について』(通称『文学論』一八〇〇)のこと。

十月六日（木曜）

宗教の諸形態は、純化されてしまっただろうという程度に応じて、とても単純で同時にきわめて多彩な一つの形態へと至るであろう。それはさまざまな英知に釣り合ったものとなりうるし、専断を完全に排除する唯一のもの（ルルー[1]の論証におけるのと同じ考え）、最も民衆的な概念における自然科学の宗教的研究[2]とぼくは言いたいのだが、それへと至るだろう。方法は日に日に改良され、真に基本的なものとなってゆくだろう。少し広範なテーマを扱うパンフレットの中で、この考えを展開してみれば、一瞥したところ逆説的に見えるこの考えの呈するものを、取り除くこともできるかもしれない。ひどく通俗的な講義も、さまざまな種類の宗教的祝祭であるのかもしれない。

（1）ヴィアラネによれば、ピエール・ルルー（一七九八―一八七一）の著作のほうではなく、一八二四年創刊の「グローブ」誌に発表されたルルーの論文を念頭に置いているという。
（2）のちにミシュレが刊行する博物誌（『鳥』その他）で展開される研究を示唆している。

十一月

スピーチのテーマ、「倫理との関連における様式芸術について」。ぼくがアカデミーのスピーチでしたような、大げさなものにはしないこと。あのスピーチでは、美辞麗句を弄する者をまずは風刺したかったのだ。肯定的方法はいっそう美しく、いっそう品格あるものだ。徳高い人が雄弁な人であると言うことはできない。だが少なくとも、つかの間のものにせよ誠意をもたない雄弁はないのである。プラトンの『ゴルギアス[1]』を見ること。

人類の歴史の統一性[2]に関してきらめくようなスピーチをもまた、行うことができるかもしれない。

（1）古代ギリシアの代表的ソフィスト、ゴルギアス（前四八三頃―前三八〇頃）の名を冠したプラトンの対話編。

（2）ミシュレは『世界史入門』（一八三一）を出すことで、このアイデアを現実化した。

十二月

十六世紀の歴史の中で非常に短い一時期、一〇年か、あるいはさらに短くさえある時期を取り出し、それを真に普遍的な（政治、文学、科学、芸術、宗教等の）歴史にすること。[1]実現不可能な計画。大変短い時期で見れば、哲学的脈絡が少しもないものとなる。多少なり長い時期で見れば、巨大な作品となる。

（1）『フランス史』、とりわけその中でも『ルネサンス史』（一八五五）でミシュレが追求した方法が、ここに示唆されていると言えよう。

一八二六年

二月五日（日曜）

『人類の歴史の統一性について』。もしも神が無限なるものであり、無限に先を見通す賢明なるものであるなら、世界の歴史は一つの体系となる。もっぱらオリエントから出発することとなろう。まずギリシアだ。宗教改革の前で立ち止まることになろう。文学の歴史を政治史との関連で示すこと。諸国民の盛衰。アジアから発し、そしてアジアへと戻らねばならない知恵の光。まず最初、アレクサンドロスがそれをアジアにもって行く。アリストテレスは諸科学の征服者だ。ある時は文明が野蛮人たちを探し求めに行くだろう、アレクサンドロスの遠征におけるように。ある時は野蛮人たちが文明を探し求めに行くだろう、ローマ人によるギリシア征服や、北方民族によるローマ帝国征服におけるように。

十二日（日曜）

残余のすべてから掘り出される『旧教同盟の歴史』(1)。フランスにおいて十六世紀末頃、二つの党派の中での共和主義的精神の動きは、とりわけその時代の風刺的小冊子の中で考察される。〔…〕

フランス史に関して、我が国での偉大な政治革命の証人たちが最高に興味をかきたてられるテーマは、我が国の諸々の宗教改革の時代である。序文とエピローグは人類の歴史の素案を含むだろう。その素案の中で作品が形を取ってゆくだろう。イギリスのピューリタンを、早くもフランスのカルヴァン主義のなかで示すこと。ジュネーヴはその書の中で大きな位置を占めるかもしれない。それは国内の歴史となるかもしれないし、さまざまな交渉に関しては対外的な歴史ともなろう。が、戦争についてはそうではないだろう。旧教同盟の政治的かつ文学的な歴史の主要な興味は、フランスおよびイギリスの革命と頻繁に比較できるというところから生じるだろう。『旧教同盟、イギリス革命、フランス革命の比較史』。イギリスの革命は一世紀の間隔において、フランスの二つの革命を結びつける。フランス、一五八九年。イギリス、一六三八年。これは宗教革命だ。フランス、一七八九年。イギリス、一六八八年。これは政治革命だ。

〔…〕

この作品の付録は次のようなものとなろう。一．一つないしいくつかの地図ないし統計表。二．政治、文学、宗教、科学、法解釈、芸術等の歴史対照表。ある時代の地理と統計は、ただそれだけで、その時代を良く知らしめることができる。それらはこれまでのすべての歴史で、無視されている。

まず最初、旧教同盟の政治的文学的歴史を作ることができるかもしれない。そのあとで十六世紀の歴史であり、それからフランスの文学的歴史なのだ。絵画的部分は大変興味深いものとなるかもしれない。一．偉大な著者たちのポートレイト。二．もし存在するならば、主要な出来事（人々の行列、虐殺）を描いた当時の絵。三．メダル類と貨幣。四．大貴族たちの銘句や紋章類。五．時代の記念碑的建造物。六．当時のパリの市街地図。七．フランスの地図。あの時代の説教、シャンソン、讃美歌類を集めたものは存在するだろうか。それらを大革命期の演説やシャンソンと比較すること。フランスの歴史をめぐる回想録類は、その古いコレクションを参照したのだが、旧教同盟に関する市民や政治の詳細よりも、はるかに多く軍事の詳細を収めているように見える。ド・トゥ(2)、シヴェルニ(3)、パルマ＝カイエ(4)の回想録は別であるが。ぼくはラヌーもエトワール(5)の「日記」も見つけられなかった。ブラントーム(6)『艶婦伝（えんぷでん）』は少しも年代順になっていない。

ルトロンヌ(7)が扱っている時代よりももっと後の時代のための『自然政治地理学』。それは一部分、地理的順序で作られた歴史ハンドブックとなるかもしれない。そこにあっては、その見方はひどく不完全だと警告しながら、歴史の物質主義が作られるかもしれない。歴史を説明しうる生理学、植物学、動物学、地質学、鉱物学の情勢を強調すること。

(1) 一五七六年、新教徒に対抗するためフランスで作られた旧教徒過激派の同盟。ギーズ公アンリが中心に、聖職者、貴族、高等法院の官僚らで組織された。
(2) ジャック＝オーギュスト・ド・トゥ（一五五三―一六一七）。行政官で歴史家。ラテン語で『回想録』を残す。プティトとミショーが「フランス史に役立つ回想録コレクション」を一八一九年から出版していた。ミシュレが参照したのは、すべてそのコレクションに収められていたもの。
(3) フィリップ・ユロー、シヴェルニ伯（一五二八―九九）。法律家で『回想録』を残す。
(4) ピエール＝ヴィクトール・パルマ＝カイェ（一五二五―一六一〇）。宗教論争に参加。二つの『年代記』を書く。
(5) フランソワ・ラヌー（一五三一―九一）とピエール・ド・エトワール（一五四六―一六一一）
(6) ピエール・ド・ブラントーム（一五三五頃―一六一四）。大貴族として生まれ、各地を転戦したりしたが、一五八四年落馬して腰骨を砕き、以降郷里で作家活動をした。
(7) ジャン＝アントワーヌ・ルトロンヌ（一七八七―一八四八）。彼が王政復古期の初期に出した『古代と近代地理の基礎講義』は、中等学校で教科書として採用されていた。

四月十八日（火曜）

『中世におけるローマ教会の歴史』あるいは『中世におけるローマ教会の政治的影響力』。もはや現実の形に愛着を覚えられず、よりよい形も見出していない者は、何をするだろうか？　自分たちの聖堂と祭壇を飾り立てたところで何になろう、神はもういないのだ……新しい形に到達する最良の手段は、古い形をきちんと知らせることだ。

ぼくは世界史にかんする終業式でのスピーチのプランに戻っている。

一八二八年

三月

『民衆歌謡の百科事典』[1]。そこに何らかの体系的秩序を導入するよう試みること。ヘルダー[2]を見ること。歌謡の中の民衆の声。

（1）こうした本を計画する上で、ミシュレはシャルル・フォーリエル（一七七二―一八四四）が出した『近代ギリシアの民衆歌謡』から着想を得ていると、ヴィアラネは指摘している。

（2）ヨハン・ゴットフリート・ヘルダー（一七四四―一八〇三）。ドイツの哲学者、文学者。『古い民衆歌謡』（一七七四）がある。またその『人類の歴史哲学考』（一七八五―九一）は、ミシュレの友人キネによる仏訳が、前年の一八二七年から出版されていた。

一八二九年

三月一日（日曜）

ドイツから戻って以来[1]のぼくの思想の進歩。去年（一八二八年）夏のさ中、ぼくは十六世紀についての一つの歴史を考えついていて、それに気を取られていた。旅行中は漠としたままだったが、広く必要図書を準備していた。〔…〕帰国してからはフランス語で読んだ。〔…〕

十二月九日以降三月一日まではルターだった。このテーマを中心部で捉えなければ、そしてまず目的を、とりわけ『食卓談義』[2]を、ほぼすべての抜粋を目立たせなければならないと考えた。[3]〔…〕ぼくにはルターは、刷新者としてよりは改革者として見える。それは自由に反対し、自己確認へと戻ることなのだ。〔…〕

（1）ミシュレは一八二八年、ドイツのハイデルベルク、フランクフルト、ボン、ケルン、アーヘンの諸都市を訪れた。八月十六日にパリを発ち、九月十八日に戻ってきた旅だった。

（2）ルターがヴィッテンベルクの家の食卓で、家族、友人、学生たちに話したことどもの記録。彼の話を聞いた人々のメモや速記であるため、正確さには欠けるといわれるが、ルターについての貴重な伝記的資料であり、また彼の思想への手引としても役立つ。

（3）ここに、のちにミシュレが『ルター自身によるルター回想録』（一八三五）を出す出発点が、認められるだろう。

十九日（木曜）

アベラール[1]とルターの対立。アベラールはむしろエラスムスに似通っている。そこにはたぶんいくらかのジャン＝ジャック・ルソーがいる。単にスコラ哲学的な問題についてだけでなく、放浪生活の中で彼が暮らしたいくつもの土地をも、しばしば思い出させるような感動的生涯だ。アベラールの時代には聖ベルナール[2]が、権威の擁護者であり時代の人である。十六世紀には、刷新者ルターが時代の人である。

（1）ピエール・アベラール（一〇七九―一一四二）。フランスの哲学者、神学者。エロイーズとの恋愛でも名高い。その著作は異端とされた。
（2）ベルナール・ド・クレヴォー（一〇九〇―一一五三）。フランスのシトー派修道士。

四月二十日（月曜）

ルターの生涯に限られるぼくのテーマ。伝記となるに違いないもの。

二十一日（火曜）

〔…〕空に向かってくっきりと浮かび上がるゴシック式教会の数知れぬ装飾は、際限なく数えきれないもので、星々を思わせる。あるものたちの背後に他のものたちが、さらにまた別のものたちがきらめいているのが見える。そこから無限という観念が生じる。

あなたがやっとのことでたどり着いた何らかの高みで、群衆の目から離れ、最も大胆な旅行者か、あるいは屋根ふき職人だけがたどり着く高みのところで、あなたは同じ意識でもって限りある装飾を見出す。ある男が、希望もなく、名もないまま、ある柱頭を完璧なものにするため自らの生涯を費したのは、神の注視のもとで芸術を享受していたからだ。同じ記念建造物にささげられたすこぶる多くの人々の生涯が、美の感情に精神的畏敬を付け加えている。ゴシック教会は、この点では神を前にし、神に差し出された人類全体をさらに表すこととなっている。それも二重の意味においてである。

一．目に見えるものとしては、壁面をかざる司祭、博士、神父、聖人、預言者、天使たちによってである（しかしながらケルンの大聖堂[1]の周りでは、そうした像を目にしなかった）。それらは神に差し出された創造の初穂のようなものである。

二．目に見えないものとしては、これらの芸術作品の中に、自分たちの生涯をそこに費した多くの人々の努力を見るという思考力ゆえに、である。

逆に、近代の記念建造物の中では、目から離れたところにあるものは、粗悪なもの、固有の生命をもたないもの、純粋に工場製のものとなる。実例として、サン＝シュルピスの柱頭がある。それをベロック氏[2]が、高みに登ってぼくに示してくれた。ゴシックでは、装飾の際限ない完成は、一人の人を一つのものに捧げさせた。柱の形の選択そのものや、芸術家にゆだねられた柱頭の彫り物類は、この建築物の中で最高に自己を排除してしまうように思えるものだが、芸術家を匿名の私利私欲のない存在として、その中でみずからを貫くようにさせたのである。[3]

（1）一八二八年九月十四日、ミシュレはケルンの大聖堂を訪れた。

（2）ジャン＝イレール・ベロック（一七八七―一八六六）。グロの弟子の画家。ミシュレと親しくなり、のち（一八四四―四五）ミシュレの肖像画を描く。

（3）キリスト教芸術に関するこうした驚嘆が、『フランス史』初版、中世時代のミシュレの記述に反映されているといえよう。

六月五日（金曜）

グリムの『職匠歌人の歌（マイスターゲザング）』を翻訳し始める。[1]

（1）ルートヴィッヒ・ヤーコブ・グリム（一七八五―一八六三）は、すでに一八一一年に、ここで言及されている作品の研究を発表している。正確なタイトルは『古ドイツの職匠歌人の歌について』（原文ドイツ語）である。ミシュレはこの後グリムの『ドイツ法の起源』（一八二八）から、自らの『フランス法の起源』（一八三七）のアイデアおよび素材を得た。

九月二十二日（火曜）

『概要』[1]の第二版終了。ぼくは哲学を選択する。[2]

（1）『近代史概要』の初版は、第一部が一八二七年十一月十五日に、第二部は、翌年四月十五日に売り出された。コレージュで歴史教材として使われたため、売れ行きが良く、一八二九年に再版が、次いで一八三三年、一八四二年と続版が出た。

（2）一八二七年からエコール・ノルマルで、ミシュレは同時に歴史と哲学の教師を勤めていた。一八二九年八月新しく公教育大臣になったド・モンベルは、エコール・ノルマルの教育の再編成を決定、歴史と哲学も別々の担当者に委ねることにした。そこでミシュレは哲学のほうの担当を「選んだ」のである。しかしながら現実には歴史担当にされてしまう。誰がどんな理由でそうしたのか、今一つはっきりとはしていない。しかしミシュレの「意に反した」この決定により、少なくとも大学人としての歴史家ミシュレが生まれることとなった、と言える。こうした経緯からして、ミシュレにあって、哲学やあるいは文学が、常に大きな影を、その歴史に投じ続けていたことが分かるのである。

わが読書日記

一八一八―一八二九

ミシュレ
（ナダール撮影、1855-56 年頃）

一　訳注は〔　〕に入れてある。ミシュレの読んだ本の原題がフランス語以外の言語の場合はその言語を、また本のタイトルの一部しか書いていないときは、分かる限りで原題を〔　〕内に補い、また著者名も分かったものは〔　〕に補った。
一　ミシュレの書き込みのうち、原文で〔　〕内に入っているものは、記号を〈　〉に変えて示した。
一　編者ヴィアラネの注は（1）、（2）等として、各段落の末尾に置いた。
一　ミシュレが使用した略号で判明しなかったものは、そのままにしてある。
一　行頭の算用数字は日付を示す。

一八一八年（ロケット街に到着）

六月

15．『演劇に関する〔ダランベールへの〕手紙』〔ルソー〕。ロックからの「抜粋」。スタール夫人による『フランス革命〔の主要な出来事〕について〔の考察〕』。第三巻。〈『歴史家にかんする試論』の再開〉。リウィウスの最初の三冊、『合図について』、『罰について』、『アントニウスにおける第二のフィリッポス弾劾演説』〔ラテン語〕。モンテーニュの『手紙』〔英語〕、議会での『演説』。レス枢機卿の『回想録』第三巻。スエトニウスの『ユリウス・カエサル』、『アウグストス』〔スタール夫人〕〔人名がフランス語風になっているゆえ、仏訳か?〕。〔スタール夫人〕『コリンヌ』二冊。フェヌロンの『〔死者との〕対話』と『寓話』。〔キケロ〕『雄弁について』の第一巻、『雄弁家』〔以上ラテン語〕。ホラティウスを二回（プリおよびEd. P.とともに）。リュリエールによる『ポーランドの混乱』。『憲法制定議会』の二冊。〈法律の試験準備を始めた〉。デモステネスの『政治論』、ギリシア語で。フォントネルの『アカデミー会員』、IV。『対話』、『世界』、『神託』。冬、『法の精神』〔モンテスキュー〕。〔ウェルギウス〕『農耕詩』〔ラテン語〕。〔タキトゥス〕『ゲルマニア』〔ラテン語〕、『雄弁の堕落原因について』〔ラテン語〕。ラロミギエール、2。テレンティウス。『英雄伝』(アミヨ〔による仏訳〕)。

一八一九年

六月

〈政治的断片。日記の計画〉。『クロムウェル』の第一巻。タキトゥス『年代記』五冊。『パリ大司教への手紙』。〔ルソー〕『社会契約論』。〔ホメロス〕『オデュッセイア』の一四冊、『イーリアス』の八冊。プルタルコス『英雄伝』の数冊、ギリシア語で。

七月

『著名なる雄弁家について』〔ラテン語〕。〈アカデミーでの「講演」、始めた。学位論文〉。『イーリアス』〔ギリシア語〕、1. I。『オデュッセイア』、1・O。タキトゥスの『歴史』三冊。『フィロクテテス』。ルソーのヴォルテールへの手紙。『政治経済論』(J.-J・ルソー)。エピクテトスの『提要』〔ラテン語?〕。ウェルギリウスの『農耕詩』三冊。ラロミギエールの一巻。ロックの『選集』。『報告、見解、講演』の三巻目の第三部。〈博士論文のための検討〉。

八月

1. 『クロムウェル』第二巻。〈アカデミーでの「演説」の第一回目プラン〉。
6. プラトン『法律』第一巻。
10. 〔ルソー〕『〔人間〕不平等〔起源〕論』。『イーリアス』、K〔第一一巻?〕。
16. アリアノスの第一巻。エピステトスの『語録』。〔カント〕『永遠平和のために』。『アグリコラの生涯』(二度目)。ルソーの『ナルシス』〔戯曲〕の序文.『報告』の第四巻第三部、等。
25. ドゥロルムによる『イギリス基本法』、2。
30. アリストテレスの『政治』一巻、I。『オデュセイア』、第一六巻。

九月

1．〔ルソー〕『エミール』第一篇。

5．『イーリアス』、第一巻。〔ルソー〕『告白録』の第八巻。

『オデュッセイア』、第一七巻。

7．『告白録』の第九巻。『オデュッセイア』、第一八巻。

ソフォクレスの『ピロクテーテス』〔ギリシア語〕。

9．アリストテレス『政治』の第二巻。

11．『告白録』の第一〇巻。『モンテスキュー礼賛』。

12．バンジャマン・コンスタンの『政治原理』、1。『オデュッセイア』、第一九、二〇、二一巻。

13．『オデュッセイア』の読了。

14．『告白録』の第一一巻。

15．『キケロ伝』の第一巻。

16．《『ソフォクレス注解』読み始める。『ギリシア語の哲学に関する注解』読み始める。『それぞれの語彙に見出される諸国民の性格』》。

17．ダゲソーの『教訓』。

18．ベルナルダン・ド・サン゠ピエールのジャン゠ジャック〔・ルソー〕に関する『試論』。

25．〈読むべき作品リスト〉。

26．『イーリアス』、第一二巻、第一八巻。

29．〔ヴォルテール〕『習俗論』第二巻（「ローマ帝国崩壊」以降）。

30．『イーリアス』（二回目）、第六巻。〈フランス語はもはや詩的ではないということ〉。

十月

1．『イーリアス』、第一三巻。

2．『エミール』、第二編。タキトゥスの『歴史』の第四巻と第五巻。

3．ダゲソーの『講演集』。

4．『イーリアス』、第一九巻。T．『アンドリエンヌ』（二回目）。

5．『イーリアス』、第二〇巻。《『弁護士の雄弁家』、始めた》。

8．『イーリアス』、第二一巻。

9．エウリピデスの『アウリスのイフィゲイア』。『イーリアス』、第二二巻。

10．ヴィルマン先生による『王、憲章そして君主制』。『イーリアス』、第二三巻。
12.『イーリアス』、第二四巻。
13.『イーリアス』、第一四巻。
14.『イーリアス』、第一五巻。《『政治の雄弁家』、始めた》。
15.『エミール』、第三篇。
『イーリアス』、第一六巻。
17.『トクサリスあるいは友情について』、ルキアノス。『ヘカベ』、エウリピデス。
20.テオクリトスの最初の『牧歌』。
23.〈「講演」の三回目の下書き〉。
25.タキトゥスの『年代記』〔ラテン語〕、第一一巻。
26.テレンティウスの『兄弟たち』〔ラテン語〕。
28.プラトンの『選集』〔ラテン語〕。
31.〈「講演」のプラン〉。

十一月

1.『書く技術』(コンディヤック)。
4.『イーリアス』、第一三巻(二回目)。
6.『イーリアス』、第一七巻(ホメロスの一回目講読終了)。
8.ソフォクレスの『トラキスの女たち』〔ギリシア語〕。
10.テオクリトス、『牧歌』〔ギリシア語〕。
13.コンディヤックの『論理学』。タキトゥスの『年代記』〔ラテン語〕、第一二巻目。
18.テレンティウスの『フォルミオ』〔ラテン語〕(二回目)。
21.『エミール』の第四編。
23.〔キケロ〕『雄弁家』〔ラテン語〕(二回目)。ポール・ロワイヤル『論理学』の「諸言」。
28.〔キケロ〕『雄弁家について』〔ラテン語〕、第二巻目。

十二月

1.『雄弁家について』〔ラテン語〕、第三巻目、最初の巻は一八一八年に。
6.ロンギノスの『崇高について』、ボワローによる訳。
8.タキトゥスの『年代記』〔ラテン語〕、第一三巻目。
10.テレンティウスの『宦官』〔ラテン語〕(二回目)。
15.トゥキュディデス『歴史』第一巻〔メッシニア海岸にて〕〔ギリシア語〕。
18.〔キケロ〕『クルエンティウスの弁護』〔ラテン語〕。
19.〔ボシュエ〕『世界史序説』の第三部。

26. 〔シラー〕『フィエスコの反乱』。『サン=ルイのための説教』。『マザランへの助言』。『国民のための祈願』(隠者の祈願)。カフェ・ド・シュラ。
27. 『思考術』(コンディヤック)。
28. 『ワルシャワでの大使職』(ド・プラット)。ヴィルマンによる『批評の未来と困難』。ヴォルテールの詩形の『コント』および『風刺詩』、ぼくが免除された試験の前日。
29. タキトゥスの『年代記』〔ラテン語〕第一四巻目。

一八二〇年

一月

6. 『世界史序説』の第一部。
7. テレンティウスの『わが身を責める男』〔ラテン語〕(二回目)。
16. ソフォクレス『エレクトラ』〔ギリシア語〕。
19. ラ・フォンテーヌの『寓話』の終わり六冊。
22. 『世界史序説』第二部(終了)。
24. (カイサリアの)パシレイオスの『若者に向けての話』〔ギリシア語〕
27. タキトゥスの『年代記』〔ラテン語〕第一五巻目。
28. セヴィニエ夫人の『手紙』六三通。
31. クセノフォン『アナバシス、敵中横断六〇〇キロ』〔ギリシア語〕、第一、二、三、四巻。

二月

2. テレンティウスの『ヘキラ』〔ラテン語〕二回目(終了)。
4. クセノフォン『アナバシス、敵中横断』〔ギリシア語〕、終了。
6. ラ・フォンテーヌの『寓話』の最初の六冊、終了。
7. タキトゥスの『年代記』〔ラテン語〕第一六巻目。テオクリトス『牧歌』〔ギリシア語〕終了。
13. 『トリストラム・シャンディ』、終了。スターン『トリストラム・シャンディ』、1、2、仏訳。
20. セヴィニエ夫人、第二巻。
23. ラブレー。
24. 『創世記』。
25. 「エフライムのレビ人」。

26. ヘロドトス〔『歴史』〕『クレイオの巻』〔ギリシア語〕。

三月

1. タキトゥスの『年代記』〔ラテン語〕第六巻目（終了）。
5. 『出エジプト記』。ヘロドトス『エウテルペの巻』〔ギリシア語〕。
9. ヘロドトス『タレイアの巻』〔ギリシア語〕。
12. ヘロドトス『メルポメネの巻』〔ギリシア語〕。セヴィニエ夫人、第三巻。
「ヘロドトスによるホメロスの生涯についての記録」〔ギリシア語〕。
14. ヘロドトス『テレプシコレの巻』〔ギリシア語〕。
17. ヘロドトス『エトラの巻』〔ギリシア語〕。
20. クテシアス〔ギリシア語〕
23. ソフォクレス『アイアス』〔ギリシア語〕。ヘロドトスの『ポリュムニアの巻』〔ギリシア語〕。
25. ヘロドトス『ウラニアの巻』〔ギリシア語〕。
27. ヘロドトス『カリオペの巻』〔ギリシア語〕。
31. トゥキュディデス〔『歴史』〕第三巻〔ギリシア語〕。

四月

1. セヴィニエ夫人、第四巻。
5. トゥキュディデス、第四巻〔ギリシア語〕
8. トゥキュディデス、第五巻〔ギリシア語〕。
12. トゥキュディデス、第八巻〔ギリシア語〕。
16. トゥキュディデス、第六巻〔ギリシア語〕。
17. トゥキュディデス、第二巻〔ギリシア語〕。
23. トゥキュディデス、第七巻〔ギリシア語〕（終了）。
25. シチリアのディオドロス、第一、四、五巻、断片。
28. ディオドロス、第一、一一、一二、一三巻。
30. エウリピデス『アルケスティス』〔ギリシア語〕。

五月（四日、ポワンソがインターン生としてビセートルに入る）。

5. セヴィニエ夫人、第五巻。クセノフォンの『ギリシア史』〔ギリシア語〕、第四、五、六巻（終了）。
8. ラマルチーヌの『瞑想詩集』。
10. クセノフォン『ギリシア史』〔ギリシア語〕、第一、二、三巻（終了）。
12. 数学を始める。

16. ディオドロス、1. XIV、XV、XVI。
20. フェヌロンの『神の存在』。
25. アクアノス、『アレクサンドロスの戦争』。
29. ディオドロス、1. XVII、XVIII。
30. セヴィニエ夫人、第六巻。

六月

3. ディオドロス、1. XIX、XX。
6. 聖ヨハネの『福音書』。
7. ディオドロスの断片。
8. 〔マリー=ジョゼフ・ド・〕シェニエの『ティベリュウス』。
10. テイトゥス・リウィウス〔『ローマ建国史』〕、第一三巻〔ラテン語〕、二回目。〔フェヌロン〕『テレマック〔の冒険〕』最後の一二冊。
15. ソフォクレス『コロノスのオイディプス』〔ギリシア語〕。
19. コンディヤック、『感覚論』。
29. 聖マルコ、聖ルカ、聖マタイの『福音書』。

七月

4. 『使徒行伝』。
8. C.〔=コンディヤック?〕の『論理学』と『思考術』、走り読み。
9. 聖パウロの『ローマ人への書簡』。
13. 〔ルソー〕『演劇に関する〔ダランベールへの〕手紙』。
18. 『フランス音楽に関する手紙』(ジャン=ジャック〔・ルソー〕)。
19. アイスキュロス『コエフォロイ』〔ギリシア語〕。
20. 『テレマック』、最初の一二冊。
27. 〔モリエール〕『人間嫌い』、『タルチュフ』、『女学者』。

八月

8. アイスキュロス『アガメムノン』〔ギリシア語〕。
11. バイロン卿、第一巻目。
13. ルキアノス『遊女の対話』〔ギリシア語〕。
17. マルクス・アウレリウス『自省録』、ジョリによる仏訳。
20. モリエール。
22. 〔フィールディング〕『トム・ジョーンズ』、ラプラスによる仏訳。
24. ルキアノス『死者の対話』〔ギリシア語〕。
25. 『エルネスティーヌ』。『ミツバチ』。リッコボーニのいくつかの中編。〔アベ・プレヴォ〕『マノン・レスコー』。
28. フランクリン、『貧しいリチャード〔の暦〕』、『尋問』、『ペンシルヴァニア憲法』。
31. 『ヨブ記』、『レビ記』。アイスキュロス『慈しみの女神たち〔＝エウメニデス〕』〔ギリシア語〕。

九月

4. 『民数記』。
8. 『申命記』。ブルドンの『代数学』の第一章。
9. 『ヨシュア記』。
11. 『士師記』。『ルツ記』。
17. 〔スタール夫人〕『デルフィーヌ』の第一巻。
22. 『デルフィーヌ』第二巻。（三巻は1のIIまで）。
24. 『列王記』。『トビア記』。
27. ソフォクレス『アンティゴネー』〔ギリシア語〕。『ユディット記』。『エステル記』。
29. 『歴代誌』。『エズラ記』。『ネヘミア記』。

十月

1. セヴィニエ夫人の第一巻（終了）。
2. 〔ゴールドスミス〕『ウェイクフィールドの牧師』〔英語〕。
8. 『マカベア書』。
14. 『オイディプス王』（ソフォクレス）〔ギリシア語〕、終了。「聞くことについて」（Pl.）〔ギリシア語〕
18. 〔ジョージ・スモレット〕『ロデリック・ランダム』、1。
24. ウェレイウス・パテルクルス〔『ローマ史』？〕。
26. ルキアノス『エロス』〔ギリシア語〕。
27. ヴォルテールの『ピョートル大帝』。
30. 『ロデリック・ランダム』、2。

十一月

5. 〔ローレンス・スターン〕『センチメンタル・ジャーニー』〔英語〕、〔主人公〕ヨリックのイライザへの手紙。
12. ヴォルテールの『書簡集』、1。
17. ド・ジェランドによる『哲学体系史』、第一巻。
19. ロバートソンの『アメリカ史』〔英語〕、第一巻。
22. 〔モンテスキュー〕『ペルシア人の手紙』。

26. ヴォルテールの『書簡集』、2。

十二月

3. ロバートソンの『アメリカ史』〔英語〕、第二巻。
10. ド・ジェランドによる『体系史』、第三巻。
12. ヴォルテールの『書簡集』、3。
13. ロバートソンの『アメリカ史』〔英語〕、第三巻。
14. 〔パスカル〕『田舎の友への手紙』。
19. 〔ホメロス〕『イーリアス』〔ギリシア語〕、第一、二、三、四、五、六、七、八巻（二回目）。
31. ヴォルテールの『書簡集』、4。

一八二二年

一月

1. ガラン『フランス軍滞在中のエジプトの光景』、第一巻。
3. ド・プラットによる『スペインの現下の革命』。
6. マルモンテルの『回想録』、1。シャフツベリー『美徳と功績に関する不安』〔英語〕。テオクリトス『牧歌』〔ギリシア語〕。
8. マルモンテルの『回想録』、2。
11. ガランの『エジプトの光景』、第二巻。
14. マルモンテルの『回想録』、3、4。
18. ド・ジェランドによる『体系史』、三冊。
24. エウリピデス『ヘカベ』〔ギリシア語〕（二回目）。
25. ボット、1、2。
31. ボット、3、4。アイスキュロス『ペルシアの人々』〔ギリシア語〕。

二月（十四日、ポワンソの死。）

3. ヴォルテールの『書簡集』、5。
8. ピゴー・ル・ブラン『エゴイズム』。
17. ロバートソンの『チャールズ五世の〔統治の〕歴史』〔英語〕。『ヨーロッパの概要』〔英語〕。
29. ヴォルテールの『書簡集』、6。

三月

5. セー氏の『経済学』、1。

8. アイスキュロス『縛られたプロメテウス』〔ギリシア語〕。
10. テレンティウスの『アンドロス島から来た娘』、『兄弟』、『フォルミオ』、『宦官』(三回目)〔以上ラテン語〕
11. ミルトン『失楽園』〔英語〕、1、2、3。
17. ダランベールの『哲学原論試論』、第一部。ルクレティウス、6。ルカーヌス、1、2。マルクス・〔アウレリウス・〕アントニウス〔ギリシア語〕、1、2、3、4。

四月

1. ペルシウス『風刺詩』〔ラテン語〕。
7. ボシュエ『追悼演説』(イングランド王妃、パラティン伯、テリエ、コンデへの)。
9. ダガルド・ステュアート『人間精神の哲学』〔英語〕、1。オウィディウス『変身物語』〔ラテン語〕、第一、二、三巻。
10. プリニウスからの『抜粋集』〔ラテン語〕。
11. タキトゥスの『年代記』〔ラテン語〕、11、12、13、14、15、16(二回目)。
13. プリニウス・セクンデス『頌歌』〔ラテン語〕。
16. エウリピデス『ヒッポリュトス』〔ギリシア語〕。
21. イソクラテス『オリンピア祭演説(パネギュリコス)』〔ギリシア語〕。
25. スタティウス『テーバイ遠征物語』〔ラテン語〕、1、2、3、4。
28. スエトニウス『ティベリウス帝』、『ガイウス・カエサル帝』〔ラテン語〕。
29. エウリピデス『アンドロマケ』〔ギリシア語〕。

五月

2. クラウディアヌスの『寸鉄詩』〔ラテン語〕。
5. プラトン『ソクラテスの弁明』〔ギリシア語〕。
6. セネカの『ヒュッポリトス』〔ラテン語〕。
8. プラトン『クリトン』〔ギリシア語〕。
9. セネカの『トロイアの女たち』〔ラテン語〕。
10. ダガルド・ステュアート『人間精神の哲学』〔英語〕、2。
17. プラウトゥス『アシナリア〔=ロバの喜劇〕』、『カルタゴ人』〔ラテン語〕。
23. プラトン『パイドン』〔ギリシア語〕。

25. タキトゥスの『ゲルマニア』、『アグリコラ』〔ラテン語〕（二回目）。

六月

2. ボワロー。
12. ホメロス『オデュッセイア』〔ギリシア語〕、第一、三、四巻。
16. ウェルギリウスの『アエネーイス』〔ラテン語〕、第七、八、九、一〇、一一、一二巻。『農耕詩』〔ラテン語〕、第四歌。
18. エウリピデス『メデイア』〔ギリシア語〕。
19. コルネイユ『オラース』、ヴォルテールによる注釈つき。
30. オウィディウスの『変身物語』〔ラテン語〕、第四、五、六、七、八、九、一〇巻。

七月

4. デステュット・ド・トラシー、『概要一覧表』。
27. ソフォクレス『フィロクテテス』〔ギリシア語〕、（二回目）。
31. フロット、『論理学』。デュマルセ『比喩』。

八月

12. トゥキュディデス〔ギリシア語〕、第一巻（二回目）。
13. フロット、『形而上学』。
26. シルヴェストル・ド・サシ、『一般文法』。
29. ビュルヌフ、『ギリシア語文法』。
31. アイスキュロス『救いを求める女たち』〔ギリシア語〕。〈『哲学選集』、ダガルド・ステュアート、ド・ジェラルド、フロット〉。

九月

18. ガラによる『シュアール氏と十八世紀に関する研究報告』、1、2。〈教授資格試験。〉

十月

2. コルネイユ『シンナ』、ヴォルテールによる注釈つき。
4. ヴォルテールのプロシア王との『書簡集』（一七七〇年十一月十六日のエカテリーナとの書簡を含む）。
15. キケロ、『ラビリウス弁護』、『フラックス弁護』〔ラテン語〕。
21. プルタルコス「自分が徳について進歩していることを、どのようにして知ることができるか」〔『モラリア』第五編〕〔ギリシア語〕。プルタルコス『ティモレオン伝』〔ギリシア語〕。

十一月

8. デュクロ、『風俗についての考察』。
9. パスカルの『パンセ』。
11. シェイクスピア、『ロミオとジュリエット』〔英語〕。
13. ラ・ロシュフコー、『箴言集』。
19. ヴォルテール、『乙女〔=ジャンヌ・ダルク〕』。
23. ヴォルテール、『(その)生涯の回想録』、『ザディッグ』、『ミクロメガス』。
30. ミロ、『古代史』(ウェスパシアヌスからマホメットの時代へ)。

十二月

8. リード、『人間活動力論』〔英語〕。
22. モンテスキュー、『趣味論』。
23. アイスキュロスの『テーバイに向かう七人』〔ギリシア語〕(終了)。
29. ギボン、〔『ローマ帝国衰亡史』〕、第二巻(セットシェーヌによる仏訳)。

一八二二年

一月

10. ヴォルテール、『歴史論文集』、第一巻。
21. ギボン、第一巻。
27. ダガルド・ステュアート、『人間精神の哲学』〔英語〕、第二部。

二月

1. デランド、『哲学史』(1、2、3)。
8. ブレアの『修辞学』〔英語〕(第五講まで)。
9. ヴォルテール、対話。
11. ギボン、第三巻。
15. ダガルド・ステュアート、『形而上学、倫理政治学の歴史』、第一巻。
20. ヴォルテール、『歴史論文集』。第二巻。
27. ギボン、第四巻。

三月

2. ド・ジェランド、『貧民を訪ねる人』。
6. ド・ジェランド、『〔思考術と〕記号〔との相互関係論〕』、第一巻。
15. ギボン、第五巻。

四月

3. ルソー、『新エロイーズ』、第四、五、六部。
4. ギボン、第六巻。
5. ルキアノス『ペレグリーノス』〔ギリシア語〕。ウォルター・スコット、『ケニルワース』。
7. ド・ジェランド、『記号』、第二巻。
8. J-B・セー、『イギリスとイギリス人』。
17. ギボン、第七巻。
23. ミルトン、『失楽園』〔英語〕、1、2、3、4、5、6。
27. ド・ジェランド、『記号』、第三巻。

五月

1. ギボン、第八巻。
17. ギボン、第九巻。
27. シャトーブリアン、『アタラ』。

六月〔四年目。〕

4. ギボン、第一〇巻。
20. ヴォーヴナルグ（『選集』。『自由意志』）。ギボン、第一一巻。スウィフト、『精神の自動的作用』、『書物合戦』〔英語〕。
30. スウィフト、『桶物語』〔英語〕。ド・バラント、『十八世紀フランス文学』。

七月

8. フィールディング、『アメリー〔＝アミーリア〕』（リッコボーニ夫人による仏訳）。
15. ギボン、第一二巻。
28. リッコボーニ、『キャッピーの手紙』（バトレストの）。

31. ギボン、第一三巻。

八月

8. ギボン、第一四巻。

12. プレヴォ、『クレヴラン』、第一巻。

26. ギボン、第一五巻。

31. ギボン、第一六巻。

九月（黄疸（おうだん）〔にかかる〕。）

5. ギボン、第一七巻。

8. ギボン、第一八巻。

9. ウォルター・スコット、『清教徒たち』〔仏訳。以下同様〕、3。

10. ウォルター・スコット、『謎の小人』、『仮の将校』、3。

11. ウォルター・スコット、『ロブ＝ロイ』、4。

14. ウォルター・スコット、『ランマームーアのフィアンセ』、3。

17. ヴォルテール、『書簡集』（ダランベールとの）、第一巻。

21. シスモンディ、『イタリア共和国』、第一巻。

一八二二年十月―一八二三年七月
（サント＝バルブへ就職、歴史担当。）

ヴォルテール、『習俗論』（一〇二章から一六八章まで、三巻目）。〔クリスティアン・〕コック、『〔ローマ〕帝国〔崩壊〕以来の〔ヨーロッパ〕諸革命一覧』（一、二、三、五、六期）。シスモンディ、『フランス史』、第一、二、三巻。シスモンディ、『イタリア共和国』、第二、三、一二、一三巻（一〇三章まで）。ハラム、『中世ヨーロッパ』、第一巻（二七二ページから三八二ページまでの抜粋）、第三巻（三九一ページまで）、第四巻（一五九ページまで）、第二巻（五一ページまで）。ミロ、『英国史』、1、2、3. ヒューム、『英国史』（ウィリアムの死まで）エリザベス、ジェームズ一世、チャールズ一世の治世。プフェッフェル、『ドイツ史の略年表』、第一巻（フリードリッヒ二世の死まで）。ヴェリー、『ユーグ・カペー、ロベール、アンリ一世』。ミショー、『十字軍史』、第二巻（後半）、第三巻（1、9と12）、第四巻（1、13、14、一部分15）。

エーレン、『十字軍の影響について』。アンクティル、『ルイ十一世』。ロスコエ、『ルイ十一世の治世』、第六、七、八巻（最初の二巻の残りはざっと目を通す）。ダリュ、『ヴェネチアの歴史』、第二二、二三、二四巻。ロバートソンの『チャールズ五世史』、序文とアフリカとトルコ関係部分を除く。マレ、第五巻（後半）、第六巻（導入部）。サラベリー、『オスマン帝国』、第一巻の後半と第二巻の前半。ワトソン、『フェリペ二世史』、第一、二、三、四巻。ラクルテル、『フランスにおける宗教戦争史』、第一、二、三、四巻。シラー、『三十年戦争史』。コックス、『オーストリア王家の歴史』、フェルディナント一世の即位から、ただし五三章スウェーデン時代を除くところまで。アンシヨン、『フランスとイギリスの内乱、三十年戦争』。ロラン、『ローマ史、ギリシア史』（あちこちと多くの箇所を）。ミトフォード、あちこちと多くの箇所を。

一八二三年

八月―九月

ウォルター・スコット、『アイヴァンホー』、四冊。ウォルター・スコット、『クウェンディン・ダーワード』、四冊。シスモンディ、『イタリア共和国』、四冊。マルト＝ブラン、『地理学の歴史』（プリニウスまで）。ギュトリーとポワルソン（半々）の『地理学』。ミロ、『英国史、G・ル・ルーからヘンリー四世まで』（チャールズ一世の死の第一巻から、第三巻ジョージ二世まで）。ミロ、『ユーグ・カペーからジャン一世までのフランス史』、第一巻。ハラム、『中世ヨーロッパ（ドイツについて）』。ヴォルテール、『ルイ十四世の世紀』（二六章まで）。ヴォルテール、『帝国年代記』、ハインリッヒからマクシミリアンまで。キケロ、『フラックス弁護、スラ弁護』（ラテン語）。ミルトン、『失楽園』（英語）、第七、八、九巻。トゥキュディデス、『メロス島人との対話、追悼演説、キリキア人へのヘルモクラテス』。ピンダロス、『オリュンピア』、第一、二、三巻。〈ヨーロッパ主要国の経度と緯度。中世の第二系列の日付〉。

十月―十二月

ラシーヌ、『ミトリダート』、『アンドロマック』、『ベレニス』。ヴォルテール、『カエサルの死』、『アンリアッド』、1、2、3。ルニャール、『双生児メネクム』、『包括受遺者』。ヴォルテール、『エカテリーナとの書簡集』（一七七〇年十一月二十六日から最後まで）。〔アレクサンダー・〕アダン、『古代ローマ』、第一巻、ローマ住民の多様性、一―六四ページ。集合市民の公的権利、九四―二三二ページ。マルモンテル、『文学原理』、第一巻と第四巻。二つの巻を返すことになったときには、第四巻目の「真実」の項を読んで抜粋しようとしていたところだった。また第一巻の「アレゴリー」の項を読もうとしており、「コミック」の項を抜書きしたばかりのところだった。これら二つの巻の残りの部分は、抜粋するのにあまり時間はかからないだろう。プルタルコス、『ロムルス伝』〔ギリシア語〕。ティトゥス・リウィウス、『最初の一〇年』、第一巻。〈イエス・キリスト前の日付を確かめる術〉。聖史。マリアナ、I．22、23、24。デュクロ、『ルイ十一世』、第一巻。フィリップ・コミーヌ、『回想録』。ロバートの『アメリカ史』〔英語〕。ミットフォード、あちこちと多くの箇所を、一巻目。シスモンディ、『イタリア共和国』、第一〇、一一、一二巻。一二巻目の四〇七―四四五ページを除いて。ラパン・トラワ、I．第一章。ヴォルテール、『ダランベールとの書簡』第二巻。カジミール・ドラヴィーニュ。『老人学校』。

一八二四年

一月（フルシー夫人の死。）

ダガルド・ステュアート、『道徳政治学の歴史』、第三巻、その中でクーザンの歴史哲学に関する断片を見つける。ラス・カサス、『セント＝ヘレナ島の覚え書き』、第二巻。ジュウィとドロ、『投獄されたエルミート家の人々』。モーガン夫人、『フランス』、1、2。コンドルセ、『人間精神進歩の歴史素描』。『アトランティス』。シスモンディ、『イタリア共和国』、第一、三、一四巻。

二月
ライト嬢、『一八一八、一八一九、一八二〇年の合衆国旅行』、1と2。シスモンディ、『イタリア共和国』、第一五、一六巻。ピカール、『熱狂者』、1、2、3、4。シャルル・ヴィレール、『ルターの改革の精神と影響』。ベルティヴォーリ枢機卿、『書簡』〔イタリア語〕(115中の51)。

三月
ピカール、『ジャック・フォーヴェル』、1、2、3、4。ファーガソン、『市民社会の歴史試論』、1、2。ベンティヴォリ、『フランドル戦争について』〔イタリア語〕、一五二七年(第一部の最初の五篇、二五八ページ)まで。アリオスト、『狂乱のオルランド』〔イタリア語〕、1、2、4、5、6、7。ウォルター・スコット、『サン＝ロナンの泉』。〔グザヴィエ・〕ド・メーストル伯、『部屋の周りの旅』、『アオステ市の癩者』。シャペルとバショーモン、『旅』。〔デジレ・〕パルニ、同上〔パルニは多くの旅をしたことで知られる〕。

四月(この月の初め、クーザン先生を初めて訪問。)
ボッカチョ、『デカメロン、一日目、二日目』そして三日目の中の最初の二つの話、『ラ・グリセルダ』と結末〔イタリア語〕。トルクアート・タッソ、『エルサレムの解放』〔イタリア語〕、1、2、3、4、5、6、7歌。シスモンディ、『一八一〇―一八一一年のイギリス旅行』、一八一七年の第二版、第一巻。カント、『人類史の始まりについての推論』。レッシング、『人類の教育』。グアリーニ、『牧人フィード』〔イタリア語〕、第一幕。

五月(二十日、結婚。)
オーギュスト・コント、『産業家の教理問答』の第三手帳。「ルヴュ・アンシクロペディック」、十二月、一月、二月号。シスモンディ、『イギリス旅行』、第二巻。T・タッソ、『エルサレムの解放』〔イタリア語〕、8、9、10歌。シスモンディ、『フランス史』、第四巻。ビアジョリ、『イタリア語文法』。ダンテ、『地獄篇』〔イタリア語〕。プルタルコス、「ローマ人の幸運について」〔『モラリア』第二〇篇、ギリシア語〕。ホメロス、『イーリアス』〔ギリシア語〕。インマニュエル・カント、『世界主義的観点において、歴史とは何であろうかを考えること』。カント、『純粋道徳宗教の理論』（ヴィレールによる抜粋）。

六月（六年目。）

テュルゴ、『世界史論』と『政治地理学』。ゴルドーニ、『瞳』、『浪費する男』、『壊れた堤』〔以上イタリア語〕、一作を除いて第一巻。B・コンスタン、『宗教について』。「ルヴュ〔・アンシクロペディック〕」、三月号。ラロシュジャクラン夫人の『回想録』。ヴィーコ、『諸国民の共通の自然本性についての新しい学』の五つの巻〔イタリア語〕、第一巻。

七月

ヴィーコ、第二巻。スミス、『諸国民の富』（あちこちと多くの箇所を、たぶん一冊）。M・フルシー、『対話』。M・エショフ。シスモンディ、『イタリア共和国』、第五巻。

八月―九月

ヴィーコ、第三巻。ミニェ、『フランス革命史』、1、2（二十七日）。シスモンディ、『イタリア共和国』、第六巻。

十月

〔ジョゼフ・マリ・〕ド・メーストル伯、『サンクト・ペテルブルクの夕べ』（あちこちと）。W・パレ、『道徳政治哲学』（あちこちと）。ミルトン、『失楽園』〔英語〕、10、11、12。

十一月

クオーコ、『プラトンへの旅』〔イタリア語〕（走り読み）。スタール夫人、『社会制度との関係で考察された文学論』。ボシュエ、『世界史論』（走り読み）。ヴォルテール、『歴史哲学』、『風俗論』、第一巻（走り読み）。ヘロドトス、最初の七冊（走り読み）。T・タッソ、『エルサレムの解放』〔イタリア語〕、11、12、13、14、15、16、17、18、19、20歌。ヴォルテール、『救われたローマ』、『書簡集』。

十二月

ヴォルテール。ラゴン。アンション。ヘーレン、『諸年代を思い描く術』（あちこちと多くの箇所を）。アンション、第四巻。ヴォルテール、『手紙集』（詩句と散文の混ざった）。〈『対照年表』、『近代史』を書き始めた〉。

一八二五年

一月

ビュルラマキを読み始めた。ラクルテル、『十八世紀』、第一、二、三巻。ヴォルテール、『ルイ十五世の世紀』（最初の一二〇ページ）。コック、『ヨーロッパ諸革命の一覧』、第二巻。ベロック夫人、『バイロン卿』、第一巻。

二月

ラクルテル、『十八世紀』、第四、五、六巻。フォリエル、『ギリシアの国民歌』。ヘーレン、『イギリスの大陸での利益』（論文集）。ヘーレン、『近代ヨーロッパにおける政治理論』（論文集）、『日付と出来事の記録簿を確かめる術』（あちこちと多くの箇所を）。

三月

シェイクスピア、『コリオレーナス』と『マクベス』（仏訳で）。『書簡集』の第四巻。シェイクスピア、『マクベス』、英語で第三幕まで。〈三日にプログラム通り終わった[1]〉。

（1）ミシュレはプログラムという言葉で、授業のカリキュラムに即して書いていた『近代史年表』のことを指していると、ヴィアラネは注記している。

四月

セギュール、『一八一二年のナポレオンとナポレオン軍の歴史』、二冊。ヴォルテール『シャルル十二世史』。ミットフォード、第五巻、二四章。ベランジェ、『新しい歌』（二十日）。ミットフォード、第六巻。〈六日にプログラムの印刷が終了。七日、発売される。ドイツ語を十日に始めた〉。

五月

11. ミットフォード、第七巻、三四―三五章（巻の後半）。ミットフォード、第八巻、三七―三八章（前半）。

19. ウォルター・スコット、『古美術研究』。第一、二、三、四巻。
21．ロラン夫人、『回想録』。ウォルター・スコット、『司祭』、第一、二、三、四巻。
24．シェイクスピア、『リア王』、『ハムレット』（ルトゥルヌール〔仏訳〕の第五巻）。
29．シェイクスピア、『ベニスの商人』、『真夏の夜の夢』（第一五巻）。ジリ、『ギリシア史』（第五巻、三三―三四―三五章）。

六月

2．シェイクスピア、『ジュリアス・シーザー』、『嵐』（第二巻）。ジリ、『ギリシア史』、第六巻。
12．シェイクスピア、『オセロ』、『ヴェロナの紳士』、『トロイラスとクレシダ』（第二巻、ギゾー版）。ビュルラマキ、『自然法の原理』（終了）。シェイクスピア、『ヘンリー四世』の第一部と第二部（ルトゥルヌールの第九巻）。
26．シェイクスピア、『ウィンザーの陽気な女房たち』、第一〇巻。

七月

シェイクスピア、『ヘンリー五世』、『ヘンリー六世』、第一部（ルトゥルヌールの第一一巻、凡庸）。シェイクスピア、『ヘンリー四世』、二部と三部（ルトゥルヌールの第一二巻）。スタール夫人、『ドイツ論』、第一巻。〈表彰式でのスピーチ〉[(2)]。

（2）一八二五年八月、サント＝バルブ校での表彰式で行う、「学の統一性についてのスピーチ」のこと。

八月

ウォルター・スコット、『僧院』、第一、二、三、四巻。ウォルター・スコット、『ウェーヴァリ』、第一、二、三、四巻。〔プロスペール・メリメ〕『クララ・カジュルの芝居』。ティエリー、『ノルマン人による英国征服史』、第一巻。シスモンディ、『フランス人の歴史』、第五巻。ベロック夫人、『バイロン卿』、第二巻。

九月

ティエリー、『ノルマン人による英国征服史』、第二、三巻。シスモンディ、『フランス人の歴史』、第六巻。シェイクスピア、『リチャード三世』、『ヘンリー八世』〔ルトゥルヌールの第一三巻〕。シェイクスピア、『間違い続き』、『じゃじゃ馬ならし』〔ルトゥルヌールの第一六巻〕。シェイクスピア、『から騒ぎ』、『お気に召すまま』〔ルトゥルヌールの第一四巻〕。ヘルダー、『人類の歴史哲学考』、手稿による九巻目。

十月

ヴィーコ、『新しい学』〔イタリア語〕、第二巻。サン＝シモン、『新キリスト教』、『生産者』、第一号。ヤンネッリ、『人間事に関する学についての試論』〔イタリア語〕。〈七日に「便覧」(3)の第二部を書き始めた。序文と第一節の第一部はヴァカンス中にできあがった〉。ポワルソン、読み始めた。B・コンスタン、『宗教について』、第二巻。ヴィーコ、『普遍法の単一原理』、『法律家の一貫性』、『小論文集』、『書簡集』〔以上イタリア語〕等、走り読み。ヤンネッリ、『人間事に関する学についての試論』〔イタリア語〕。

（3）一八二六年五月に刊行される『近代史対照年表（一四六三―一六四八）』のことである。

十一月

ヴィルマン、『ラスカリス』、『ギリシア人に関する試論』等。ヴィーコ、『新しい学』〔イタリア語〕、第一版、最初の一〇〇ページ。ヴィーコ、『ライプティッヒから、イタリアの新聞への返答。詩的芸術に関するノート』。シェイクスピア、『アントニーとクレオパトラ』、『〔アセンズの〕タイモン』〔ルトゥルヌールの第六巻〕。クロイツァー、『古代の諸宗教』、第一巻の第一部、インド、ペルシア、エジプト。クロイツァー、『古代の諸宗教』、第一巻の第二部、ノート。

十二月

ガルニエ、『フランス史』、第一九、二〇、二一、二二、二三巻を走り読み。『世界史』、『スイス史』〔第三九巻を走り読み〕。ラコンブ、『北方史略年表』、第一巻と第二巻をあちこちと（走り読み）。マレ、『デンマーク史』、第五巻、第六巻、走り読み。コックス、第一巻末と第二巻（シャルル九世を除く）を走り読み。プフェッフェル、第二巻を走り読み。エロー、第二巻を走り読み。ミニョ、第一巻末を走り読み。ラパン＝トワラス〔『英国史』？〕第四巻末、第五巻、第六巻を走り読み。ラ・クレーヴ、『ポルトガル史』、第四巻を走り読み。マリアナ、第四巻末、第五巻、第六巻を走り読み。ピンカートン、『スコットランド史』（ステュアート家治下。一三七一―一五四二年）、第一巻末、第二巻冒頭を走り読み。シスモンディ、第一〇、一一、一二、一三、一四巻を走り読み。ルヴェック、第二巻末を走り読み。カラムジン、第六、七巻。十二日、マブリ、『フランス史考察』、第五巻。三十一日、ギゾー、『フランス史試論』。

一八二六年

一月

ガルニエ、第二四巻。ラクルテル、『宗教戦争』、第一巻。ヴァシーの虐殺から、同時にアンクティルの『旧教同盟の精神』第一巻も読み進めた。マブリ、『〔フランス史〕考察』、第六巻。ミニョ、第二巻。ラ・クレーヴ、第五巻。ソリニャック、第四、五巻。マレ、第七巻（第六巻は飛ばした）。ルヴェック、第三巻（一五五五年から）。カラムジン、第八巻。シスモンディ、第一五、一六巻。ワトソン、第一、二、三、四巻。

二月

ラクルテル、『宗教戦争』、第二、三、四巻。アンクティル、『旧教同盟の精神』、第二、三巻、一五九三年の最中まで、そして第三巻の半ばまで。ラパン＝トワラス、第七巻（エリザベス）。ラパン＝トワラス、第八巻（ジェームズと一六四〇年までのチャールズ一世）。シスモンディ、『フランス人の歴史』、第七巻（一二二六―一二五四年）。

三月

アメデ・ピショ、『イギリス旅行』、第二巻。ヴィラルドゥアン、『コンスタンチノープルの征服』、プチト叢書第一巻。マルト＝ブラン、『地理』、第二巻、あちこちと多くの箇所を。ド・ジェランド、『哲学体系の歴史』、第四巻（スコラ哲学）、あちこちと多くの箇所を。ロバートソン、『アメリカ史』、（ヴァージニア、一六八八年まで。

ニュー・イングランド、一六五二年まで)。ポワルソン、『ローマ史』、第二巻(三月十五日から)。バイヤールの『フランス史に関する論文集』、デュ・クレール叢書の第一一巻、一三八ページまで。ジャン・ド・トロワの『年代記』、一四七四—一四七八年(叢書の第一四巻)。シスモンディ、『フランス史』、一二五四—一二九六年。ミットフォード、『ギリシア史』〔英語〕、第三巻、二七四—四一八ページ。

四月(八年がたった。)

ミットフォード、『ギリシア史』〔英語〕、第四巻、紀元前四二二—四〇五年(一—八二ページおよび一六四—三九二ページ)。シラー、『三十年戦争』、二回目。シスモンディ、『フランス史』、第九巻、一二九六—一三二七年。アンクティル、『フランス史』、ルイ十三世。ブージャン、一二七ページから第一巻、一六三五—一六四四年。ギゾー、『英国革命の歴史』、第一巻、一六二五—一六四三年。ド・バラント、『ブルゴーニュ公の歴史』、第九巻、一四六七—一四七二年。ヴィルマン、『クロムウェル』第一巻、一六四九年まで。ド・バラント、『ブルゴーニュ公の歴史』、第一〇巻、一四七二—一四七六年。

五月

ミットフォード、第五巻、〔紀元前〕四〇四—三九四年。ド・バラント、第一一巻の第一部、一四七六—一四七七年　ド・バラント、『ブルゴーニュ公の歴史』、第一巻、一三六三—一三八五年。フルーリ、『教会史』、第一巻、紀元一—一九七年。ド・バラント、『ブルゴーニュ公の歴史』、第二巻、一三八五—一四〇四年。

六月

フルーリ、『教会史』、第二巻、一九八—三一三年。ミットフォード、『ギリシア史』〔英語〕、〔紀元前〕三五八—三三八年の間を含む巻(三九—四〇章)。フルシー、『エコール・ポリテクニックの歴史』、第一巻、1、2、3。サント=クロワ、『アレクサンドロスの歴史の検討』、物語風の部分のみ、つまり一九三—五二二ページ。だが年代記の段と、とりわけ地理の段が、はるかに興味深く思われる。

七月

フルーリ、『教会史』、第三巻、三一三―三六一年。ギボン、第四巻、二一章、異端。ギゾー夫人、『教育に関する手紙』、第一、二巻。「ル・グローブ」、一八二五年七月号―一八二六年六月号。ド・バラント、『ブルゴーニュ公の歴史』、第三巻。『漸進的百科事典』、第一巻、ギゾー、ティエール、ブルセ、B・コンスタン、セー。『ル・スペクタトゥール』、『道徳百科事典』というタイトルでメジエールによって選別翻訳された論文集。〈『近代史年表』の二版、七月三十一日頃刷りはじめられた〉。ド・バラント、『ブルゴーニュ公』、第四巻、一四〇四―一四一九年。ド・トレンス男爵。デュートネ、『ベルリンの思い出』、あちこちと。

八月

ド・バラント、『ブルゴーニュ公』第五巻、一四一九―一四二九年。〈一八二四年六月二十八日に始めたヴィーコの翻訳は、一八二六年八月に再開、一八二六年十月五日に完了した。「スピーチ」は十二月二十六日〉。

九月

ド・バラント、第六巻、一四二九―一四三七年。ド・バラント、第八巻、一四五三―一四六七年。ヴィーコ、一七四四年の、そして一部は一七二五年の『新しい学』、『小論文集』、第二、三、四巻。

十月

ヴィーコ、『イタリア人の太古の知恵』〔ラテン語〕、第四巻。マリオ・パガーノ、『政治的賢人』〔イタリア語〕、第一、二、三巻。デカルト、『方法序説』。ラムネー、『宗教的無関心に関する試論』、第一、四巻（あちこちと）。

十一月（肺炎。）

『千夜一夜物語』、一―二一六夜、一二折版の一四巻シリーズの内、初めの六巻に相当する。フルーリ、『教会史』、第四巻、三六一―三九九年、十二月に終了。

十二月

〈ヴィーコは十二月二十六日に完了、三月八日に売り出された。印刷は一月十五日から二月。十一月八日からコレージュを〔肺炎のため〕欠勤、一月十五日に戻った〉。

一八二七年

一月

フルーリ、『教会史』、第五巻、三九三―四〇一年、ただ初めの方、最初の一五五ページのみ。クーザン、『哲学的断章』。ド・ジェランド、『哲学体系の歴史』、最初の二巻（あちこちと）。「ル・グローブ」、一八二六年八月二十二日から十二月二十三日まで。ダガルド・ステュアート、『……大要』（あちこちと）、およびジョフロワの序文（一二五―一三八ページを除く）。クーザン、第一の「アルキピアデス」、「テアイテトス」、「フィレボス」、「ゴルギアス」についての『論証』（第二、三、五巻）。プラトン、第一の『アルキピアデス』（第五巻）、『テアイテトス』（第二巻）、『ゴルギアス』（第三巻）。ブルッカー、第一巻（あちこちと）。ブーレ、第一巻（あちこちと）。

二月

九日、『世界の伝記』（ヴィーコの生涯）が届く。プラトン、『フィレボス』（第二巻）、『プロタゴラス』（第三巻）。ヘロドトス、第一篇（ラツェールの第一巻）。プラトン、『エウテュプロン』、『〔ソクラテスの〕弁明』、『クリトン』、『パイドン』。〔クリオスティアン・ゴットフリート・〕ハイネ、『小論文集』〔ラテン語〕、とくに大ギリシアにかんする第二巻。フレレ、『ギリシア初期の住民に関するアカデミーの論文』（第四七巻、一八〇九）。『世界の伝記』、ミケランジェロ、ラファエロ、デュムーラン、キュジャース、ドマ、オリマンディアス、トゥートモシス、セン・ウレスト、ロンギノス、オディナ、ヘロドトス、マイネルス、ソクラテス、ストラボン、サン＝ピエール（ベルナルダン・ド・）。マイネルス、『科学の歴史』、第一巻。クセノフォン、『弁明』、『対話』（あちこちと）。ヴィンケルマン、『芸術の歴史』、第一、二、三巻（あちこちと）。「ル・グローブ」、一八二六年十二月二十五日号から一八二七年二月二十四日号まで。〈三日、エコール・プレパラトワール〔エコール・ノルマルのこと。革命期に設立されたこの学校のリベラルで民主的で自由な考え方を尊ぶ校風が、王政復古期の指導層に警戒され、規模を大幅に縮小され、名前も「進学準備学校」といったこの名称に変えられていた」に〔哲学と歴史担当教授として〕任命。十七日、最初の講義〉。

三月

〈八日木曜、〔『歴史哲学の原理』（ヴィーコ著、ミシュレ訳）〕売り出し〉。ゴケ、『法の起源』、第二、三巻（あちこちと）。B・コンスタン、『宗教について』、第二巻の後半。ハイネ、『小論文集』。「ル・グローブ」、二月二十四日号から三月十八日号まで。W・シュレーゲル、『演劇文学』、第一巻。ヴォルネ、『シリア旅行』、第一、二巻。ミニョ、『フェニキア人』（アカデミーの三四巻と四二巻）。ヘルダー、第一、二巻（あちこちと）。アベル・レミュザ、『タタール語に関する研究』。

四月―十二月

〈一八二七年四月十三日、アルバレート街に到着。五月二十八日月曜、『近代史概要』書き始める。第一部は一八二七年十一月十五日頃書き終わる。第二部は一八二八年四月十五日に完了〉。プクヴィル、『ギリシアの再生』、第一、五巻（あちこちと）。「ルヴュ・アンシクロペディック」、一八二六年九―一〇―十一月。ウォルター・スコット、『山頂のピヴリル』、第一、二、三、四、五巻。碑文アカデミーの「紀要」、第六巻、一八二二。ルトロンヌ、『アッティカの住民』、『隣保同盟会議代議員』。アベル・レミュザ、『ジュ＝キャオ＝リ』〔中国小説の仏訳〕、第一、二、三、四巻。パウサニアス、第一巻、『アッティカ』（あちこちと）。バルテルミ、22、34、35、36、37、38、72、73、74、76、39、40、41、42、52、53（地理的部分）。クーザン、『〔ジャン・〕ポワソナードのエウナピオスについて（学者たちの日記）』。ハリー、『哲学的転写』。ゾシモス、『最初の神たち、あるものは』〔ラテン語〕。トレベリウス・ポリオン、〔フラヴィウス・〕ヴォピスクス、あちこちと多くの箇所を。ミュラー、『世界史』。リンガート、『英国史』、ヘンリー八世（第六巻）。ミットフォード、第一巻（後半）。マイネルス、『科学の歴史』、第二巻、ピタゴラス。マイネルス、第三巻、エレア学派、ソフィストたち。ハイネ、『諸論文集』、第二巻、大ギリシア。ランバッハ、『ミレトゥスについて』〔ラテン語〕。ダリュ。ヒューム。リンガード、『ヘンリー六世』等、第五巻。ド・

バラント。シュリタ。マキャヴェリ、『フィレンツェ史』、『公使館員たち』〔イタリア語〕。コミーヌ。ハラム。シスモンディ。サヴォナローラ。ボンシニウス。フェレラール。セプルヴェータ。イストリアンティ。ベジェ。マルティヌシウス。ピンカートン。ゴメシウス。マレ、第一巻。ハウス。カトー＝カリヴィル。サンドヴァル。スライダン。ボシュエ、『〔新教教会〕変異〔史〕』。ジャンノーネ。ド・ジェランド、『哲学体系の歴史』、第一、二巻。ド・ジェランド、『記号』、第四巻。「カトリック」、一八二七年一―八月号。クーザン、『モラル』、『フランス学派』。ティエリー、あちこちと。リンガード、第六、七巻。カンティニエ。ミュラー。モンリュック。タヴァンヌ。ルイーズ。ド・サヴォア。プティト。ロラント。オスコエ。マルタン・ヂュ・ベレー、〔『回想録』？〕あちこちと。B・コンスタン、第三巻。

一八二八年

一月

シスモンディ、『文学史』。リンガード、第八巻（エドワード六世、メアリ、エリザベス）。ラヌー、『回想録』。コンデの『回想録』走り読み。ヴィルロワ、『回想録』の後にあるアンリ三世の演説。シュリー、第一巻。

二月

九日、シラー、『世界史に関する序説』。ヘーレン、『古代史便覧』と『考えたことども』。ヴァックラー、『便覧』〔ドイツ語〕。イーゼリン、『一覧表』。ゲーテ、『ヴィルヘルム・マイスター』。『ドイツ百科事典』の「歴史」の項目。ジャン・パウル、『クィントゥス〔・フィクスラインの生涯〕』。

三月―四月

スネル、『哲学便覧』。ニーブール。Fr.・アイヒホルン、『法の歴史』と『ドイツ政治史』（第二、三巻）。ヤーン、『ドイツの民族性』。ヘーゲル、『哲学百科事典』。〈『〔近代史〕概要』は一八二八年四月十五日に完了した〉。

五月

ヴァックラー、『文学史便覧』。ゲーテ、『詩集』〔ドイツ語〕、『〔タウリス島の〕イフィゲーニエ』、『ヘルマンとドロテーア』。ミュラー、『スイス』、第一、二巻。ラス・カサス。コルテス。コロンブスの『きわめて稀な手紙』〔イタリア語〕。アメリカのコロンブスの『法典』〔イタリア語〕。カンパン夫人。シスモンディ、『文学史』。ティエリー、あちこちと。ラウル・グラベール。レイモン・ダジル。アダルベロン。ガンベール。シュゲール。ギヨーム・ド・ティール。ヴィラルドゥアンとジョアンヴィル。ショワズール・ダーユクール、『十字軍の影響』。リンガード、第三巻。シスモンディ、『フランス人の歴史』、第五、六、七、八、九巻。フロワサール、第一、二巻。モンストレ。ギゾーとクーザンの『講義録』。

六月（六月十五日で一〇年経った。）

レッシング、『〔賢者〕ナータン』、『ラオコーン』。ヴァックスムート。ド・バラント。シラー、『ハンノン』、『ルートヴィッヒ二世』、『ニーベルンゲン』。フォン・デア・ハーゲン、『ヘルツォーク・エルンスト』。ティエリー、『書簡』。クーパー、『赤い海賊』。十五日、クーパー、『モヒカン族の最後』。十六日、シスモンディ、『イタリア共和国』。サルトリウス。シェル、『ヨーロッパの諸国民』。『フィレンツェの墓の記念物』。『フィレンツェの美術コレクション』、第一、二巻。〔ジャック・〕ランファン、『コンスタンツ〔公会議の歴史〕』、第一巻。ランファン、『〔フス戦争と〕バーゼル〔公会議の歴史〕』、第一、二巻。ラブレー、『こっけいな夢』。

七月―八月

ブーテルヴェック、『スペイン文学』、第一、二巻。シスモンディ、『文学』、第三、四巻。ウォルター・スコット、『スコットランド南部の民謡』、アルトーによる仏訳。ネケール・ド・ソシュール、『漸進的教育』。アイヒホルン、『公法』、第三巻。カラムジン、第一、二巻。ウォルター・スコット、『スコットランド史』。ハイデルベルグとボンで多数の書物を走り読みする。八月十六日から九月十八日までの旅行ノートを見ること。ウォルター・スコット、『草原』。

九月（末）

アメデ・ティエリー、『ガリア人』、第一巻。フルシー、『諸科学』。アベル・レミュザ、『中国語文法』。アベル・レミュザ、アカデミーにおける二つの「研究報告」、象形的記号といくつかの音節文字法について。フリードリヒ・シュレーゲル、『インド人の言語と知恵について。シャクンタラ。ボルスングル一族のサガ』〔ドイツ語〕（第一巻。フォン・デア・ハーゲンが集めたものから）。

十月

シャンポリオン、『〔古代エジプトの〕象形文字記号概要』。ロペ・デ・ベガ、第一巻、『セビリャの真珠』〔原題『セビリャの星』?〕、『国王は最良の判官』。カルデロン、第一巻、『スペインでの最後の決闘』、『サラメーアの村長』。カルデロン、第二巻、『コンスタン王子』、『アルプハラスの攻囲戦』、『ガリシアのルイス・ペレス』。ロペ・デ・ベガ、『フエンテ・オベフナ』等。レミュザ、『中国の小詩集』。〈『十六世紀の歴史』〉。ミッテルマイアー、『一般的ドイツ私法の根拠』〔ドイツ語〕。ヒュルマン、『都市活動』〔ドイツ語〕、第一、六巻。第二巻、一—一八〇ページ。ファン・デア・ヴェルデ、『再洗礼派教徒』（一五三四）、『世襲貴族』（一五六八）、『フス派信徒』（一六二八）、または『リヒテンシュタイン人』。

十一月

皇帝ヘラクリウス、『歴史目録、八つ折版、ページナンバー入り、そして四つ折版。ネアンダー、『キリスト教〔と教会の全体史〕』〔ドイツ語〕。ルター、第二巻。クーザン、『カント』。〈十日にルターを始めた〉。

十二月

ルター、『食卓談義』〔ドイツ語〕（三月二日読了）。セバスティアン・ブラント、『あほう船』〔ドイツ語〕。ムルナー、『悪人ども』〔ドイツ語〕。ハンス・ザックス。

一八二九年

一月

ルターの続き、『食卓談義』〔ドイツ語〕。〔ゲーテ、〕『ゲッツ・フォン・ベルリヒンゲン』〔ドイツ語〕。『魔法の角笛』〔ドイツ語、アルニムとブレンターノ編のドイツ民謡集?〕、s.b。モンテーニュ、第一巻。リクスナー、『便覧』〔ドイツ語〕（一八二三、3b.）バックマン、『考察』〔ドイツ語〕。シュミット、第三巻。『小箱＝叢書』〔ドイツ語〕（オーピッツ等）。

二月

ルターの続き。リクスナー、バックマン、ミュラー、ウカート。『ルターの生涯』〔ドイツ語〕。

三月

ガンス、『〔世界史発展における〕相続権』〔ドイツ語〕、第一巻。ベーメ、『三つの原理』。クレヴィエ、第一巻。ギースラー、第二巻。〈この時期から、わが読書は系統だったものとなり、もはや目録作成ができなくなる〉。

四月

〈この時期以降「わが読書日記」をつけるのをやめた。以前のように読書する上で、選択の自由がもはやなくなってしまったからだ。歴史の仕事をするのに、その時々にとりかかっている時代時代を扱う専門書自体を、どうしても読まざるを得なくなった〉。

〔ギリシア語で、訳者には不分明だった何箇所かは、中央大学の濱岡剛教授にお教えいただいた。〕

〈付〉ミシュレ——親友ポワンソ往復書簡（抄）

ミシュレが1818-27年の間住んでいた、ロケット街の家
（1884年に取り壊された）

ミシュレからポワンソへ

一八二〇年五月二十一日（聖霊降臨祭）、三時（君の部屋で一人きりで）

わが友よ、君と別れるまさにその時、君に約束しようとは思わなかった手紙を、ぼくは書き始める。束縛されることを、ぼくがどんなに好きでないか、君は知っているよね。書くと約束すると、書く喜びが減じてしまうだろうからね。

ちょっと前にあったぼくらの別れ、いつも繰り返されるあの別れは、文通してみようという計画を、いっそう好ましいものに思わせてくれる。人生は短いし、たぶんぼくの人生は他の人のより短いだろう。だからぼくは、ぼくらの友情を享受できるすべての瞬間を有効に使えれば嬉しいのだ。女たちへの愛はひどく怖くて、それからは解き放たれ、神への愛に自己をたかめるにはあまりに弱く、この友情は今や（おそらく人類への愛とともに）ぼくの心を占めている唯一の感情となっている。ぼくは自分の周囲の人々に、彼らがぼくにたいしてもっている愛着をお返しする。でも彼らすべて、性格ないし年齢がぼくとは異なっているのさ。P……〔ポレのこと〕はもっとも正直な男で、ぼくの知っている中でもっとも強い魂をもっている。でもこの後者の性質は、ぼくと似通った特徴ではない。君とぼくだけが似通っているのだよ。

この友情は、ぼくらの幼年時代の思い出に、すごく快適に結びついているし、ただいま現在ぼくが陥っている精神状態から、新しい力を引き出してくれるものなのだ。君の次にぼくにもっとも似通っている人は、とても年上の人で(1)、自然の流れに従えば、ぼくよりはるか先に亡くなるに違いない。いまのぼくの生活は、ぼくが大いに愛しているもう一人の人(2)に結びついている。とりわけ形而下的生活ではということだが。もし結婚できなければ、ぼくが家庭の喜びを十全に味わうことはないだろう。この点ではぼくは孤独だろうし、友よ、君にこそぼくの未来は支えられるのだ。正しくあるために、ぼくは自分の心を生きたまま埋めねばならないと思うとき、これまで受け取ってきた愛する力は、愛他主義的となり、とりわけ友情となるのだよ。愛が残していった場所全体を彼らに与えることで、ぼくは代償を見出したいと思っている。

ぼくは君との会話におけるよりも、この紙の上でこそ、もっともっと自分の心を吐露したいと思う。面と向かってよりも、うまく言い表せる多くのこともあるしね。もっとはっきりと自分の考えも述べられるし。こうやって心を君に明かすというのは、ぼくにとってこの上ない喜びとなるだろう。ぼくに日記を書こうと決意させたもっとも強い動機の一つは、君より前にぼくが死んでしまうような場合にも、君には完璧にぼくのことを知っておいてもらいたいという希望だった。また、ぼくが君の傍らで〔永遠に〕生きていることを希望してだったのだよ。（手紙を書くのもそれと同じさ。）さようなら。〔…〕

（1）オルタンス・フルシー夫人のこと。
（2）ポーリーヌ・ルソーのこと。ミシュレは二年前から彼女と恋人関係にあった。

ミシュレからポワンソへ

一八二〇年五月二十六日（金曜）

友よ、君の返事〔現存していない〕にこもった熱気にとても心打たれたよ。それには少しも反論しない。思わず知らず、ぼくの最初の手紙を、丸写しすることになるかもしれないからね。ぼくらの感情の同一性が、確かにこのテーマへと、ぼくらをしばしば連れ戻すだろう。今このときぼくの心にやってきた考察、そしてそのテーマから逸れることない考察を、君に知らせるのを許してくれ。

ぼくはあることをつらい思いで見ている。それは、ぼくらがたどっている職業の道が相違するということだ。それらの道は、長い間にはぼくらを全く異なる世界に置いてしまうだろう。だからこそぼくは、自然科学に哀惜の一瞥を投げかけるのだ。君がぼくの学んでいることに通じているくらい、せめてぼくが君の知っていることに通じていたなら、ぼくらは完璧に理解しあえるだろうに。だがどうやって果てしもないこの勉強を、一生かけても足りないこの勉強を、中断できるだろうか。友よ、これがしばしばぼくが自問している問いなのだ。

ぼくの考えはこういう方に向けられているから、君は、ぼくがこれら二つの道について、何回も検討したに違いないと分かってくれるね。君が歩む道でぼくがとりわけ感銘を受けているのは、その道を歩むことで、われわれのようなタイプの魂は、とりわけより良いものになるに違いないと思えることだ。その道は人間たちから遠ざかる、あるいは少なくとも人間たちを物理的に見るためにのみ、彼らに近づくものだ。そうすれば人間たちが意地悪かどうか分からなくなるし、人間たちによってほとんど傷つけられないときには、彼らを善良と思えるものだ。人類から受け取ったこの好意的見解により、どれほど人類愛が養われたに違いなかろう。あれらの孤独な研究はあらゆる思索を高貴なものにする。ピタゴラス学派の人々が天体の合奏を聞いたのも、孤独の中においてだった。(1) というのも当時、人々はほとんど単独ではいなかったからだ。物理的自然の中に強く刻印されている目的因は、ほどなくわれわれに神を現存するものとしてくれるだろう。人間の科学のために、政治のために、歴史のために、どうしてこうした自然の、というよりむしろ神の科学を放棄できよう？

友よ、こうした考察を吟味すればするほど、ぼくは孤独を享受し、政治的作家への道を恐れとともに見るようになってゆく。ここで学ぶべきであり、それに関して行動すべきだという問題は、人間ではなく人間たち、つまり社会、いまや腐敗してしまった社会だということなのだ。〔…〕精神的醜さは物理的醜さ以上にどんなにか醜いことか。人間の作りだすものは、偏見ゆえの奇行とか、術策とか、暴政とかが持続的に現れ出てくるもので、感覚にショックを与えうる物質以上におぞましいものなのだ。物質的ショックには、神の手が描きだしたことがはっきりと分かるからだ。

ぼくは歴史を検討はしない。歴史はいっそう陰鬱で、さらにいっそう悲惨なものだ。人間たちの行動は、自分たちの規範よりもつねに悪いものだった。〔…〕

（1）ものは何のためにあり、何のためになされるのかという目的は、物が存在し、生成し、行動する理由・原因とも考えられる。このように目的が原因と考えられる場合、これを目的因と呼ぶ。アリストテレスの概念。

ミシュレからポワンソへ

一八二〇年五月三十一日（水曜）

何を君に言おうか分からないまま、ぼくはペンをとっている。でも書くことが、君に書くことが必要だと感じている。

ぼくは、ぼくの部屋というか君の部屋の（だってぼくらは相変わらずポワンソの部屋と言っているのだから[1]）窓の向きを調べている。そして信じるのだ、まっすぐに伸びた線がほぼフォンテーヌブロー入市税取立所へと通じており、そこからビセートルが見えるのだと。ここからだとビセートルは見えないし、そのうえ君の部屋の窓は、ぼくの部屋の窓と同じ方向に向いているから、君はぼくに背中を向けていることになる。友よ、いま何をしているのかい。コンディヤック[2]を読んでいるところかい。彼の書物の中で、「アンナニモ、ミゴトニ編マレタ、ボクラノ詩[3]」をたどっているところかい。それとも死者の骨を手に取って、思わず知らず解剖学から引き起こされる内省へと、思いを移しているところかい。そこから、人生の短さや、より良い世界のこと、神のことを想っているのかい。たぶん君の思いをそんなにも高めることなく、君は川の反対側で一人の友が、悪天候にうんざりしていることを、その天候が、ぼくらが会うのを妨げていることを、間違いもなく考えてくれているだろう。そして君も、その友に手紙を書いていることだろう。

　雨でやりきれない天気だけれど、一筋の陽光が射し込んできて、どうしてだか分からないが、雲の下が明らむことなく照らし出されているよ。草木は生き生きとよみがえるというか、むしろ水浸しになっているんだ。見えるものすべてのこの陰鬱さが、ぼくを自分好みの想念のほうへと誘ってくれる。自然に目が引き付けられるとき、人はいっそう自分自身を観察し、自分の中に入り込むようにさせられるのだね。ぼくの内省はそんなにも明るくないし、そんなにも新しくもない。でもそれに満足しなければならない。つねに何が自分の関心のまとになるか、分かっているさ。

　ぼくは二十二歳、これまでにもった唯一の情熱で死ななくてはならない。閉じこもらなければならない。家庭生活の幸福そのものを味わいたいと思って、ぼくは自分にあまりに似通っていないだれかれを選んでいたのだ。ある夫婦が幸せなのを見ると、ぼくは思いをあらぬ方向に向けてしまう。自分が一人きりだと感じる。パスカルが言うように、[4]「ぼくは一人で死ぬだろう」。

友よ、もしかしたら君は、こうした状態から、何かよく分からない幸福が生じてくるとでも思うかい？自分の運命を変えることに絶望して、ぼくは運命を喜ぶことにしている。力いっぱい感じていた唯一の個人的感情から、心ならずも解放されて、目的においてもっと高潔な感情のほうへ、とりわけ人間たちへの愛のほうへ、突き進んだと感じているよ。〔…〕

人間たち、とくに貧しい人々の中を、自分自身を見られることなく突っ切ってゆくとき、ぼくは奇妙な激しさでそれを感じるのだ。とくに弱いものたちが（動物でさえ）ぼくの心を打つ。すべてのものが幸せであってほしいと願いたいような気がする。ぼくは自分の中に、あんなに活発でしかも無力な愛と憐憫の感情を感じるから、ときおり苦しくなってしまうのだ。

君は、ぼくの頭がおかしいと思ってしまうだろう。もし君が魂を未来へと向けることで、魂を明るくしてくれる愛をもっていなかったなら、君もぼくのようになるだろうと確信しているよ。もうペンを置かなくてはならない。さようなら。

（1）ポワンソはミシュレの家に下宿したあと、ビセートルに医学の勉強をしに旅立っていった。
（2）ポワンソはこのころコンディヤック（一七一五―八〇）の『感覚論』（一七五四）を読んでいた。
（3）ホラティウス『書簡詩』第二部、第二章、二二五行目。
（4）パスカルの『パンセ』、ブランシュヴィック版でⅢ章、二一一項。実際のパスカルの言葉は「人は一人で死ぬだろう」である。

ミシュレからポワンソへ

六月五日（月曜）、革命三日目の夕刻

友よ、いまこれを書いているとき、ぼくは奇妙な感覚に捉えられるのを感じる。恐怖であり熱狂だ。テュイルリーのほうから、二万人の人々が叫んでいるような、すさまじい音がやってくるのが聞こえる。戦闘でも、逃げ出そうという騒ぎでもない。それは持続的な叫び、その大きさによってひたすら人をおびえさせる叫びなのだ。パパは出かけてしまった。ここの婦人たちが[1]、ぼくに行かないでと嘆願している。いや、念には念を入れて、出口の扉を二重に閉めてしまった。友よ、あの大いなる声は、想像するところ、民衆が生み出しているのだ。民衆は一人の人のように立ち上がり、自らの自由が失われることに憤っているように思える。

すべてがぼくには分かる。彼らは場末の町を走り回ってきたのだ。老いた男たち（おそらく半給士官[2]たち）が、民衆をあおっているのだ。彼らはサン＝タントワーヌ街を通って戻ってゆく。だが憲兵と胸甲騎兵が、その後を追いかけていると人々は言っている。今晩は血が流れるだろう。

雨がすごい勢いで降っている。諸々の革命の歴史を調べてみれば、雨が今夜ぼくらに静けさをもたらすだろうと、ぼくは信じている。若者たちはおびえてはいないが、でも、場末の民衆たちはね。ねえ君、銃が使えればと、ぼくはその必要性を痛感しているところだ[3]。

（1）フルシー夫人やポーリーヌのこと。

（2）一般には、退役し半分の給与しかもらっていない軍人のことだが、とくに王政復古下（一八一四—三〇）にあって、予備役に回されていたナポレオン軍の士官をさす。
（3）この手紙が書かれたのと同じ日の「日記」（本書一四四—一四五頁）参照。

ポワンソからミシュレへ

六月八日（木曜）

知らないでいた多くのことを教わったけど、ぼくにはとても面白かったよ。過去において思い出せることで、そこまでゆくものは、ぼくには全くない。だからぼくはひとつの「覚え書」も作らないだろうさ。それにね、メロ先生より前のことはすべて、ほとんど心に触れてこないんだ。ぼくの行動は君のほど目立つものじゃなかったし、考えていたことといえば、ぼんやりと思い出すけど、みんなとても軟弱なことだったよ。

唯一特徴的なことといえば（同じことが君の心を占めていたからということだけで、そうなるのだが）、ぼくも君と同じくすごく若いころに、野生の人々を一人で征服し、文明化するという計画をもっていたということだ[1]。夕べには寝るときに、朝には起きるときに、熱心にその話を弟にしたものさ。やつはぼくの意見を受け入れなかったよ。ぼくが屁理屈を言っていると分かるくらい理性的だったのか、そういった征服が趣味に合わなかったのか、どっちかさ。だって反対意見を言われた記憶はないからね。こうして哲学者になる前に、ぼくらは二人とも征服者だったのさ。ぼくらは身分違いの者とは結婚しなかったよね。たとえばぼくは、自分と同じ身分ではないと決まっていたら、女たちのことはそれ以上考えなかったし、ぼくが征服せねばならなかった男たちは黒い人たちだったのさ。

（1）ミシュレは「覚え書」を六月四日に書きだしており、その初めの方で、「野生の人々を文明化する」（本書四二頁）という話を述べているから、ポワンソはその冒頭部分を見せてもらった後、この手紙を書いたことになろう。

ミシュレからポワンソへ

一八二〇年六月九日（金曜）

友よ、ぼくらの手紙は異なったものにならざるを得ないね。君の手紙は日記になっている。ぼくの手紙は日記にはならない。ぼくは、君に心を打ち明ける必要を胸いっぱいに感じたときだけ、君に手紙を書くのだ。君の手紙は、君の心を占めている考察や研究の一つを選んで書いているから、多彩なものとなりうるし、ぼくが自然科学に関する君の考察や観察を理解できるようなときには、ぼくにとって学ぶことの多いものにさえなっている。ぼくの手紙は、君にはほとんど役立たないだろう。それらは、たぶん君を混乱させてしまうだろう、もしもそこから君が、ああした不幸な情熱を鎮めるための教えを引き出してこなければね。なにしろああした情熱は、ひとたびそれに身をゆだねたら、いつだって心の中に欲望と後悔を残すことになるのだから。それらは体を切られ、バラバラにされても、なお跳びかかるマムシに例えられてきた。だからマムシはもっと跳びかかるままにさせておかなくてはならない。そうした情熱をあまりに抑え込むことでいらだたせてはならないから、それらが最終的動きをするがままにしておかなければならないのだ。これが、ぼくが自分の手紙の中でするだろうことさ。友よ、ぼくが同じことを繰り返し言って、君をうんざりさせるのではないかと心配しなくていいからね、君はぼくに感謝しなければならないよ。そしてぼくは、君の友情の激しさを知っていなければならない。

必然的な永遠の喪失という考えは、人を打ちのめすようなものだ。友よ、それこそが日に二〇回もぼくの心にやってきては、ぼくが自らに課した義務を厳しく感じさせるものだ。対象となるものたちが欠けているときには、想像力がより生き生きとそれらを描き出してくれる。それが一種の内的迫害となるような日々もある。そんなときは全力で自分を叱責したり、自分に説教したりする必要がある。そうしたことをまじめにやれるようになったら、そのとたん、ぼくは知らぬ間に自分を高めているのだし、平静さが戻ってくることになる。ぼくは出発してきた地点を見失うか、あるいは自分自身をさげすむためにのみ、それを見るということになる。〔…〕

あるいは、そんなに高く自分を高められないときには、ぼくは一つの情熱をもう一つ別の情熱で欺いてしまうよう努める。この悲しくも動揺している状態は、作家の能力の一つなのだと思う。こうした情熱の最終的反響が、何人もの偉大な人々に霊感をもたらしたが、その一方、充足させられた情熱は決して霊感をもたらさなかったと思う。むなしく追い求めた愛がウェルギリウスに甘美な悲しみを与えたし、崇高なジャン＝ジャック〔・ルソー〕には、彼の書くものを活気づけながら、かつ彼をさいなんでいたあの情熱を与えた。そしてベルナルダン・ド・サン＝ピエールには、自然および自らの同類への愛に満ちたまなざしと、天へと向かう高揚感を与えた。〔…〕

友よ、その人の前で自分が滑稽に見えるのを恐れないでいられる人をもてて、ぼくは幸せだと感じている。ぼくがどんなに子供だったにせよ、友情の中にあるこうした甘美さを、つねに生き生きと感じていた。〔…〕こうして君は、ぼくのことを、ぼくが自分を知っている以上に、たぶん丸ごと知ることになるだろう。それは、ぼくらが互いのために作り上げるだろう相互的喜びなのだ。こうしてぼくらは互いの前で心を吐露しながら、自分たちのことを考えるのに慣れてゆくだろう。そして自分たちを描き出すことだけに努めながら、たぶん思いがけないくらい、ぼくらはより良い者になってゆくだろう。モンテーニュは言っているね、「わたしはまず自分をめぐって『エセー』を作った。ついで『エセー』をめぐって自分を作った」[1]と。ぼくらはさらに実り豊かにやれるだろうよ。だってぼくらは、公衆のために自分たちを合わせないだろうからさ。お互い友のため、つまりは自分自身のために、まったく素直に自らを捉えてゆくだろうからね。もう暗くなってきて見えない〔ので、ここで止める〕。

（1）モンテーニュにこの言葉はない。エセーのいくつかの言葉をミシュレが集め趣旨を要約したものだろうと、ヴィアラネは注記している。

ポワンソからミシュレへ

六月十一日（日曜）

友よ、君は自分のする心情吐露は、ぼくの興味を強くかきたてはしないだろうと、憶測したのかも知れないね。君の手紙がぼくの手紙とは違うものになっているけど。それはぼくのより、もっと興味を引き起こすという強みをもっているからさ。君自身で言っているように、君が手紙を書くときは、心を打ち明ける必要を胸いっぱいに感じているからさ。ぼくは違っている。君と同じ状況にいるわけじゃないので、ぼくらの思いが同じでなくても自然なことさ。ぼくは君のように、過去の幸せを懐かしんだりはしない。そのような幸せを再発見することを、もはや期待しないからさ。ぼくはかつて感じた幸せを今もって感じているよ、だって幸せはぼくらの友情の中にあるからさ。それから、君には認めておくが、ぼくはあのやるせない夢想状態に十分長く浸っていたから、今現在そこに戻りたくないと願えるんだ。この状態は何か甘美で、君の言うように作家にとっては有用なものではあろうが、ぼくが大いに必要とする活力を奪ってしまうから、ぼくは恐れるんだ。というのも、ひからびて不毛の面をもっているあの長期の状態を学ぶのに、いうなれば四年しかないのだから、自分の歩みに足かせとなるかもしれないものを、ぼくはすべて避けなければならないからさ。それらの足かせは甘美なものだが、でもやっぱり足かせなんだよね。そこでぼくは、優しくて穏やかなものをもっているああした楽しみを、自分の仕事をほぼ終えてしまうだろうときまで取っておくよう努めたいね。くつろいでそれを楽しむことができるだろうときまでね。

〔…〕まさにそのためにも、ぼくは愛人をおそれるのだ。だって間違いなく罠にかかってしまうだろうからね。でも愛人を欲しいと思っていたのは、そんな久しい前ではないよ。そうなのだ、君から与えられたはっとさせられるような実例(1)にもかかわらず、ぼくはそうした思いにひどく心奪われ、十分早く見つけられないことにいらだって、女の子たちがいると言われている誰でも行ける集まりに、愛人探しに行きかかったほどだったよ。でも一条の理性の光がやってきて、ぼくを照らし、ぼくはこうしているわけさ。〔…〕

(1) ミシュレはすでに一八一八年夏からポーリーヌを愛人としていた。

ミシュレからポワンソへ

一八二〇年六月十七日（土曜）

〔…〕君の十一日の手紙はさっと、でも熱意を込めて書かれていて、ぼくの心を打つ。心の底から漏れてきた手紙で、心に響くものだ。気のきいた言葉もあって、ぼくは記憶に留めるだろう。ああした集まりに、愛人探しに行くのを思いとどまったというのは、何と喜ばしいことか。ああした場所には、大勢の感じよい女たちがいるからね。ねえ君、ぼくがああした楽しい場所に少しでも行ったとすれば、素敵だと思っていた女たちを永遠に見失うにせよ、彼女たちがぼくの見たと思ったのとは全く別ものだとその後分かるにせよ、ぼくはひどく動揺させられたはずだ。友よ、愛の幻想は、有限の存在に無限の完璧さを認めるところにすべてある。試練に遭うようになると、何という失望か。その点を良く考えて、面白がってよ。

ぼくは、かつてなかったくらい自分を弱く感じるとき、そしてほんのちょっとでもこすれば、傷跡から血が出てくるとき、なんだかよく分からないやり方で、えらそうにおしゃべりするのだ。おそらく不機嫌からお説教をしているのだ。そんなのやめだ！

ポワンソからミシュレへ

六月二十三日（金曜）

友よ、君の「日記」は称賛に値するよ。そこには多くの知恵と道理が見いだせるが、ぼくには信じられないような手前勝手なことは、あまりないよね。物事は賢明に判断されているよ。昔読んだもので、これと似ていると思うのは何だったかと、まず探してみた。ラ・ロシュフコー[1]の『箴言集』だったね（君の述べているような冒険的な話はないけどね）。あの冒険談は、ぼくが思うに、まずはぼくらをしか面白がらせはしないだろうさ。

「どうして彼（ポワンソ）は日記を付けないでいられるのか」。君の日記の八ページ[2]で見つけた言葉だ。その話はしたと思うけど、もう一度、もっと前向きに言っておこう。今やぼくは君と同じ状況にいるどころではない。君は良く知っているだろうけど、新たな塾慮や反省をさせてくれる人々に囲まれて、君は暮らしているのだよ。君の仕事の種類、毎日会う多くの生徒、ときおり訪ねなくてはならない他の人々、最後に君が毎日パリでやっている散歩、それらのどれもが、君のあり方や見方を多彩にするに違いないし、新しい思索をあたえてくれるに違いない原因なのさ。

でもぼくはビセートルに閉じ込められていて、誰にも会わないし、場所も変えないし、仕事はいつも同じさ。どこに日記の素材を見つけてほしいと君は言うつもりかい。もちろん日記を考えたことはあったさ。でもなにを取り上げることができるか分からなかったんだ。

君が日記をつけているのを、ぼくはとても嬉しく思うよ。だって読ませてもらったところから分かるのは、同じものが、ほぼぼくら二人に役立つだろうということだからさ。そこにぼくの名前を見出すことを、はっきりと確信したよ。

「心がこんなにも似通っている二人の人間が、態度ではいっそう異なっているということはありえない。外見にもかかわらず、一方が他方より優れているのかどうか、ぼくはわからない。人物描写をやってみなければ[3]」。ここで君が誰のことを話そうとしているのか知らないが、ぼくは君に一言言うためにこのテーマを活用しよう。それは君の「日記」の中に、考えを詳しく説明することなく、不十分と感じられる箇所が、さまざまあるということさ。それらを生じさせたり、あるいはそれらに伴っていた状況から、君が少々遠ざかってしまうだろう時、それらはぼくにとってさえ、時間とともに、分かりにくいものとなってしまうだろう。ただ一言でもあれば、手がかりを与えるのに十分だろうよ。

(1) ラ・ロシュフコー(一六一三—八〇)。大貴族で政治にもたずさわる。引退後、痛烈な人間性批判の書、『箴言集』(一六六五)を著した。
(2) ミシュレの「日記」の原文でのページ。一八二〇年五月十八日に相当(本書一三七—一三八頁)。
(3) ミシュレの「日記」、一八二〇年五月二十四日に相当(本書一四一—一四二頁)。

ミシュレからポワンソへ

六月二十五日(日曜) 聖ヨハネの日

友よ、ぼくが「日記」の中で節度を保っていることに、君が驚いているのが分かる。会話のときには、ぼくはそうじゃないからね。いくつかの理由があるのだ。ぼくは、話すのがそれほど楽ではない。いつも言葉を探している。当然ながら、一番出来の悪い表現を探すのではない。と、強烈な（あるいは、そうあろうと望まれた）表現は、断定的な様子のものになる。それから二人の人がいると、とたんに、これはぼくの生まれながらの欠点なのだが、何かにつけて常に対立といらだちが生じてしまい、物事をはっきりさせようとする良識的精神にふさわしいような節度ある礼儀から、ぼくを即座に逸脱させてしまうのだ。ぼくは子供たちに授業をしているが、それは人を高圧的で頑固にするものだ。ぼくは人にあまり会わないし、自分がふつう話しているテーマに関して、自分よりも良く知っている人たちと話す機会もあまりなかったということを、まあ考えてみてくれ。

ラ・ロシュフコーと似ていると言う指摘には、大いに感謝する。ラ・ロシュフコーのことを、おそらく君は忘れたんだろう。だってぼくの「日記」を、彼の『箴言集』に比べているのだもの。ぼく自身についてやったあれらのちょっとした観察は、『箴言集』といった書物のような、全体的に体系だっているものとは、ほとんど類似点がないものだ。ねえ君、ぼくがパリをすごく動き回っていると思っているらしいけど、それは間違いだよ。ぼくは一月ごとにアンドリュー先生のところへ、二月ごとにカレ先生とルクレール先生のところへ、そしてほぼ一〇日に一回ポレのところへ出かけている。それがすべてだ。

君には名前が分からなかったという二人とは、君とポレのことだ。ポレは今では君を上回っているように見える。なぜなら彼がしていることどもは、君の時間を奪ったことどもより、会話の中でもっと通用しやすいものだし、大多数の人々にもっと評価してもらえるものだからだ。これら個性的な人たちは、軽々しく信じ込んだりはしないし、態度物腰は違うが、それだけに類似した信念をもっているから、二人とも似通っているよとぼくは言った。だって彼らは美と善に対し、なんといっても同じような熱狂をもっているのだ。彼らの性格をはっきりと示そうとしたら、ぼくは哲学者には大いなる魂の力を、物理学者には大いなる生まれながらの善意を、そしてとりわけ友情における大いなる思いやりを認めるだろう。「覚え書」の中で、彼らはそれぞれの言葉と作品によって描き出されている。ぼくはこれら二人のことを、君に知らせたことを残念には思わないだろう。ぼくを知るというのは、これら二人の内の一人を、すでに知るということなのだが。

ポワンソからミシュレへ

七月十三日(木曜)

わが友よ、君がぼくらの「覚え書」とぼくらの「日記」を作ることで、ぼくにもたらしてくれる喜びに感謝している。ぼくは「ぼくら」と言うけれど、それは、それらがぼくら二人に同じくらい関わっているものだからさ。そこで取り上げられているテーマのほとんどすべてが、ぼくらに共通するものだよ。そのことをしていたのがぼくであるかのように、そこのテーマの神髄をぼくは知っている。「覚え書」の最後の一枚を、何という喜びでもってぼくは読んだか。その一枚には、ぼくらの間で生まれ始めた友情の情景と、それを生み出させた、またそれに伴なってきたすべての出来事が、はっきりと正確に描き出されていた。ぼくが書いたとしても、そんな風になっただろうさ。ぼくの奇妙な服装のことや、ぼくの紙(1)についてのこまかなことでは思わず笑ってしまったよ。君がぼくに関して何一つ忘れていなかったことが、そこからも分かるよ。

（1）ここに「紙」(papier) とあるのは、「覚え書」(本書六四頁) に出てくる「バスケット」(panier) のまちがいではないだろうか。手紙の筆跡が読み間違いを起こさせたのであろう。

ポワンソからミシュレへ

七月十四日（金曜）

ぼくは君の助言に従ってきて、とても満足しているよ。きょうは夕食後、田園を一めぐりしにいってきた。ジャンティイを真正面に見る坂の上にすわってきた。およそ三週間まえ、傍らを小川が流れ、若いポプラの木々が植えられているあの坂で、ぼくらは休んだんだよね。ほんの少ししか経っていないのに、あの場所には、なんだかよく分からない心地よいもの、魅力的なものがすでにあったよ。ぼくは医学の本をもって行った。でも、あのときぼくらがしたボナパルトや、フルシー氏や、コエサン氏の話をざっと思い出してからでしか、その本は読めなかったよ。

ときおり自分の周りを眺めてみると、目の前に、枯れ草を集めて積わらを作っている男の姿が見えた。彼は喜んで自分の仕事をしながら、平和で穏やかな様子をしていた。そして時々、自分が満足して作ったものを見つめていたよ。甘美な静寂があたりにみちていて、セミたちの声や鳥たちの歌で破られるだけのその静けさは、ぼくの魂の奥深くにある静けさと、すごく一致していたのさ。ぼくはすっかり夢想へと誘われてしまった。そこで、ほとんど本は読まなかった。かつて田園生活の甘美さから、これほどまでに心地よい思いを抱いたことはなかったと思う。詩人たちが何度となくこのテーマに関して言ったことを、ぼくは繰り返すことしかできなかったのだが、でもまさにこれは、繰り返すべきケースだったのだよ。

八時が鳴って、(1)靄が出始めている。ある方面から大勢の人声が聞こえる。若い洗濯女たちの群れが、仕事を終え、ふざけながら両親のところへ戻ってゆくのさ。別の方面からは、道具をもって帽子をかぶり、時折自分のやった仕事を、我ながらに感心してといった様子で眺めようと、振り返りつつ道をゆく、あの男の姿が見える。

闇が落ちてくる。小鳥たちも眠ってしまう。静けさが完璧にあたりを支配する。ほどなくぼくはビセートルへの道を戻るだろう。こうした喜びは甘美なものだが、ぼくらにとっては何の価値もないものだね。(2)

(1) この季節、パリ周辺では午後一〇時ごろまで明るい。

(2) これが、この往復書簡に載せられているものとしては、二人の間で交わされた最後の手紙である。もっとも、「日記」一八二〇年八月十八日の記載には、ミシュレがポワンソに書いたという返信が転記されているから、二人の間では、これ以降も手紙のやり取りがあったものとも思われるが、手紙本体は今日残されていない。この半年後の一八二一年二月十四日、ポワンソはこの世を去る。

編訳者あとがき

本書はJules Michelet, *Ecrits de Jeunesse*（Gallimard, 1959）より編者が構成し、翻訳したものである。フランス語版のタイトルは「青春時代の著述」といった意味で、ミシュレが青春時代に書き残した文章を集めたものである。

原書に収められた作品のタイトルおよびその配列は次のようになっている。

日記　一八二〇―一八二三
覚え書
アイデア日記
〈付録〉
1．ミシュレ―ポワンソ往復書簡
2．プルタルコス英雄伝の検討
3．学問の統一性についてのスピーチ
4．読書日記

その後ろに、本文をなしている「日記」、「覚え書」、「アイデア日記」それぞれに対する編者ポール・ヴィアラネによる詳細な注がついており、最後に人名索引があるという構成である。

本訳書では、この構成を大幅に入れ替え、今日の我が国読者にいっそう読みやすいものにしようと心掛けた。〈序〉でも書いたが、本書は一人の青年が友人らとの人間的交わりの中でいかに精神的に成長していったか、そして学ぶことの喜びを発見し学問の道へと邁進していったかを跡付ける、いうなれば人間ミシュレの心の成長の記録に他ならない。そこでまず、彼がこの時期に到達した自らの考えを教え子たちの前で述べた、「学問の統一性についてのスピーチ」を、より分かりやすいタイトル「学問とは何か」にあらため、本訳書の巻頭に置くこととした。世界を全体として理解しようと努力すること、そして自らを全人的に成長させることの重要性を説いたこの講演は、今日なお十分傾聴に値すると思われる。

この論のあとに、ミシュレの来し方や現在の生活を記録する日記類を持ってきたが、ここでも原書の順序とは逆に「覚え書」を、その内容をより良く伝える「少年時代の思い出」と題をかえ、本来の「日記」の前に置くこととした。日記で伝えられる日々よりも前のことが主として語られている作品だからである。ミシュレの誕生以来の記録を順序立てて読むにはこの方が適していよう。なお「覚え書」には、ラテン詩の韻の問題を論じた箇所等があり、それらはほぼ翻訳不可能ゆえ、ラテン語部分は訳出しなかった。フランス語で書かれた箇所は全訳である。

ところで本書にある「日記」は、その後ミシュレが死ぬまで書くことになる膨大な「日記」の最初に位置するものであり、のちのそれは『日記』全四冊として世に出ているから、それとの差異化を図るためにも「青春日記」というタイトルに変えた。なお日記特有の瑣事への言及もあるため、それらの箇所はカットしてある。

また「アイデア日記」にも、いかにも古めかしい小説のプランなども書かれているが、今日のわれわれにはほとんど興味の見出せないものゆえ、のちのミシュレの作品に結実する萌芽となっているようなアイデアが述べられている箇所のみの抄訳とした。大学者となるミシュレの片鱗が、とりわけ文学・芸術等と歴史との深いつながりに言及している箇所など、のちの「全体史」のアイデアに通じるものが処々にうかがえるメモとして、この部分は読めるだろう。

一方「読書日記」は、より親しみやすい「わが読書日記」というタイトルにし、ミシュレの勉強ぶりを知るための最適の資料であろうから、すべてを訳出した。

「ミシュレ―ポワンソ往復書簡」は、原書のとおり〈付〉として最後に置いたが、ポワンソとは誰か分かるように「親友」を彼の名前の前に付した。彼らの書簡には今日から見てよく分からないようなやり取りもあるので、興味深い箇所、すなわち全体の七割ていどの抄訳とした。

なおフランス語版で〈付録〉2にある「プルタルコス英雄伝の検討」は、ミシュレの博士論文であるが、大学での勉強に一区切りをつけるために書いたものであり、学問的成果としては、のちの大学者のイメージとは離れていると感じられる。それゆえこの段階での彼の学びの成果を知る必要もないと思い、全文カットすることとした。

こうして本訳書は、前掲書を大幅に構成し直して訳出したものである。それによって、二〇〇年ほど前に生きたフランスの一青年の、たぐいまれな自己研鑽の記録として、何よりも本書が読みやすいものになっていることを願っている。そこには友人たちと切磋琢磨し、互いに支えあいながら、学ぶことの喜びと意義とを発見した一つの物語が存在するであろう。

長じて後ミシュレは『民衆』（一八四六）で次のように書いている。「政治の第一部は何であろうか？　教育である。第二部は？　教育である。第三部は？　やはり教育である」。政治とは、狭い意味のそれを指すだけのものではあるまい。社会の根本を規定する働き全体を指すのではないか。つまり人間社会の在り方すべては、究極的にみると教育によって決められるのだとミシュレは言いたいのだ。教育こそ社会を建てなおすアルファにしてオメガである。教育とは、しかし外部から、他者から与えられるものである以上に、まず自らが内発的に学ぶことを覚え、学ぶ意義を発見し、学ぶ喜びを見出すところから始まるべきだろう。そして教育とは、何か個々の事象について知り理解するのを目指す以上に、あるいは以前に、生について、人間について、世界について、この世の全体について、ふかく思いを致し共感することから始まるべき営為であろう。このような「全体」への指向から、はじめて「全体史」も構想されえたのだろう。あまりにも学問が多様化、細分化、専門化してしまった今日、ミシュレのように人間と世界との全体的意味を問うことは不可能かもしれない。しかしそうした試みに挑戦することこそ、真の学問の任務であり、「知」の冒険の証となるのではないか。そういう意味で、まちがいなく大学者と言えるミシュレの原点を、本書は何よりも明かしてくれるだろう。

最後になったが、本編訳書を作るにあたってギリシア語に関し色々とご教示いただいた中央大学の濱岡剛教授、本書を現代日本で読む意味を誰よりも理解し、本書の構成やタイトルについて多くの貴重なアイデアを出していただいた藤原書店の藤原良雄社長、訳語の統一等こまごまとした点でお世話いただいた同編集部の山﨑優子さん、以上三名の皆さんに心から感謝申しあげます。

二〇一四年八月

大野一道

著者紹介

ジュール・ミシュレ (Jules Michelet, 1798-1874)

フランス革命末期，貧しい印刷業者の一人息子としてパリで誕生。「私は陽の当たらないパリの舗道に生えた雑草だ」「書物を書くようになる前に，私は書物を物質的に作っていた」（『民衆』1846）。19世紀フランスを代表する大歴史家の少年時代は物質的にはきわめて貧しかったが，孤独な中にも豊かな想像力を養い，やがて民衆への深い慈愛を備えた歴史家へと成長していく。独学で教授資格（文学）を取得し，1827年にはエコール・ノルマルの教師（哲学と歴史）となる。ヴィーコ『新しい学』に触れて歴史家になることを決意し，その自由訳『歴史哲学の原理』を出版。さらに『世界史序説』『ローマ史』に続き,『フランス史』の執筆に着手（中世6巻, 1833-44。近代11巻，1855-67）。1838年，コレージュ・ド・フランスの教授に。しかし，カトリック教会を批判して『イエズス会』『司祭，女性，家族』を発表。また『フランス革命史』（1847-53）を執筆する傍ら，二月革命（1848）では共和政を支持するが，ルイ・ナポレオンによって地位を剥奪される。各地を転々としながら『フランス史』（近代）の執筆を再開。同時に自然史（『鳥』『虫』『海』『山』）や『愛』『女』『人類の聖書』にも取り組む。普仏戦争（1870）に抗議して『ヨーロッパを前にしたフランス』を発表し，パリ・コミューンの蜂起（1871）に触発されて『19世紀史』に取りかかるが心臓発作に倒れる。ミシュレの歴史は19世紀のロマン主義史学に分類されるが，現代のアナール学派（社会史，心性史）に大きな影響を与えるとともに，歴史学の枠を越えた大作家として，バルザックやユゴーとも並び称せられている。

編訳者紹介

大野一道（おおの・かずみち）

1941年東京都生まれ。1967年東京大学大学院修士課程修了。中央大学名誉教授。専攻は近代フランス文学。著書に『ミシュレ伝』『「民衆」の発見——ミシュレからペギーへ』，訳書にミシュレ『女』『世界史入門』『学生よ』『山』『人類の聖書』，共編訳書にミシュレ『フランス史』全6巻（以上，藤原書店）他。

全体史の誕生——若き日の日記と書簡

2014年9月30日　初版第1刷発行©

編訳者　大野一道

発行者　藤原良雄

発行所　株式会社 藤原書店

〒162-0041　東京都新宿区早稲田鶴巻町523
電話　03（5272）0301
FAX　03（5272）0450
振替　00160-4-17013
info@fujiwara-shoten.co.jp

印刷・製本　中央精版印刷

落丁本・乱丁本はお取替えいたします
定価はカバーに表示してあります

Printed in Japan
ISBN978-4-89434-987-2

思想家としての歴史家

ミシュレ伝 1798-1874
〈自然と歴史への愛〉

大野一道

『魔女』『民衆』『女』『海』……数々の名著を遺し、ロラン・バルトやブローデルら後世の第一級の知識人に多大な影響を与えつづけるミシュレの生涯を、膨大な未邦訳の『日記』を軸に鮮烈に描き出した本邦初の評伝。思想家としての歴史家の生涯を浮き彫りにする。

四六上製　五二〇頁　**五八〇〇円**
（一九九八年一〇月刊）
◇978-4-89434-110-7

キリスト教的世界観を超えて

「民衆」の発見
〈ミシュレからペギーへ〉

大野一道

ミシュレからキネ、ラマルチーヌ、ルルー、ラムネー、ペギーに至る六人の思想家を通して、キリスト教的世界観を超える世界観――「世界は皆同じ源から生じ、あらゆる存在は一つである」を提示する問題の書。「驕る心よ、さらば。最もとるに足りない動物でさえも、人間のいとこ、あるいは先祖なのだ。」（ミシュレ）

四六上製　四〇〇頁　**三八〇〇円**
（二〇一一年一二月刊）
◇978-4-89434-836-3

「ルネサンス」の発明者ミシュレ

ミシュレとルネサンス
〈「歴史」の創始者についての講義録〉

L・フェーヴル
P・ブローデル編　石川美子訳

「アナール」の開祖、ブローデルの師フェーヴルが、一九四二―三年パリ占領下、フランスの最高学府コレージュ・ド・フランスで、「近代世界の形成――ミシュレとルネサンス」と題し行なった講義録。フェーヴルの死後、ブローデル夫人の手によって編集された。

A5上製　五七六頁　**六七〇〇円**
（一九九六年四月刊）
◇978-4-89434-036-7

MICHELET ET LA RENAISSANCE　Lucien FEBVRE

「歴史は復活である」（ミシュレ）

死の歴史学
〈ミシュレ『フランス史』を読む〉

真野倫平

フランス近代歴史学の礎を築いたジュール・ミシュレ。死を歴史における最重要概念としたミシュレの『フランス史』を、人物の誕生と死を単位に時代を描くその物語手法に着想を得て、いくつもの"死の物語"が織りなすテクストとして読み解く、気鋭による斬新な試み。

四六上製　五三六頁　**四八〇〇円**
（二〇〇八年二月刊）
◇978-4-89434-613-0

思想家としての歴史家

ミシュレ伝 1798-1874

〈自然と歴史への愛〉

大野一道

『魔女』『民衆』『女』『海』……数々の名著を遺し、ロラン・バルトやブローデルら後世の第一級の知識人に多大な影響を与えつづけるミシュレの生涯を、膨大な未邦訳の『日記』を軸に鮮烈に描き出した本邦初の評伝。思想家としての歴史家の生涯を浮き彫りにする。

四六上製　五二〇頁　**五八〇〇円**
（一九九八年一〇月刊）
◇978-4-89434-110-7

キリスト教的世界観を超えて

「民衆」の発見

〈ミシュレからペギーへ〉

大野一道

ミシュレからキネ、ラマルチーヌ、ルルー、ラムネー、ペギーに至る六人の思想家を通して、キリスト教的世界観を超える世界観——「世界は皆同じ源から生じ、あらゆる存在は一つである」を提示する問題の書。「驕る心よ、さらば。最もとるに足りない動物でさえも、人間のいとこ、あるいは先祖なのだ。」（ミシュレ）

四六上製　四〇〇頁　**三八〇〇円**
（二〇一一年一二月刊）
◇978-4-89434-836-3

「ルネサンス」の発明者ミシュレ

ミシュレとルネサンス

〈「歴史」の創始者についての講義録〉

L・フェーヴル
P・ブローデル編　石川美子訳

「アナール」の開祖、ブローデルの師フェーヴルが、一九四二―三年パリ占領下、フランスの最高学府コレージュ・ド・フランスで、「近代世界の形成——ミシュレとルネサンス」と題し行なった講義録。フェーヴルの死後、ブローデル夫人の手によって編集された。

A5上製　五七六頁　**六七〇〇円**
（一九九六年四月刊）
◇978-4-89434-036-7

MICHELET ET LA RENAISSANCE
Lucien FEBVRE

「歴史は復活である」（ミシュレ）

死の歴史学

〈ミシュレ『フランス史』を読む〉

真野倫平

フランス近代歴史学の礎を築いたジュール・ミシュレ。死を歴史における最重要概念としたミシュレの『フランス史』を、人物の誕生と死を単位に時代を描くその物語手法に着想を得て、いくつもの〝死の物語〟が織りなすテクストとして読み解く、気鋭による斬新な試み。

四六上製　五三六頁　**四八〇〇円**
（二〇〇八年二月刊）
◇978-4-89434-613-0

真野倫平
死の歴史学
「歴史は復活である」
藤原書店

全女性必読の書

女

J・ミシュレ
大野一道訳

アナール派に最も大きな影響を与えた十九世紀の大歴史家が、歴史と自然の仲介者としての女を物語った問題作。「女は太陽、男性は月」と『青鞜』より半世紀前に明言した、全女性必読の書。マルクスもプルードンも持ちえなかった視点で歴史を問う。

A5上製　三九二頁　**四七〇〇円**
（一九九一年一月刊）
◇978-4-938661-18-2

LA FEMME　Jules MICHELET

陸中心の歴史観を覆す

海

J・ミシュレ
加賀野井秀一訳

ブローデルをはじめアナール派やフーコー、バルトらに多大な影響を与えてきた大歴史家ミシュレが、万物の創造者たる海の視点から、海と生物（および人間）との関係を壮大なスケールで描く。陸中心史観を根底から覆す大博物誌、本邦初訳。

A5上製　三六〇頁　**四七〇〇円**
（一九九四年一一月刊）
◇978-4-89434-001-5

LA MER　Jules MICHELET

「自然の歴史」の集大成

山

J・ミシュレ
大野一道訳

高くそびえていたものを全て平らにし、平原が主人となった十九、二十世紀。この衰弱の二世紀を大歴史家が再生させる自然の歴史（ナチュラル・ヒストリー）。山を愛する全ての人のための「山岳文学」の古典的名著、ミシュレ博物誌シリーズの掉尾、本邦初訳。

A5上製　二七二頁　**三八〇〇円**
（一九九七年二月刊）
◇978-4-89434-060-2

LA MONTAGNE　Jules MICHELET

全人類の心性史の壮大な試み

人類の聖書

（多神教的世界観の探求）

J・ミシュレ
大野一道訳

大歴史家が呈示する、闘争的一神教をこえる視点。古代インドからペルシア、エジプト、ギリシア、ローマにおける民衆の心性・神話を壮大なスケールで総合。キリスト教の『聖書』を越えて「人類の聖書」へ。本邦初訳。

A5上製　四三二頁　**四八〇〇円**
（二〇〇一年一一月刊）
◇978-4-89434-260-6

LA BIBLE DE L'HUMANITÉ　Jules MICHELET